増補 明治思想史

松本三之介
Matsumoto Sannosuke

近代国家の創設から個の覚醒まで

Intellectual History of Meiji Japan, enlarged.

以文社

増補　明治思想史　目　次

序　維新前夜の思想 3

1　「乱世的の革命」 19

2　新しい国家構想を求めて 28

3　啓蒙的知識人の課題 45

4　自由民権の思想 62

5　憲法制定の思想像 89

6　教育勅語をめぐる思想の相克 106

7　平民主義・国粋主義・国民主義 123

8　「天下国家」から「生活」への視座の転換 140

9　思想としての日清戦争 156

10　労働運動と国民国家 163

13 苦悩する個――藤村操の投身自殺 212

14 明治の終焉――乃木将軍の殉死 226

補論 夏目漱石の個人主義――思想の構造と特質 242

あとがき 302

増補版あとがき 308

明治思想史年表 313

人名索引（略歴付）

装幀　難波園子

増補

明治思想史

——近代国家の創設から個の覚醒まで——

序　維新前夜の思想

歴史の長い大きな流れのなかで、一つの時代の終わりを人びとに予知させるような、ある象徴的な事件というものがある。われわれが生きているこの現代でいうならば、半世紀近く続いた冷戦の時代の終わりを知らせたベルリンの壁の崩壊という事件はそれであった。二五〇年に及ぶ徳川の支配体制のいわば「終わりの始まり」ともいうべき象徴的事件には、通常、「黒船」の来航が挙げられている。しかし、こうした事態がいずれ日本の現実となるであろうことを、少数ではあるが先見性に富んだ知の担い手たちに予感させた事件は、清朝下の中国に勃発したアヘン戦争であった。

アヘン貿易をめぐる中国とイギリスとの間の多年の対立は、ついに武力衝突に発展し、一八三九年九月には九竜港付近で、また同年一一月（天保一〇年九月）には広東港外で砲火を交えるまでに至った。この戦闘で清国が大敗を喫したとの情報は、一八四〇（天保一一）年六月、長崎に入港したオランダ船によって日本にもたらされた。一八世紀末いらい、たびかさなる外国船の渡航にも頑なに鎖国政策を守りつづけた幕府も、清国のみじめな敗北を伝えたこの報道には、さすがに深刻な衝撃をうけ、動揺の色をかくすことはできなかった。長崎町年寄の高島秋帆が西洋砲術の採用による武備の強化を訴えた「天保上書」を幕府に提出したのは、まさにこのような状況を踏まえてのことであった。この上書で秋帆は、今回の戦争をみるとイギリス側に道理があるとは思えず、その点からすれば「イギリス方、戦勝の利御座無き筈」にもかかわらず、「唐国大いに敗亡に及び、イギリス方には一人も死亡もこれ無き趣は、まったく平生所持の武備に由り候儀と愚按仕り候」（勝海舟『陸軍歴史』『勝海舟全集』第一五巻、勁草書房、六頁）と述べて、この事態をこれまでのようにただ道徳や道理の観点から論ずるのではなく、むしろ両国の軍事力の相違という現実的な力関係の視点から捉えることが、事の本質を理解するうえに大切であることを訴えたのであった。この秋帆の進言をめぐって幕府が意見の調整に苦慮しているとき、この年の一二月、長崎に来航した中国船から清国の事態がいっそう悪化しつつあることを知らされ、かねてから深い危機感をもってこの問題を見つめていた老中水野忠邦は、もはや猶予の許されない事態と意を決することとなった。水野は秋帆に出府を命じ、出府した秋帆にはただちに高島流砲術の伝授を代官江川英竜らに行なうよう指示している。そして他方、一八四二（天保一三）年七月には異国船打払令を改め、外国船に対し薪水・食料の給与を許すこととした。こうして状況は少しずつ新しい時代に向かって動きはじめたのである。

このアヘン戦争による中国（清国）の敗北は、一九世紀後期の日本の知的世界に大きな転換を迫るほどの強烈な衝撃となって走った。それについて、あるアメリカの日本研究者はこう述べている。「日本人の世界観の上で中国はあのように中心的な位置を占めてきたのであるから、その中国が西洋に屈辱と敗北を喫したとの報は十九世紀日本人の態度展開の上に重要な働きを及ぼした。政府役人、官学儒者、洋学者など、多くの者がこの中国敗北の詳報に接し、彼らをとおしてさらに多くの者がその話を聞いた。やがて種々の記録が公刊されて、字が読める者誰しもの間にこのニュースはひろまった。それらのなかでも中国偏向の儒学者たちほどこの報に深い衝撃を受けたグループはなかった。……そしてそのような事態の進行のうちに彼らは、その文化的優越性についての評価の変更を余儀なくされたのである」（マリウス・B・ジャンセン「近代化に対する日本人の態度の変遷」同編、細谷千博訳『日本における近代化の問題』岩波書店、一九六八年、五九‐六〇頁）。このような「文化的優越性についての評価の変更」と向き合うことをとおして、この時代に新たな思想展開をみずから演出した人物として、われわれは佐久間象山の名を挙げることができる。

佐久間象山は、信州松代藩士の家に生まれた。彼は若くして強固な朱子学の信奉者として頭角をあらわし、朱子学の説く形而上学的な道徳規範の支配する世界こそが唯一にして絶対の世界と信じて疑わなかった。この確信を外側から大きく揺さぶり、その組替えを彼に迫ったのが、ほかならぬアヘン戦争であった。古代いらい儒教文化の源流を形づくり、「聖人の道」を継承して今日に至った、世界に冠たる道徳の国・中国が、夷狄と軽蔑してきたイギリスによってみじめな敗北を喫し、その膝下に屈するという耐えがたい屈辱を余儀なくされたわけである。この事態を目の前にして象山は、唯一絶対と信じた道徳的観念の世界のほかに、それとは異質な事実（de facto）の世界の存在に目を開かされた。すなわちそこでは、発達した機械と技術によって支えられた軍事力・経済力など、総じて物的な力の支配する世界が荒々しく展開していることにはじめて気づいたのである。「清儒学問考証精密など申候へ共、畢竟は紙上の空談多く実用は甚乏しき様に被存候。その実用に乏しき所より推論候時は、近頃、英夷の為に大敗を致し全世界の咲《わらい》を貽《のこ》し候も、いはれなきにあらずと被存候」（佐久間象山、山寺源太夫宛書簡、天保一三年一一月三〇日、信濃教育会編『象山全集』第三巻、二二一頁）。ここで登場してくる「実用」という言葉こそ、まさに力の支配する眼前の現実の世界と向き合うなかで学びとられた新しい（近代合理主義的な）価値観を物語るものであり、その後、新しい思想を支えるキー・ワードとして、しだいに広く用いられることとなる。そして、こうした価値観を前提とした新しい学問のあり方を本格的に展開したのが、福沢諭吉に代表される明治初期の啓蒙期知識人たちによる実学の提唱にほかならない。

こうして象山は、道徳学としての儒学がもつ価値についてはいささかも疑うところなかったが、これ以後、西洋近代の科学技術（彼のいわゆる「詳証術」または「西洋芸術」）の摂取と学習に多くの力を注ぐこととなる。

　ところで象山が新たに目を開かされることとなった「実用」の観念は、物事の価値をものそれ自体のなかにみるのではなく、そのものが現実の世界において発揮する働き――より正確にいうならば、ある意図された目的を達成するうえに、そのものが現実に果たす手段としての有効性――のなかにみる価値的態度を中核としていた。福沢の表現を借りれば、「物の貴きに非ず、其働きの貴きなり」（福沢諭吉『文明論之概略』第二章）ということである。「実用」の視点は象山にそうした新しいものの見方を与えた。

　一八四二（天保一三）年一一月、彼は、当時、幕府の老中で海防掛を務めていた藩主真田幸貫に宛てて海防に関する上書を提出している。そしてそのなかで彼は、洋式の戦艦の購入や建造、強力な海軍の創設、火器の製造など鎖国制度の下にあってはまことに大胆な海防策を提案している。それと同時に、いまや伝統的な鎖国制度もまた見直すべきときであることをつぎのような形で述べている。「仮令是迄如何程重き御規定御座候とも、天下の安危には替え難き義と存じ奉り候。畢竟《ひっきょう》御先代様にて右等重き御規定を立てさせられ候も、天下後〔世〕の義を厚く思し召され候ての御事に候へば、御当代様の御物数奇等にて右を破らせられ候はんには、如何にも済せられまじき御義理に御座有る可く候へども、天下之為に立てさせられ候御法を、天下の為めに改めさせられ候に、何の御憚か御座候べき」（『日本思想大系55』二七〇頁、一部読み下し文に改めた）と。ここで注目されることは、象山が二百年に及ぶ鎖国制度の重みをものともせず、これを相対化しそのあり方を見直そうとするだけの思考の自由さを示している点である。それを可能にしたものは何か。それは、鎖国という伝統に支えられた制度に対して、何のためにそれはあるのかと問う思考態度であり、そうした問いを現実に向けて投げかけることができたその思考方法にあった。鎖国制度は長期にわたって守りつづけられてきたが故に尊いのではない。その存在価値は、鎖国という制度が日本の安全を保つ（「天下の安危」）というその目的達成のための手段として、どれだけの有効性を今なおもっているかどうかにかかっている。これが「実用」という視点を身につけた象山の新しい思考方法であった。こうした考え方は、内外の状況の推移に対応して既存の事物や制度を見直し作り変えることを可能にするという意味で、社会の変革や前進と結びつく思考方法ということができる。

アヘン戦争を契機に高まった対外問題への関心は、このようにして人びとに新しい考え方を芽生えさせていった。伝統的な兵学の世界で勉学の日々を過ごした吉田松陰も、対外的な問題関心をバネにして新しい考え方を身につけていった一人である。嘉永三（一八五〇）年、二〇歳の彼は故郷の萩を離れて長崎・平戸へ向けて遊学の旅に出るが、四カ月にわたるこの周遊は彼の学問に新しい視圏を加えるきっかけとなった。「心はもと活きたり、活きたるものには必ず機あり、機なるものは触に従ひて発し、感に遇ひて動く、発動の機は周遊の益なり」(吉田松陰「西遊日記」普及版・全集第一〇巻、二一頁)、旅先の長崎で松陰は日記にそう記している。異境での日々の見聞は感じやすい松陰の心を揺り動かし、躍動する現実の世界に目覚めさせた。長崎ではオランダ館を訪ね、オランダ船を見学した。また行く先々で未見の書物に出会うと借覧し購入するなど、文字どおり寸暇を惜しんで猛烈に読書に取り組みもした。そのとき彼が手にした書物のなかには、アヘン戦争の記録やイギリスをはじめとする諸外国の国情を記した書物も多く含まれていたことはいうまでもない。こうした刺激にみちた旅行をとおして彼が得たものは、活きた現実と向き合う学問すなわち「実用」の大切さであった。平戸から帰った松陰は、その二カ月後、藩の当局に対して文武の両面にわたる改革を訴えた長文の意見書を提出しているが、そのなかでも彼が強調したのは、「実用を尽し虚偽を去り」とか「兵学の儀、一流一派に拘り変通之れなき様にては実用に叶ひ申さず」というような「実用」の重視であり、また「近来外寇の事別して急務に御座候処、右守禦に付いては西洋各国戦守の略をも得と落着仕り、且つ五大州の形勢沿革をも存ぜずては相叶はざる事と存じ奉り候」(吉田松陰「文武稽古万世不朽の御仕法立気付書」嘉永四年二月、同上全集、二八一頁)とあるような、現実の状況についての的確な認識の必要であった。

　このような「実用」の観念や、現実についての的確な認識とそれに支えられた状況への有効な対応を重視する行動様式は、「黒船」の来航が現実のものとなり、開国へ向かって状況が進行するにともなって、いよいよ広く受け入れられるようになる。たとえば嘉永六年、日本の開国を求めて来航し浦賀沖に錨を下ろしたペリーの率いるアメリカ艦船は、翌日には江戸の湾内深くに進入して測量などを行なった。しかしこのようなアメリカ艦船の行動に対しても、幕府は何らなす術を知らない状態で、これまでの兵制と海防の非現実性をさらけ出す結果となった。この事態を目の当たりにして勝海舟は、こうした無策の原因を意見書のなかでつぎのように指摘している。「甚だ以て恐れ入り奉り候えども、元は本邦の兵制・銃法ともに、古轍に泥み、その上追々安きに狎れ候いて武備自ら廃弛仕り実用を失い候より起り候ことにもあるべく御座候や」（勝海舟「海防意見書」嘉永六年七月『勝海舟全集』第一四巻、勁草書房、二一七頁）。ここでも「実用」という言葉をとおして、現実を直視し現実に即した有効な手だてを講ずる必要が語られている。

アヘン戦争はこのように日本の知の営みに一つの新しい道筋を示す契機となった。国際社会における国家間の激烈な力と力のせめぎ合いが、天理・道徳をめぐる観念の議論の空虚さを人びとに印象づけ、現実の問題処理についての実践的な有効性をめぐる議論へと人びとを導いたのである。そしてこの新しい知の営為は、前述のように学問思想のレベルでは、実学あるいは西洋の近代科学そして西洋文明の導入・受容のための地ならしとしての意味をもったが、政治的な実践のレベルでは、明治維新という政治的変革への道を切り拓くリーダーに求められた政治的リアリズムという思考方法と結びついていった。たとえば、大久保利通は明治国家のリーダーのなかでは権力主義的傾向の強い人物としばしば思われがちであるが、政治行動の選択にあたっては的確な現実認識を重視し、状況への適応性についても細かい配慮を欠かさなかった政治家であった。明治新政府の樹立にあたっても、つねに「空論」を戒め、「新奇」に走ることを強く抑制した。そして「静ニ天下ノ大勢ヲ熟察シ、其枝葉ノ小事ニ拘泥セス大事ノ施スヘキヲ徐々ト手ヲ下スヘシ」（大久保利通「政府ノ体裁ニ関スル建言書案」明治二年正月『大久保利通文書』第三、日本史籍協会、一一頁）と説いているように、冷徹なまでの政治理性を尊重した。また木戸孝允にしてもそうである。たとえば新しい体制の確立にあたって彼はこう述べている。「若し実際の得失当否を顧みず遽に政体制度を変革し、徒らに名称に従ふて其新政新法を一旦に施行せんと欲する者は、大概其弊害を増加して其利益あるを見ず」（木戸孝允「立法・行政に関する建言書」明治四年七月『木戸孝允文書』第八、日本史籍協会、五四‐五頁）と。木戸もまた変革を行なうにあたっては、「実際の特質当否」を確かめながら、一歩一歩、漸を追って進む必要をつねに説いていた。

以上のような現実世界への開眼と同時に、アヘン戦争を契機とする対外意識の高まりは、またネーション（国民）という新しい集団観念の形成に向かって人びとを結集させる道筋をも開いた。いうまでもなくネーションという集団観念の特徴は、構成員の一人ひとりが、国民的利益という共通の利害関心によって結ばれ、その保全と拡大のために等しく責任を分担するところにある。したがってナショナルな観念の形成は、身分制的な差別と地域的な割拠制に支えられた前近代的社会秩序が弛緩し解体していく過程と表裏の関係にあるものということができる。幕末における対外意識の高揚は、外国に対する意識の反射として、幕府と諸藩という立場の違いを超えた挙国的な利害の共通性と一体性を人びとに自覚させ、また貴賤尊卑という身分の相違を超えた問題関心の共有が、ここに新しく期待されることとなる。日本の新しいナショナルな集団観念は、こうした過程のなかでその形を整えていくのである。

佐久間象山は、アヘン戦争の衝撃を背景に海防について建言した前記の藩主宛上書で、対外問題につき、またつぎのように述べている。「外寇之義は国内の争乱とも相違仕、事勢に依り候ては、世界万国比類無レ之百代聯綿とおはしまし候皇統の御安危にも預り候事にて、独り徳川家の御栄辱にのみ係り候義に無二御座一候へば、神州闔国《こうこく》の休戚を共に仕候事にて、生を此国に受け候ものは、貴賤尊卑を限らず、如何様とも憂念仕べき義と奉レ存候」（「海防に関する藩主宛上書」前掲全集、二六六頁）。ここでは、「外」からの脅威に触発されて「神州闔国の休戚」という挙国意識が強調され、ナショナルな観念の萌芽ともいうべき国内の一体性・連帯性が説かれている点に注目したい。

こうした挙国意識は、その後幕末の政治過程のなかで「天下」「神州」「皇国」などの言葉をとおして語り継がれ強められていく。安政元年、再びペリーが来航したとき、吉田松陰はアメリカ軍艦に投じて密航を企て囚われの身となったが、幕府の禁を破って密航を企てるというこの大胆な行動を決意させたのも、松陰のなかに芽生えていたナショナルな意識であった。幕府の禁を犯した松陰を厳しく戒める兄に対しても、彼は少しも動ずることなく答えている。「禁は是れ徳川一世の事、今時の事は将に三千年の皇国に関係せんとす、何ぞ之れを顧みるに暇あらんや」（兄杉梅太郎との往復書簡、安政元年一二月、前掲全集第八巻、三三一頁）と。このように「三千年の皇国」という松陰のなかのナショナルな意識は、徳川幕府の絶対性を拒み、その権威を相対的なものにまで押し下げることを可能にしたのである。

もちろん幕藩体制の下で長い間にわたって蓄積された割拠性は、外圧の切迫する状況のなかでも、にわかに解消されるはずのものではない。たとえば、元治元（一八六四）年八月のことだが、長州藩への報復として英米仏蘭の四国艦隊が下関海峡で北岸の長州側に砲撃を加えたとき、長州藩とは多年反目の関係にあった南岸の豊前藩の砲台は、終始沈黙を守ったという。そればかりではない。この南岸にはおびただしい数の人びとが集まって戦闘の模様を見物し、四国艦隊の砲弾が長州藩の砲台に命中するたびに笑ったり叫んだりして戦闘を楽しんでいる様子だったが、やがて四国側が勝利をおさめて長州側の砲台に国旗を打ち立てると、群衆は有頂点になって喜んだという話である（岡義武『近代日本政治史』Ⅰ、創文社、五六頁、注(2)所引）。このエピソードが物語るように、諸藩の間にわだかまる割拠性は根深いものがあった。そのことは、王政復古後の本格的な国民国家形成にあたっても、結局は藩閥官僚勢力が権力の中枢を占めるという形で、明治国家のなかにまで持ち越されたことによっても知ることができる。

アヘン戦争の深刻な衝撃が幕末の人びとに与えた影響としてもう一つ指摘しておきたいことは、イギリスなど西洋諸国に対する深い不信感の醸成という問題である。アヘン戦争の顚末については、さまざまの書物の刊行をとおして幕末の日本に広められたが、そうした書物の代表的なものとして、斎藤馨『鴉片始末』や嶺田楓江『海外新話』などがあった。ことに『海外新話』は嘉永二（一八四九）年の刊で、アヘン戦争の一部始終を軍記物調の文体を用いて、しかも随所に挿絵入りで記述した庶民向けのものであった。大正一〇年ころのことだが、明治文化の研究に力を注ぎ始めた吉野作造は、古書展で偶然この書物を手にしたときの思い出をこう書いている。「南明倶楽部に初めて往つてそして初めて眼についたのが『海外新話』五冊であつた。海外とあるから何か西洋の事を書いた物だらうと考へたのである。帰つて読んで見て、鴉片戦争の記述なるにコレハと思つたが、併し之にも興味を感ぜぬではないので、かなりの面白さを覚えつゝ実は一気に通読したのであつた。そして私の一番面白く感じたことは、著者の抱いたあの変妙な国外観であつた。丁度三国志や呉越軍談といふ筆法で外国を描いて居る。鴉片戦争に関する本当の史実とこの『海外新話』の記事とを対照して見たら嘸面白いだらうなどゝ考へたのであつた」（吉野作造「『海外新話』と『漂荒紀事』」『書物往来』三巻四号、大正一五年四月）。

この書物では、アヘン問題の発生から南京条約の締結に至るまでの経緯を記述するなかで、戦争の惨禍とイギリス将兵の乱行、勇将・烈女の美談や悲話が、まるで京劇の舞台を観るかのように、それこそ三国志的筆法で語られている。それを貫いているのは「夷人暴逆残忍なること勝て数ふべからず」という異国観であった。それが吉野のいう「変妙な国外観」の実体である。この本の巻頭は「巻之一　英吉利記略」とあってイギリスについての紹介に当てられている。そのなかでイギリスの国民性については、つぎのように記している。「士人女子ハ頗ル情欲深クシテ貞烈ノ操無シ。蘭噸《ロンドン》ノ俗、毎夜酒筵ヲ設テ歓楽ス。婦女相争テ其筵ニ預ルコトヲ希フト云。男子ノ性、極テ伶俐狡黠、然レトモ事業遠大ヲ期シ、大船ヲ製シテ万国ニ航海シ、諸物ヲ交易シテ巨万ノ利ヲ計ル」（句読点、引用者）と。西洋諸国についてのこのような見方は、その後日本が「外圧」の下で開国を余儀なくされたとき、それに反発する人びとによってそのまま引き継がれた。幕末の攘夷思想がそれである。そこでは西洋諸国を指して「夷狄は哮闞《こうかん》（怒りほえる）、呑噬《どんぜい》（呑みかむ、他国を侵略するの意）、貪饕《たんとう》（むさぼる）にして、厭ことを知らず。如何にも忌々しき者にこそあれ」（久坂玄瑞「解腕痴言」文久二年八月『勤王志士遺文集』二、大日本文庫、二三二頁）とか、「彼れ天道を誣罔《ふもう》し、人倫を滅裂する者、君臣義無く、父子親無く、言は即ち誕妄《たんもう》、行は則ち禽獣」（真木和泉「孝明天皇封事」文久三年春、同上書、七二頁）と、有らんかぎりの侮蔑の言葉をならべて敵意を露にしている。そして討幕派の勢力は、このような攘夷思想を背に負い、その力を借りながら、外圧に屈して開国を余儀なくされた徳川幕府を瓦解へと追いつめていったのである。

生麦事件や品川御殿山英国公使館焼打事件など攘夷派の志士による実力行動が幕末に頻発したばかりでなく、王政復古後も、新政府は開国和親の外交方針を布告したにもかかわらず、堺や京都などで外国人殺傷事件が起こり、新政府を悩ます結果となったのはそのためである。五箇条の誓文の「旧来の陋習を破り天地の公道に基くべし」という一条も、こうした攘夷の風潮を「旧来の陋習」として否定するため、とくに加えられたものといわれている。

　したがって、明治維新による国家形成にあたって、新しい時代をリードすべき新思想の担い手たちがまず課題としたことの一つは、この攘夷観念の転換であった。加藤弘蔵（弘之）『交易問答』（明治二年）、福沢諭吉『世界国尽』（同年）などは代表的なものであろう。加藤はこの書物の序文で「先年来、慷慨の士、鎖攘を唱ふるの余、動《やや》もすれば過激の挙動を以て国家の煩をなせし者少からず。蓋し鎖攘の論は憂国より出づ。其志は嘉すべしといへども、甚時勢に迂濶なる者にしていまだ井蛙の偏見たるを免れず」（『明治文化全集　経済篇』所収、五九頁）と書き起こしている。彼の意図するところはもはや明らかであろう。また福沢の場合注目されることは、旧時代的な攘夷観念の転換を企てるにあたって、アヘン戦争の捉え直しが行なわれていることである。『世界国尽』では中国についてこう記している。「往古《ムカシ》陶虞《たうぐ》の時代より年を経《ふ》ること四《し》千歳《せんざい》、仁義五常を重じて人情厚き風なりとその名も高かく聞えしが、文明開化後退《アトズサリ》去、風俗次第に衰て徳を修めず知をみがゝず我より外に人なしと世間知らずの高枕《たかまくら》、暴君汚吏の意にまかせ下《しも》を抑へし悪政の天罰遁るゝところなく頃は天保十二年『英吉利国』と不和を起し唯《たゞ》一戦に打負て和睦願ひし償《つぐなひ》は洋銀二千一百万、五処の港をうち開きなを〔ママ〕も懲《こり》ざる無智の民、理もなきことに兵端を妄《みだり》に開く弱兵は負て戦ひまた負て今の姿に成行《なりゆき》しその有様ぞ憐なり」（『福沢諭吉全集』第二巻、五九四-五頁）と。ここではアヘン戦争は中国側の無知と「悪政」にその責めが帰されている。同じように『清英交際始末』（福沢諭吉閲、明治二年刊）でも、中国は皇帝の勅状を読み聞かせるにあたって英国人に跪き拝する礼を要求するなど国際常識を欠き、アヘンの禁輸についても「其地にある外国商人をば、鴉片の有無を論ぜず、一概に之れを封鎖し、食物を与るを禁じ、具さに艱難を受けしむ。中には鴉片に関係なく、或は教師、或は医師、或は吏員なるも、尽く一様の扱ひを為せり」（同上全集、五四六頁）とその無法ぶりが強調されている。すなわちこれまで「夷人」の「暴逆残忍」を物語るテキストとされたアヘン戦争は、ここでは清朝中国の無法と非文明がいかに国を危うくしたかを示す歴史の教訓へとその意味転換が行なわれている。

　このようにアヘン戦争の投じた波紋は、日本の時代転換を告げる新しい思考方法や意識を当時の知識人たちにもたらし、硬直した幕藩体制を内側から揺さぶった。こうして一つの時代は混乱のなかでその幕を閉じ、明治と呼ばれる新しい時代の登場を迎える。そしてそれとともに、新しい歴史を刻む思想の歩みが、さまざまな姿態と装いの下で展開することとなる。そこでまず維新の変革に主導的な役割を果したリーダーたちの、新しい国家構想をめぐる取組み方に焦点を向けて、その政治的発想の特質をみることとしよう。

1 「乱世的の革命」

明治の史論家として知られる竹越与三郎（三叉）は、その著『新日本史』のなかで維新の思想を取り上げ、「凡そ一国の大革命は、三種あり」と革命を三つの類型に整理して示している。それによれば、一つは失われた過去の「楽園」の回復をめざす「復古的の革命」であり、もう一つは前途に光明を見出す「理想的の革命」であり、第三は過去にも未来にも光明を見出すことなく、ただ現在の苦痛に堪えかねたところから発する「乱世的の革命」だと言う。そして竹越は、維新の変革こそまさにこの第三の「乱世的の革命」の例であり、その根本原因は、徳川幕府の体制がその末期に至ると、「社会の結合力漸く弛みて、将さに解体せん」（『明治史論集㈠』明治文学全集77、一三四頁）としたところにあるとしたのである。このように竹越が、「戊辰慶応の革命は、新政を理想せる理想的の革命にもあらず、王朝を回復する復古的革命にもあらず、社会自身土崩瓦解せんとする乱世的革命にして」（同上書、一三九頁）と、あえて「乱世的」と維新の変革を規定したことには、さまざまな意味がそのなかにこめられているように思われる。

たとえば歴史をいわゆる治乱興亡という政治的勢力の栄枯盛衰として眺める視点に対して、歴史をより包括的な社会の動態として捉える視点をそこに読みとることもできる。竹越が「社会の結合力」の「一転」「瓦解」「新結合」というサイクルのなかに歴史を見ようとしているのはその例である。また竹越のこのような維新観からわれわれは、維新史の内奥に彼が歴史の多様な可能性を見ようとする姿勢を感じとることもできる。竹越といえども幕末における対外問題の発生が当時の政治過程に与えた大きな衝撃力を認めないわけではもちろんない。しかし彼によれば、それは、徳川社会の弛緩した結合力が新しい結合にもたらされるにあたって、いわゆる「戊辰慶応の革命」という帰結に至るうえでの一つの直接的な契機にすぎない。だから竹越は、もし異なった条件の存在を仮定するならば、この「社会の結合力」の弛緩と解体は異なった歴史の過程を導き入れたかもしれないとさえ考えるのである。彼は述べている、「若し仮すに歳月を以てし、失政愈よ重なり政府の微弱愈よ明白ならば、人民豈に久しく黙々たるものならんや、必らずや民主的大運動を起こすの日ありしならん」（同上書、一三六頁）と。竹越が維新の変革を「乱世的革命」とするとき、そこには歴史の多様な可能性が未発のままで含まれていたことへの、彼なりの想いがこめられていた。

しかし竹越がこのような維新観を展開するとき、何よりも批判の対象として彼の念頭にあったものは、「勤王」史観であろう。すなわち維新の原動力を勤王論の勃興に求める見解である。この見解に対して彼は、幕府の崩壊をむしろ幕藩体制内部ですでに進行しつつあった「社会の結合力」の「変化」や「弛緩」がもたらしたいわば歴史的必然だとする立場をとった。彼が維新を「乱世的革命」と規定した意味もそこにあった。彼が「勤王」史観に対して、「勤王論の如きは、是れ大風に乗ずる一沙塵、固より以て数ふるに足らざりし也」（同上書、一三九頁）と、これに真向から挑戦したのもそのためである。もちろんこのことは、竹越が維新の変革において「勤王」論や「国体」論が果たした役割を否定したり、また過小評価したりしていることを意味するものではない。ただそこで彼が言おうとしていることは、勤王論が歴史的意味をもつことができたその前提には、「天下幕政に飽きて人心変を思ふ」社会意識の変化があったからであり、したがってその役割というものも、じつは、対外問題の発生とも相俟って、勤王論が新しい結合を求めるこの「国民の活力」に恰好の結節点を提供すべく形づくられていった結果にほかならない、ということにあった。彼が、「大革命は勤王の為めに成就せられたるにあらずして、皇位の崇高、威厳、美麗こそ、却つて大革命の為めに発揮せられたる也、勤王は大革命の原因にあらず、却つて国民の活力たる大革命より流出せる結果なる也」（同上書、一四一頁）と述べているのはその意味である。

竹越与三郎がこの『新日本史』（上・中二巻、下巻は未完）を公刊したのは一八九一（明治二四）・九二（明治二五）年のことであるが、維新の変革についてのこのような接近の仕方には、明治の人たちが自己の時代に対応するにあたっての姿勢が、いわば濃縮された形で表現されているように思われる。この書物が公刊されるとたちまち大変な評判を獲得し、一年ほどの間に数万部を売りつくした（松島栄一「解題」『新日本史』四四四頁）といわれる事実からも、竹越のこうした歴史の捉え方に寄せられた明治の同時代人たちの幅広い共感を感じとることができる。たとえばそれから十余年経過した一九〇五（明治三八）年に執筆された山路愛山の「現代日本教会史論」の一節でも、つぎのような維新観が目にとまる。いわく、「維新の革命を以て単に政治機関を改造し、政治の当局者たる人物を変換したるものに過ぎずと思はゞそは皮相の見解なり。維新の革命は総体の革命なり。精神的と物質的とを通じての根本的革命なり」（山路愛山『基督教評論・日本人民史』岩波文庫、八頁）と。ここにも、竹越の場合と同様、維新の変革をできるかぎり包括的に捉え、たんなる政治権力の変動として理解することだけに終らせたくないという志向が示されている。

これらの志向は、維新変革の過程において必ずしも表面に現われる形をとらなかったとしても、権力の変動を促し、またそれを根底にあって支えたものとして、社会意識の変化や人心の動向があったことを訴えようとしている点に、ある共通の方向性を感じとることができる。維新の変革についてのこのような考え方を、王政復古まもない時点で明らかにしたのは福沢諭吉であった。

維新について彼は、『学問のすゝめ』（九編、明治七年五月）で「この変動は戦争の変動に非ず、文明に促されたる人心の変動なれば」（『福沢諭吉全集』第三巻、九〇頁）という視点をとり、「天下の人心」こそが歴史を動かす基本的な要因とする立場がとられている。この立場はまた『文明論之概略』（明治八年）では、「王制復古は王室の威力に拠るに非ず、王室は恰も国内の智力に名を貸したる者なり」（同上全集、第四巻、七四頁）と、いかにも啓蒙思想家らしい明快な表現のもとで受けつがれ、維新の変革の意味づけが行なわれている。そして田口卯吉の場合もそうである。彼もまた「輿論」の抗すべからざる力を強調し、「さしもに堅牢なりし徳川政府の組織も、民間の輿論に抗したるが為めに、開港後僅九年にして終に解体したりけり」とその存在に注意を喚起している。田口によれば、幕末における鎖港攘夷の論は、明らかに固陋な策と言わなければならないが、それにもかかわらずこの攘夷論こそが「輿論」を形づくっていたがために、それに抗した幕府は倒壊するに至ったとし、「国家の大権を執るものにして此理を解せざるときは徒に社会に風波を生ぜんのみ、徳川氏の如きは好亀鑑を社会に遺したりと云ふべし」（田口卯吉『日本開化小史』岩波文庫、二六〇頁）と述べているのである。

しばしば指摘されるように、幕藩体制の崩壊を促進した直接的契機としては、たしかに対外問題の発生を挙げることができる。この問題がもたらした衝撃力の重さは無視することのできないものがあったし、「復古之大業」（大久保利通）「大政一新」（木戸孝允）と呼ばれるような時代転換への動きも、この「外圧」への対応のなかで進行したのはまぎれもない事実であった。しかし竹越らの維新観が指摘するように、新しい権力の形成を求めて幕末動乱の渦中に身を投じた人びとが、そのなかで感じとったものは「人心」とか「時勢」とか「輿論」という言葉でしか捉えることのできない、歴史における不可逆的な要因のもつ抗しがたい力や無視しがたい意味であった。したがって大久保利通・木戸孝允など維新政権の中枢を形づくったリーダーたちは、とりわけ「時勢」の動きや「人心」の動向に敏感な感覚をもち、その「安堵」や「折合い」に細かい配慮を用いた政治家ということができる。

　大久保が政治的行動や決断を問題とするにあたって、しばしば「勢」に注目し言及するのもそのためであろう。たとえば一八六八（明治元）年正月、大政奉還後の幕府や会津・桑名の動向にかんがみて事態は少しの遷延も許さずとみた大久保利通は、機先を制して即刻開戦すべきことを主張したが、そのとき西郷吉之助に宛てた書簡で、「事理と勢とは未然に相察し、断然死力を尽し申さず候ては、勢及ばざる日に至り窮策に出で候様にては甚だ遺憾の至りに候はずや」*（傍点引用者）と彼が述べているのはその一例である。また明治元年閏四月には政体書を制定して太政官の制を定めたが民政の実績は必ずしもかんばしくないという事態のなかで大久保は、「太政官に則て議政・行政の官を御立て相成り候処、成る程其の形は相調候得ども行き懸りの勢といえるもののもあり」と、その困難な理由を「行き懸りの勢」（同、木戸孝允宛書簡、明治元年九月六日、同文書、三九五頁）という言葉で説明している。これもまたその例であろう。

＊大久保利通、西郷吉之助宛書簡、明治元年正月二日、『大久保利通文書』第二、日本史籍協会、一四七頁。ただし引用にあたって読下し文に改め、適宜句読点を付した。以下の引用文においても同様である。

このように、現実の動態というものは、理念や理窟のみによっては制御しがたいものであるという認識に支えられていたから、大久保の行動は情勢の緩急に応じて時には眼を見はるほどの果断さを発揮するかと思えば、また時には漸を追って進む慎重さを示すことにもなる。たとえばいわゆる王政復古の大号令を発するに際しての彼の態度もそうである。「兎角今般御発動に就ては機密を肝要とし意外の御英断人心戦慄仕り候程に御威光拡充仕らず候ては……」（同、岩倉具視宛書簡、慶応三年一二月七日、同文書、六〇頁）とみずから記しているように、機密性と果断さとをそこでは何よりも尊重した。そしてそのような果断な対応は前述の徳川氏武力討伐の決定に際してもまた遺憾なく発揮されたところであった。この果断さは、右のようないわば攻めの状況においてばかりでなく、守りの状況においても同じように示されることがあった。たとえば明治二年の正月、戊辰戦争の論功行賞にあたって新政府はいちじるしい財政窮迫に陥った。そのため、一度議決した行賞も一時見合わせようとの議がもち上がったが、大久保は、「賞の事は誠に以て重大にて此の御当否に依て人心の離間国家の興亡に相掛り候事は論ずるまでもこれ無く」という立場から、「公論公義に於ては有るまじき事にて候得共今日迄の形勢然らざるを得ぬ次第もこれ有るべく」（同、岩倉具視宛書簡、明治二年正月二八日、同文書、第三、五九頁）と、断然既定方針を貫いたのはその例である。

しかし、こうした果断さに対して、他方では状況に対する慎重な対応の必要性も忘れることはなかった。旧弊を除き奸吏を一掃するなど大政一新の基礎を固める仕事に追われるなかで、大久保はむしろ「断然一新」の難しさを身をもってさとり、「機に臨み変に応じ候て流習を破り々々本を居付候様これ無く候ては王化を布施され候事能はず」（同、木戸孝允宛書簡、明治元年九月五日、同文書、第二、三九二頁）という、柔軟で忍耐強い改革の姿勢をみずからに課したのである。だから明治二年正月に起草した彼の「政府の体裁に関する建言書」においても、「空論ニ馳セ新奇ヲ好ムベカラズ、且緩急順序ヲ弁別シ進歩ヲ急ガズ、其目的ヲ達スベキ条理ノ適スルニ至テハ是ヲ施シ、断々然トシテ動クベカラズ」（同文書、第三、一一頁）とあるように、「漸次ノ功」を積む必要が力説されている。

このような、状況に対する慎重な対応は、当時の事態の極度の流動性を反映していた。そこでは「日に月に維新の世上に候得ば、今日の事は明日は改り、今年の事は来年相変候」（同、岩倉具視宛書簡、明治元年一二月二五日、同文書、第二、四九四頁）と大久保が述べているように、事態の進行についての予測は、政治的リーダー自身にとっても著しく困難な状況が支配し、彼らは視界不良の状態のままで、いわば手さぐりで改革の歩みを進めざるをえなかったからである。しかもこのような事態の流動性と予想困難性は、一歩誤れば「土崩瓦解」に立ち至る危険性とつねに背中合わせになっていた。それに加えて対外的危機感が彼らリーダーの緊張感をさらに高めた。木戸の表現を借りれば、「聊も不所致これあり候ては相済まず、万一も料理を失し候ては忽ち朝廷の御大難、皇国の御危急と立ち至り候は必然の儀」（木戸孝允、森寺常徳宛書簡、明治元年一二月一九日『木戸孝允文書』第三、二〇七－八頁）というのが彼らの偽らざる状況認識であった。竹越与三郎が維新の変革を「乱世的革命」と特徴づけたのも、その根底には、変革が右のように予測も見通しも欠いたなかで進行するというアナーキカルなイメージに強く印象づけられていたからであろう。

2　新しい国家構想を求めて

新政府の発足は、先に述べたように、不安定で、そのうえ前途の見通しも困難という、極度に流動的な状況の下においてであった。

このような状況のなかで新政府のリーダーたちは、一刻も早く旧幕勢力の武力平定を終結させることによって「天下之大方向」を確立し、「衆庶力ヲ一本ニ尽シ」て「皇国維持」を実現すること、そのことこそが「御一新」の「御一新」たるゆえんとして心血を注ぎ、その目標に向かって苦闘を重ねた。多年の辛酸も多大の犠牲もまさにそのためにこそ払われてきたのだという確信がわずかに彼らの心を支えていた。流動する状況下にあって定まらぬ人心を掌握し、新しい権力の基盤へとこれを統合するにあたって、新政府が試みたアプローチは基本的には二つの方向をとった。一つは、天皇という伝統的人格を新しい権力の頂点に位置づけることによって政治的に再生させ、国民統合のためのシンボルとしての役割をこれに求めようとする方向である。そしてもう一つは、新しい権力の基盤を国民的規模に拡大するために、挙国的な政治的意思形成の制度化をはかることである。前者はいわゆる天皇親政の制度化であり、後者は公論主義の採用である。

周知のように、伝統的権威の担い手である天皇を政治的に再生しようとする動きは、対外問題をめぐる幕末の政争過程のなかですでに進行しはじめていた。幕府による条約勅許の奏請、公武合体運動、尊攘派による攘夷親征への働きかけ、「京都手入れ」等々は、それらの動きを端的に物語るものであろう。この動きは、幕末の政治状況がいよいよ混迷の度を深めるにつれていっそう促進された。こうして既存の政治秩序の機能不全とアノミー的状況の昂進は、好むと好まざるとにかかわらずその恢復を「宸断」による「万機一新」「人心糾合」に求めることを余儀なくさせたのである。たとえば岩倉具視は一八六五（慶応元）年九月の国事意見書でつぎのように述べている。

「顧フニ多年人心乖離スト雖、之ヲ糾合一括スベキハ一ニ宸断如何ニコレ有ルベシト存ジ奉リ候。方今ノ形勢実ニ容易ナラズ。若シ目下ノ如ク因循苟息ニシテ数年ヲ経過セバ、恐レナガラ皇家モ式微シ、幕府モ断滅シ、百姓モ塗炭ニ苦ミ、溝壑ニ顚ゼンコト必セリ」（岩倉具視「全国合同策」『岩倉具視関係文書』第一、一九七-八頁）。

こうして幕府にしてもその政治的生命を何らかの形で維持しようとするならば、大政奉還の挙に見られるように、進んで政権を朝廷に返還し、朝廷の権威を背景としながら政治的主導権を回復する方向を選ばざるをえなかったわけである。したがって、いわんやあえて武力に訴えてまでして幕府の政治的命脈を断ち切り、「太平の旧習に汚染仕候人心」を「一新」したうえに新政権を構築しようと考えた維新政府のリーダーたちにとっては、とりわけ天皇の政治的主体性を強調し、また新統治者たるにふさわしい天皇像を作り上げることが必要とされた。大久保が王政復古後、ただちに大坂遷都の計画を考えたのもそのためであった。すなわちこれまで国民からはまったく隔絶され「雲上」の存在として宮廷の奥深くに秘匿されていた天皇を、ここに至って改めて現実の世界に引きもどし、活々とした政治的人格として再生させようというわけである。大久保は「大坂遷都の建白書」（明治元年正月二三日）のなかでこう述べている。

「是迄ノ通、主上ト申シ奉ルモノハ、玉簾ノ内ニ在シ人間ニ替ラセ玉フ様ニ、纔ニ限リタル公卿方ノ外拝シ奉ルコトノ出来ヌ様ナル御サマニテハ、民ノ父母タル天賦ノ御職掌ニハ乖戻シタル訳ナレバ、此御根本道理適当ノ御職掌定リテ初テ内国事務ノ法起ル可シ。右ノ根本推窮シテ大変革セラルベキハ遷都ノ典ヲ挙ゲラル、ニアルベシ」（『大久保利通文書』第二、一九二―三頁）。

この大坂遷都の建議は結局実現をみるには至らなかったが、その後も大久保は天皇イメージの転換というこの問題のためには少なからぬエネルギーを注ぎつづけた。すなわち彼は、大坂遷都が実現不可能となるや、それに代って天皇の大坂行幸を提議し、慶喜追討を天皇「親征」の形式の下で進める方向を打ち出している。もちろんこのことは徳川家を「朝敵」として天下に強く印象づける効果や、天皇主導の態勢を作り上げることによって天下の「人心ノ一和ト憤発」とを引き出す効果を狙ったものである。彼は、機会あるごとにこうした形態をとることによって、新政府の下での新しい体制創出の営為を天皇と結びつけ、「天皇親政」と統治者天皇の映像を定着させることに努めるのである。したがって大久保は、天皇の大坂行幸を機会として「朝廷因循ノ腐臭一掃」を企て、この年の二月には「宮廷改革に関する意見書」を提出している。ここでは「表ノ御坐設ケラレ巳刻ヨリ申刻迄出御万機ヲ聞食サレ候事」と公的な人格としての天皇像を明確にすることに主力が注がれた（同文書、二二八頁）。この方向はまた同年閏四月の「制度改定に関する意見書」において、天皇の住居を従来の後宮から表へ移すという形で踏襲されている。

　このような改革への努力は、大久保にとって、たんに「天皇親政」のたてまえを保つための形式を整える、という意味をもつだけでは必ずしもなかった。大坂遷都についての意見書のなかで彼は、「弊習トイヘルハ理ニアラズシテ勢ニアリ。勢ハ触視スル所ノ形跡ニ帰ス可シ」と述べている。弊習というものは、長年にわたるある行動様式の積み重ねによってそれが一つの「勢」となったものであるから、「理」というような観念の問題とは違って眼に見える「形跡」として定着しているものだというのである。このように大久保は形式を改めることのなかに弊習打破や人心一新にとって無視できない重要な意味を感じとっていた。一八七五（明治八）年、政府が地租改正を決定し大久保がその事務総長に任ぜられたときのことを、後年松方正義が回想している。それによると、いよいよ事務局の設置となったとき、大久保は松方に命じて事務局の畳をことごとく引き上げ、椅子・テーブルに至るまで取り替えさせた。そしてその理由として大久保は、「凡そ人心の大刷新と政務の大改革とを断行せんとするには、先づその居より之を改め、気分を移さなければならぬ」（勝田孫弥『甲東逸話』昭和三年、一九〇-一頁）と述べたという。このように大久保は、形を改め整えることが人心を新たにするうえに大きな意味をもつという確信をもっていた。彼が「天皇親政」の形を整えることに苦心したのも、それが人心の刷新につながる効果を十分に考慮したうえでのことであったに違いない。

大久保が、天皇の全国各地への巡行という、いわば国民に向けた政治的ページェントを熱心に推進したのもそのためであった。大久保自身は、一八七八（明治一一）年、この事業半ばにして暗殺され非業の死を遂げるが、明治九年の東北・北海道地方巡行をはじめとして、北陸・東海（明治一一年）、山梨・三重・京都（明治一三年）、山形・秋田・北海道（明治一四年）と、この計画は進められていった。各地では県令などが県治の実態を奏上し、勧業・教育などの民情視察が行なわれた。沿道の住民や学校の生徒は道筋に列をつくって巡行を迎え、間近に天皇を「拝見」した。明治九年の東北巡行の記録が伝えるところによれば、福島から仙台に至る途中の情景はつぎのようなものであったという。

「此駅の小学生徒が町の片側に居ならびて拝礼せしは甚だ優に覚へ夫より北の官道に進ませ給へば松並樹の間にも生徒がおよそ五六百人ばかり立ならび教員の指揮に従ひ一斉に帽を取って拝礼せしはいかにも見事なりき。植松村を経て増田駅に到らせ給ふに此辺にも増田学校の生徒が二百人ばかり男児は一様に白の洋服を着し女児は紅粉を粧ひ、鳳輦の過るを待ちて拝礼せり」（「御巡幸明細日誌」、尾佐竹猛『明治の行幸』東興社、一四六-七頁）。

一方、仙台を過ぎて山村に入ると、このような光景も見られた。「田野山村の間を過ぎ給ふに拝見人も処々に居たれども、みな股引をはきたる娘や、鎌鍬を携へたる農夫どもにて、泥足を田の畔に並べ、草に居り敷居に腰掛けなどして丸裸の赤子を負ひたる儘、背中より脇の下に小児の頭を引出し乳を呑ます婦人もあり、顔も足も泥によごれたる儘昼寝せしが、いまお通りぞや拝ぬかと、俄かに叩き起されて目をこすりながら、鳳輦を拝するもありて最も可笑しき事どもなりき」（同上書、一七三-四頁）。

この地方巡行については、奉迎の諸経費や警護取締りの強化そして人民の「迷惑」、たとえば「奥羽御巡幸以来、各地学校生徒奉送迎等ノ儀往々有之、其為メ衣服ヲ揃へ、或ハ帽履ヲ新調シ、後日其父兄ノ迷惑ニ帰シ候趣」（「沿道地方官心得書」明治一一年『天皇と華族』日本近代思想大系2、六七頁）と指摘されるような人民の出費など、弊害も多く批判の声もあがったが、「天皇親政」のイメージを広く国民に植えつけるうえには絶大な効果をあげた。当時の外国人は天皇の巡行についてつぎのような意義づけを行なっている。

「日本中どこを旅しても、至る所で今日の日本を以前の封建制日本とはっきり区別する深い溝に気づかない訳にはいかない。しかし何にもまして――サムライと刀の消滅、あるいは鉄道や電報や蒸気船の出現にもましてこの違いを明らかに示すものこそ、天皇が一般民衆の間を巡行されたことに他ならない」(「天皇巡行」『The Japan Weekly Mail』一八八〇年六月一九日、同上書、九八頁)と。こうして天皇の巡行は、新しい体制の到来と新しい政治的主権者の登場を広く国民に印象づける壮大なパフォーマンスとして繰り広げられた。

天皇の政治的再生は、このように幕末いらいの混迷のなかから新しい秩序を形成するにあたって無視できない重要な意味を担うものとして位置づけられた。しかしそれはあくまでも「人心」に向けての一つの政治的接近の方法にすぎない。もし新しい国家的統合の基礎をたんに天皇という人格的権威にのみ求めることで甘んじていたとするならば、それは維新の変革を背後にあって規定した、あの「社会の結合力」の独自の意味をよく理解していないものというそしりを免れえないことになろう。じつは天皇の政治的再生という試み自体が、「人心の動向」のもつ独自の意味についての痛切な認識に発していたことを、いまここで改めて思い起すべきである。勝海舟も一八六六(慶応二)年七月二九日付の建白で、「大凡、天下の重事は闔国の人心折合い申さず候ては、終に成らず、反つて紛擾と相変じ申すべく候。此間、私心相挾《さしはさ》み、公平至当相欠け候ては上、天朝、幕府の御命令に御座候共行われ難き所御座候」（「海舟日記」『勝海舟全集』第一八巻、勁草書房、三五二頁）と述べているように、全国の「人心折合い」が存在しないかぎり、「天朝」の命令といえども天下の重要問題を有効に処理することは困難とされたのである。

こうした事態の認識においては新政府のリーダーたちについても同様であった。すでに大久保も一八六五（慶応元）年九月、幕府が長州追討を決意して朝廷に追討の勅命を奏請した際、これを批判してつぎのように述べている。

「追討の名義何れに有之候哉。若し朝廷是を許し給ひ候はゞ非義之勅命にて、朝廷之大事を思ふ列藩一人も奉じ候はず。至当之筋を得、天下万人御尤と奉存候てこそ勅命と申すべく候得ば、非義の勅命は勅命に有らず候故、不可奉所以に御坐候」（西郷吉之助宛書簡、慶応元年九月二三日『大久保利通文書』第一、日本史籍協会、三一〇‐一頁）。

ここでは天皇の人格的権威も、それが公的な政治的権威として有効に機能するためには、天皇の意思なるものが「天下万人御尤」と考えるだけの正当性を備えなければならないとされている。維新政府が、「天皇親政」をたてまえとしながらも、他方「公議」「公論」の尊重を謳わなければならなかったのはこのような事情によるものであった。

一八六八（明治元）年三月、五箇条の誓文が公にされたのもそのような背景の下においてである。その冒頭に「広く会議を興し万機公論に決すべし」と、「公論」の尊重が明らかにされたのは周知のところであろう。ただこの場合に注意しなければならないのは、ここでいう「公論」主義とは、近代立憲主義が前提としていたような――あるいは後年しばしば理解されたような――広く国民一般の世論（public opinion）を尊重するという立場を意味したものでは必ずしもなかったことである。というのは第一に、「公論」の形成が考えられる場合でも、「公論」を形づくるべき個別的な意思や利害の担い手と想定されたのは個人ではなく、かつての藩であった。いわゆる「貢士」の制度がそれで、「貢士」とは府・県・藩の意見を中央で代弁する代表者であったが、その定員は藩の大きさによって決められ、その任免も各藩主の自由に任せられていた。そして「公議輿論」の採用とは、じつはこの貢士による議事参加を具体的には意味していたのである。五箇条の誓文の趣旨を制度的に具体化したものといわれる「政体書」（明治元年閏四月）で、「各府各藩各県皆貢士ヲ出シ議員トス議事ノ制ヲ立ツルハ輿論公議ヲ執ル所以ナリ」と述べているのはそのことを物語っている。

　また第二に、本来、公的意思の形成にあたっては個別的な意思や利害関心の自由な表明が不可欠の前提として尊重されなければならない。公共的な意思や利益といわれるものも、じつはそれ自体で実体として存在するものではなく、個別的な意思や利害関心のそれぞれが自己主張をかさね、相互にぶつかり合う、そのダイナミズムのなかからある共通のものとして発見され表出される。その意味でやや逆説的な表現を使えば、公的なものの尊重は私的なものの確認から出発しなければならない。ハーバーマスが近代の市民的公共性の性格を語るにあたって、「家の私生活化」とか「私生活圏の経験」など「私的なもの」の確立を強調する（ユルゲン・ハーバーマス、細谷貞雄訳『公共性の構造転換』未来社、一九七三年、とくに第二章、第六・七節参照）のもそのためである。ところが明治初年のこの公論主義においては、「公論」の尊重はしばしば「私見」や「私論」の排除と結びついて説かれた。たとえば誓文の第一原案である三岡八郎（のちの由利公正）案では「万機公論に決し私に論ずるなかれ」と記されていたし、五箇条の誓文とともに出された「宸翰」においても、「汝億兆能々朕が志を体認し相率て私見を去り公義を採り」と述べられている。

　ここには、新しい統一国家を形成するにあたって、その権力を公権力と呼ぶにふさわしいものとするために要請される、広汎な国民の多様な意思を集約して行こうとする「開いた」姿勢が、至って乏しいことに気づかざるをえない。そのなかにあって木戸は、たしかに新政府の権力的基盤をできるだけ広汎な層による積極的支持と協力とに求める方向を追求した政治家であった。すなわち彼は、たしかに徳川家の処置については、「一時人心之折合」というようなその場かぎりの一時的妥協（木戸のいわゆる「膏薬療治」）を排し、あくまで武力による旧幕勢力の「掃撃」という外科的手術をめざす強硬論を持した。この強い姿勢は「御一新に付確乎御基礎の相居り候事戦争より良法は無御座」（木戸孝允、小松帯刀宛書簡、明治元年閏四月九日、『木戸孝允文書』第三、日本史籍協会、六二頁。および木戸の三条実美・岩倉具視宛書簡、明治元年閏四月、同文書、七二頁参照）という当時の彼の言葉のなかに端的に表現されている。しかし旧幕勢力をできるかぎり早期に武力で掃討したのちは、人心の安堵に細心の注意と最大限の努力を払うというのが木戸の志向したところであった。ことに戊辰戦争を通して鼓舞され発散されたエネルギーを、いかにキャナライズして新政府主導下の国家のエネルギーにまで組織化するかという一点に、木戸の課題はすえられていた。

「時に天下の事、一平定よりも一平定後天下の大方向を相定め皇国一円の正気を以て万国に冠絶たる規模御定の事、万々御六つケ敷事歟と痛按の至に御座候。二百余年欝屈の気、一時如斯鼓動仕候ては此後殺気の所致一大事に御座候。大に皇国の御為とも未曾有の大害とも相成申候」（木戸孝允、久保松太郎宛書簡、明治元年七月八日、同文書、一〇四頁）。

日本の対外的独立の確保を「御一新」の目標にすえ、そのための政治的変革の遂行をみずからに使命として課した木戸にとって、統一国家の形成に挙国的な規模で取組む態勢の実現こそが何よりも必要と考えられた。だから急務とされた軍備の強化にあたっても、「民の一統合点仕候事第一に付」とか、「小民までも合点仕候様御工夫の上」（同、後藤象二郎宛書簡、明治元年九月二九日、同文書、一四七-八頁）という彼の言葉のはしばしからも察せられるように、民心の安堵と納得をうるための工夫に心を配る態度を忘れなかったのである。このようにして木戸においては、維新政府による国家的統合の達成にあたり、できるかぎり広汎な国民的エネルギーの結集を可能とするような制度の確立が重視された。

「我皇国は皇国の国体ありて西洋各国などと一様に元より相論ぜられ難き事はこれあり候えども、抑も今日の御一新と申候ものも、只千や二千の人のみの尽力にてここに至り候と申訳にてもこれ無く候間、大に衆議を取り候規則は相立申さずては相済まじきかと存じ奉り候」（木戸孝允、野良素介宛書簡、明治元年一一月一三日、同文書、一八六–七頁）。

しかし木戸に見られたこのような「衆議」に対する配慮も、公共的な意思形成が前提とする個別的な意思の多様性そのものへの理解を示すまでには至っていない。それは、「論ずるものも聴ものも、総て議事の体裁相立、天下の公論御採用これあり、私心私見を以て決すべからざるの基これなくては相成らず」（同上）と木戸もそこで述べているように、「皇国御維持の目的」や「国家実用之輿論公議」（明治元年九月二一日の行政官よりの達）に対する一致した関心と、「私心私見」を去った協力とを、広く各府県藩にわたって要請する性格のものにほかならなかった。だから「公議ヲ興」すにあたって必要とされたのは、「衆議」を採ること以上にまず政府自身において「皇国御維持の目的」を明確にし、規則を確立し、「政府の体裁」を樹立することであった。

じつはこのことは、新政府が開国和親の対外方針を採用したときすでに、外国人との接触から生ずるであろうさまざまなトラブルを合理的に処理し、またその処置をめぐって国内に無用の混乱や紛糾を持ち込まないためにも、早急に必要とされていた点であった。木戸も新政府発足の早々から「前途不朽の規則」や「大規則」樹立の必要を説いているが、それも主としてこのような対外的要請にもとづくものということができる。しかし戊辰戦争も終息に向かい、新政府が全国にわたって一元的支配を樹立する段階に進むにつれて、政府自身の基本的目標の明確化と、統一的な権力の施行を可能にするための制度の整備は、対内的にも不可欠の条件となる。

すでに大久保も一八六九（明治二）年正月の建言書で、「体用顚倒シテ確実寛大ノ本立タズ、左思右顧動モスレバ変移ス」と施政の動揺を指摘し、さらに「政アレバ制度規則アリ百官有司心ヲ一本ニ尽シ、居ヲ異ニストイヘドモ趣ヲ一ニスベシ、然ルニ其法則立タズシテ各自ニ専恣シテ乱ルルコト麻ノ如シ」（「政府の体裁に関する建言書」、『大久保利通文書』第三、八‐九頁）と制度・規則の欠如がもたらす政治の混乱を指摘している。同様の問題は木戸もまた深く憂慮した点であった。同年七月、彼は日記につぎのように記している。

「実ニ前途不安ノ萌不少、其所以ハ朝廷方向不相立、朝右折シタニ左曲スルノ弊不止、故ニ各官互ニ顔色ヲ窺ヒ、安テ事ヲ為サザルモノアリ、余ノ深ク痛歎スル処ナリ、根軸一立、始終一貫ヲ以テ相遂グルトキハ、何ゾ此患アラン哉」（『松菊木戸公伝』下、明治書院、一一六九頁）。

このような問題は、明治二年六月の版籍奉還から四年七月の廃藩置県へと、中央への権力の集中が進み、新政府の支配の領域が拡大するにともなって、ますます放置できない課題として浮かび上がってきた。木戸は、このようななかで「立法・行政に関する建言書」を提出し、「権力の制限事務の章程」を確立する必要を訴えているが、一八七三（明治六）年、木戸と大久保がそれぞれ憲法制定にかんする意見書を執筆するのもこうした背景の下でのことである。

木戸と大久保は、ともに一八七一年岩倉具視を大使とする使節団の副使として欧米を巡遊し、七三年半ばころに相前後して帰国している。この見聞から、彼らはいずれも国民を基盤とする欧米諸国家の活力ある活動ぶりに鮮烈な印象を受けたようである。木戸は、ポーランド分割の悲劇の実態を眼のあたりに見て、国家の統一と独立の貴重さを今さらのごとくに痛感し、そのためにも政府は、民度の発展に応じた国民への譲歩と民意の尊重がどうしても必要だ、とこの意見書のなかで訴えている。また大久保も、英本国は日本と面積・人口ともにほぼ同じ程度であるにもかかわらず、英国が今日に見るような「隆盛」をもたらしたのはなぜだろうか、それは英国では「三千二百余万ノ民各己レノ権利ヲ達センガ為メ、其国ノ自主ヲ謀リ、其君長モ亦人民ノ才力ヲ通暢セシムルノ良政」が行なわれているからだ。これに対して日本ではどうであろう。「愛君憂国ノ志アル者」もごくわずかであり、「其政体ニ於テモ才力ヲ束縛シ、権利ヲ抑制スルノ弊」を免れることができない、これこそがその原因であるとしている。

このようにこの意見書においては、木戸も大久保も、ともに国民の自由や権利についてそれなりに精一杯の理解を示そうとする姿勢をとっている点がまず注目される。彼らが立憲政体の採用を必要と考えたのも、一つには、欧米先進諸国の実態にふれた生々しい印象に支えられて、君主専制がもはや新しい時代に適さない原理であることをさとり、君民の調和と協力のあり方を憲法の形で制度化しようと考えたからであった。権力の強化と安定のためには、同時に権力の基盤を国民に向かって拡大する努力が必要であったし、国家の統一と独立を実現するためには、国民の理解と協力が不可欠でさえあった。彼らは国民の権利や自由の伸長そのものを目的としたのではもとよりないが、彼らが使命としてみずからに課した「御一新」の課題を達成するうえにも、このような民権への理解は欠くことのできないものなのである。討幕の過程で「人心の向背」や「時勢」への対応のもつ重要性を肌身に感じながら学びとってきた彼らにとって、その程度のリアルな権力感覚はすでに自己自身のものとなっていた。

しかし木戸と大久保がこの時点で憲法の制定を急務と考えたもう一つの、そしてより実際的な理由は、前述のような政府内の混乱を克服し、権力の組織的執行を確立することにあった。「政規」つまり憲法を制定する主たるねらいについて木戸は、「百官有司の随意に臆断するを禁じ、万機の事務総て其規に則りて処置する事を期するに在り」（『木戸孝允文書』第八、一二一頁）と述べている。つまり制度・規律の確立を通して役人の恣意的判断を抑制し、政治に一貫性と安定性、規則性と予測可能性とを与えること、その点に憲法の主要な意味を見出していたとすることができる。大久保の場合もまた同様であった。彼が君主専制を新しい時代の政体として適当でないとしたのは、それが客観的な法規にではなく君主個人の意思にもとづく政治である以上、上に明君があり下に賢相がこれを助けたとしても「猶内外ノ政、朝変暮化、百事換散ノ弊ヲ免カレズ」という体質――つまり一貫性・安定性・予測可能性を欠いた「人の支配」としての体質――を本質的に克服することはできないからである。これに対して立憲政体を採用するならば君主政治の下でも、「百官有司擅マヽニ臆断ヲ以テ事務ヲ処セズ、施行スル所ロ一轍ノ準拠アリテ変化換散ノ患ナク、民力政権幷馳シテ開化虚行セズ」（『大久保利通文書』第五、一八七頁）という権力の規則化が可能になる、という点にあった。

その意味で、「天皇親政」は、たしかに彼らの権力奪取を正当化し新政府の支配に正統性の根拠を提供する理念として不可欠のものではあったけれども、文字どおりの天皇の個人的統治が新しい時代の政治形態になじまないものであることは、維新のリーダーたちのよく承知するところであった。すでに岩倉具視も明治二年一月には、「臣子ノ分トシテ之ヲ言フニ憚ルト雖、明天子賢宰相ノ出ヅルヲ待タズトモ自ラ国家ヲ保持スルニ足ルノ制度ヲ確立スルニ非ザレバ不可ナリ」（岩倉具視『岩倉公実記』中巻、原書房、六八五頁）と述べて権力の制度化・非人格化が「天皇親政」の下においてもまた不可避であることを説いている。

木戸や大久保の憲法論もこのような考え方の線上に連なるものであった。たしかにそこには時代のすう勢を洞察してそれにしなやかに対応する柔軟性というものを見ることができる。しかし、それ以上のものではなかった。したがってそこでの法による権力の合理化のもつ意味も結局のところ形式的な域を超えるものではない。すなわち彼らにおいては、憲法は国民の理想や意思や生活関心を反映し表現する規範として権力に方向性を与えるものという理解よりは、むしろ権力自身の合理的表現として権力に効率性と組織性とを与えるものと理解された。木戸や大久保が憲法制定の必要性を力説しながら、この憲法にどのようにして国民の意思や利益を反映させるかという内実の問題――それは憲法の制定過程に国民自身が参加することによってのみ解決されるものだが――については、ほとんどまったく関心をもたなかったのもそのためであった。政府が「根軸一立」し、一貫した目標の下で権力が能率的・組織的に整然と執行されること、このことが彼らにとっては人心の不安を解消し民心安堵に至る何よりの前提と考えられたし、それこそが国家的統一についての彼らのイメージを形づくっていたものであった。

3　啓蒙的知識人の課題

維新の変革は前述のように新しい国家構想を中心としてまず展開した。しかし新しい国家構想を導き出した指標ともいうべき国家の独立と富強という課題は、同時にそれと見合った人間像の創出を必要とした。すでに木戸も明治元年一二月の建言書案でつぎのように述べている。

「一般の人民無識貧弱にして終に今日の体面を一変せざる時は、たとへ二三の英豪朝政を補翼仕候共、決て全国の富強を振起する能はずして、いきほひ王政も亦専圧に陥らざるを得ず、元来国の富強は人民の富強にして一般の人民無識貧弱の境を離るること能はざるときは、王政維新の美名も到底空名に属し、世界富強の各国に対峙するの目的も必ず其実を失ふ」（「普通教育の振興を急務とすべき建言書案」明治元年一二月二日『木戸孝允文書』第八、日本史籍協会、七八-九頁）。

すなわち国家の独立・富強をはかるためには、一般人民の「無識貧弱の境」を克服しなければならない。同様にまた大久保も明治二年正月の建言書で、欧米諸国にならって「文明開化ノ教」を施し、学校の制や「洋行遊学ノ法」を設け、「人材ヲ造ル」ことが急務と説いている（「政府の体裁に関する建言書」『大久保利通文書』第三、一一頁）。こうして第一章の愛山の言葉が語っているように、維新の変革はたんに権力担当者の交替や政治制度の変革にとどまらず、「精神的」な変革をもまき込んだ「総体の革命」といわれる側面をもつこととなるのである。明治初年にあってこの役割を主として果たしたのが啓蒙的知識人たちであった。そして彼ら知識人たちのなかでも当時一流と目された学者たちによって組織された団体が明六社である。

明六社は一八七三（明治六）年森有礼の呼びかけで結成された。すなわち森は駐米弁理公使としてアメリカに滞在していた際、アメリカの学者がそれぞれ学会を結成して学問上の知識や意見を活潑に交換し、また学会活動を通して学術上の知識や成果を社会に還元する努力を払っていることに感銘を受けたといわれている。このアメリカでの体験が森をして帰国後ただちに学会結成へと向かわせることとなったのである。森の相談相手には西村茂樹があたった。この両者は相謀って洋学者、それも幕府の開成所系統の学者を中心に人選し呼びかけた。そして結局、福沢諭吉・中村正直・加藤弘之・津田真道・西周・箕作秋坪らが呼びかけに応じ、明六社は結成された。社長は森、会員は前記のほか杉亨二・箕作麟祥、それに神田孝平ほか数名が後に加わり十数名の学者より成った。

ところで明六社設立の趣旨については、「明六社制規」の第一条に、「社ヲ設立スルノ主旨ハ、我国ノ教育ヲ進メンガ為ニ有志ノ徒会同シテ其手段ヲ商議スルニ存リ。又同志集会シテ異見ヲ交換シ知ヲ広メ識ヲ明ニスルニ在リ」と述べられている。つまり明六社は、国民文化の向上と自由な学問の交流とを目的とした純然たる文化団体であり、その性格について森が、「時ノ政事ニ係ハリテ論ズルガ如キハ本来吾社開会ノ主意ニ非ズ」(「明六社第一年回役員改選ニ付演説」『明六雑誌』第三〇号、明治八年二月)と述べているように、特定の政治的立場や見解を前提とするものではなかった。言いかえれば政治的立場の如何は問うことなく、ただ学問文化の発達という非政治的な目的において志を同じくする知識人の自由な結合であることをそれは特色としていた。そして、政治的立場の相違を超えて、ただ学問や文化についての立場にもとづいて一つの団体が結ばれるということは、政治から独立した学問や文化の独自の領域とその価値が社会的に自覚化されたことを物語るものであり、その意味でもきわめて注目すべきことであった。

ところで、この明六社の主要な活動形態としては、毎月二回の例会の開催と雑誌の発行とを挙げることができる。機関誌『明六雑誌』は一八七四(明治七)年三月に創刊され、翌年一一月に四三号で終刊するまで、毎月二号ないし三号発行されたが、同誌の内容は、会員たちの寄稿による西欧の新しい学問や思想の紹介、および新知識に触発された大胆な問題提起など、自由で清新な論説によって埋められた。たとえば西周の「洋学ヲ以テ国語ヲ書スルノ論」はローマ字の採用による国語改良を提唱したものだが、このような大胆な意見がじつに同誌第一号の巻頭に掲げられているという具合である。そのほか森有礼の「妻妾論」（第八号以下）は一夫一婦制を説いたものだし、津田真道の「拷問論」（第七号以下）および「死刑論」（第四一号）は、それぞれ拷問の弊害を説き、また死刑が刑罰として適当でないことを訴えたものである。また西洋の自由の観念を紹介した箕作麟祥「『リボルチー』ノ説」（第九号以下）や西村茂樹「自主自由解」（第三七号）、信教の自由を説明している西周「教門論」（第四号以下）や加藤弘之「米国政教」（第五号以下）および森有礼「宗教」（第六号）などの論説も見える。そのほか同誌では教育・経済・貿易・外交などの問題から、天狗を論じた津田の「天狗説」（第一四号）や、狐が人を幻惑するという説をとりあげた阪谷素「狐説ノ疑」（第二〇号）、日曜日の意味を説いた柏原孝章「日曜日之説」（第三三号）、火葬を奨励した阪谷の「火葬ノ疑」（第一八号）のような日常卑近な問題を取り扱ったものまで、まことに広汎多岐にわたった議論が自由闊達に展開された。

　このような明六社知識人による啓蒙活動の意味は、あれこれの議論の是非にあるよりは、むしろこうした多彩な議論を可能としたその自由な発想に求めるべきであろう。では彼らのこの発想の自由さを生み出したものは何であったのだろうか。それについてはまず第一に、これまでの思考や行動を方向づけていた既成の学問観からの解放をあげることができよう。たとえば津田は、仏教や儒教の観念に支えられた既成の学問を「虚学」として否定し、実証的な思考と方法にもとづく西洋の学問を「実学」と規定してつぎのように述べている。

「蓋学問ヲ大別スルニ二種アリ。夫高遠ノ空理ヲ論ズル虚無寂滅若クハ五行性理或ハ良知良能ノ説ノ如キハ虚学ナリ。之ヲ実物ニ徴シ実象ニ質シテ専確実ノ理ヲ説ク近今西洋ノ天文格物化学医学経済希哲学ノ如キハ実学ナリ。此実学国内一般ニ流行シテ各人道理ニ明達スルヲ真ノ文明界ト称スベシ」(「開化ヲ進ル方法ヲ論ズ」『明六雑誌』第三号)。

ここでは「虚学」から「実学」への転換、すなわち観念的に捉えられた「空理」の支配する学問や思想からの解放と、「実物」「実象」に即した窮理(「確実ノ理」)の尊重という学問のあり方への転換が、「文明」というものの思想的意味として理解されている。このような「実学」的思考の支配する世界にあっては、「理」とは、さまざまな仮説や提言を、実験的に現実に適用した結果にもとづいてはじめて発見されるものだから、自由な発想が許容されるだけでなく、また必要とされる。文明に至る方法について福沢諭吉が、「人間の目的は唯文明に達するの一事あるのみ。之に達せんとするには様々の方便なかる可らず。随て之を試み随て之を改め、千百の試験を経て其際に多少の進歩を為す可きものなれば、人の思想は一方に偏す可らず。綽々然として余裕あらんことを要するなり。凡そ世の事物は試みざれば進むものなし」(『文明論之概略』明治八年刊、『福沢諭吉全集』四巻、四九頁)と述べているのは、「実学」的思考が自由な発想を不可欠とすることを見事に語ったものと言えよう。

　もちろんこのような実学的思考は、明治初年になってにわかに擡頭したものではない。すでに江戸時代末期、たとえば高野長英・渡辺崋山らの洋学者によって、あるいは佐久間象山・横井小楠・高杉晋作ら幕末の思想家たちによって、その礎石は築かれていたし、さらにさかのぼれば、それらを用意するものとして、杉田玄白や荻生徂徠らの名前をあげることもできるだろう。事実、西周は一八歳のとき徂徠の書を読み、「空理の日用に益無く、礼楽の尊ぶべく、人情の捨つべからざる」ことをはじめてさとって「十七年の大夢、一旦にして醒覚す」という思いをしたと述べている（森鷗外「西周伝」、『鷗外全集』三巻、五三頁）。すなわち西の思想形成にあたっても徂徠の思想――たとえば治国にせよ兵術にせよ、現実の状況に即して有効な術を施すべきことを説いた徂徠の考え方――から学んだ影響が少なからぬ役割を果たしていたことを知るのである。明治初年における知識人たちの新しい学問観の主張は、このような長い期間にわたる積み重ねのうえにはじめて可能であったのであり、それをより自覚的に、またより広く社会的スケールにおいて展開したものにほかならない。そしてそれはまた時代の要求とも合致していた。一八七二（明治五）年、政府は学制を制定するにあたって「学問は身を立てる財本」と意味づけ、従来の学問を「空理虚談の途」に陥るものと批判したことからもわかるように、国民の現実的・積極的な生活態度を助長することは国力の急速な充実のうえにも不可欠であったからである。このような当時の国家的要請が、じつは当時の知識人たちの新しい学問観を背後から支えていた点も指摘しておく必要があろう。

ところで明六社の知識人たちの自由な発想を促したもう一つの思想的要因として、秩序にかんする従来の静態的理解に対して、より動態的に秩序を理解しようとする傾向が生まれていた点をあげることができる。別の言い方をすれば、対立とくに利害の対立というものを必ずしも秩序の反対概念とはせず、対立を通して秩序の形成や進歩を図ることも可能だとする動態的思考が見られたということである。たとえば西周の「愛敵論」（『明六雑誌』第一六号）もその一例であろう。このなかで西は、「敵」というものについて「所謂敵スル者ハ我ト同体ノ者ナリ」とか、「所謂敵スル者ハ我ト匹敵スル者ナリ」とか、「所謂敵スル者ハ我ト関係尤深キ者ナリ」という命題を示している。つまりここで西が言わんとしていることは、敵という観念をたんに相互の異質性の側面においてのみ捉える誤りについてであり、たんに憎悪の対象とすることへの戒めであった。すなわち西によれば、敵対者といえども同じ人間（「同体ノ者」）であり、また自分と肩を並べようとする者（「匹敵スル者」）であり、あるいは自分と目標や役割を同じくしているところの競争者（「関係尤深キ者」）であるというように、敵対関係という異質性の根底にある共通性を指摘したのがこの論説のねらいであった。それは、言うならば、「不倶戴天の讐《あだ》」という古い言葉が示しているように、その存在そのものを否定しようとしたこれまでの「敵」の観念の転換をめざしたものと解することができる。

異質性と共通性、対立と統一とを二者択一的なものとしないこの西の考え方は、彼のいわゆる「百教一致」の説、すなわちさまざまな学問にそれぞれ固有の領域・課題・性格を認めながらしかも諸学は相互に関連しあって一つの学問体系を形づくると考える見解にも表現されている。彼の主著の一つ『百一新論』（明治七年刊）はその代表的例である。また学問的営為の本質を一方においては個別多様な事象の観察（「事実ノ視察」）に求めると同時に、他方では個々の事象を貫いて存在する法則や原理の発見（「理上ノ講究」）を不可欠と考える考え方のなかにもそれは示されている（西周「生性発蘊」明治一七年稿、『西周全集』第一巻、五一頁）。

対立についてのこのような前向きの捉え方は、阪谷素「尊異論」（『明六雑誌』第一九号、明治七年一〇月）や西村茂樹「賊説」（同上誌、第三三号、明治八年三月）になるといっそう明確な形で説かれている。前者は相異なるものの間の対立・競争があってはじめて進歩も可能であるとして「異ノ功用」を指摘したものであり、後者は政治的対抗者である「敵」と、道徳的背反者である「賊」とは区別すべきだとし、朝敵に対して賊名を加える誤りを指摘したものである。彼はこう述べている。「朝敵ヲ称シテ賊ト云フハ、外国ヲ称シテ夷狄ト云フト同ジク、共ニ智識狭隘ノ致ス所ナリ」と。言うまでもなくここには対立そのものを道徳的に罪悪視する見解に対して、むしろ現実の利害対立について寛容な、相対主義的な物の見方が示されている。

その他、同様の傾向は、福沢にも見出すことができる。たとえば「単一の説を守れば、其説の性質は仮令ひ純精善良なるも、之に由て決して自由の気を生ず可らず。自由の気風は唯多事争論の間に在て存するものと知る可し」（『福沢諭吉全集』第四巻、二四頁）という彼の『文明論之概略』の言葉によっても知られるように、「多事争論」こそが自由の気風を成長させ、文明の発達を可能にするうえで不可欠の前提と考える見解は、彼の文明観の基本を形づくるものでさえあった。また中村正直にあっても同様である。彼はスマイルズの『自助論』を訳出した動機を語って、「人をして進んで洋書を習読し、其の心を謙虚にし、新見異説を受容し、務めて衆人の智識を集め、而して妄に一己に執し以て論断せざらしめんと欲すればなり」（「自助論第九編自序」『明治啓蒙思想集』明治文学全集3、二八五頁、原漢文）と述べている。すなわち彼においてもやはり「新見異説」や「衆異」の尊重が人間の進歩にとって必要とする態度が見られる。

　見解の相違や対立についてのこのような寛容な態度が、自由な発想を助長し大胆な問題提起を促すうえにいかに大切な条件であるかは改めて言うまでもないところであろう。しかもわずか十数年前の幕末の時点では、二度目の洋行としてヨーロッパに渡った福沢でさえ、相異なる見解をもつ政治集団がそれぞれ政党と称して、白昼堂々、政権をめぐってしのぎを削るイギリスの政治状況を眼のあたりに見て仰天し、「英国にては処士横議を許して直に時の政法を誹謗するも罪せらるゝことなきか、斯る乱暴にて一国の治安を維持するとは不思議千万、何の事やら少しも分らず」（「福沢全集緒言」『福沢諭吉全集』第一巻、二八頁）と理解に窮したのである。対立こそが進歩を生み、活力ある社会を可能にするという考え方は、じつは伝統的な思想にあってはもっともなじみにくい考え方の一つであった。このことを思えば明六社の知識人たちの思考が、当時いかに新鮮で自由なものであったかが理解されよう。

それでは彼ら啓蒙的知識人の自由な発想が産み出した具体的な思想の態様はどうであったか。とりあえず注目すべき二三の点をつぎに紹介してみよう。

第一に、人間についてきわめて現実的功利的な捉え方が見られた点である。つまり前述の実学的な思考方法がそうであったように、彼らは経験的事実を重視し、現実に即した物の考え方を重んじた。したがって江戸時代に支配的であった朱子学派の儒教思想に見られたように、人間の本質を仁・義・礼・智・信といったような身分的道徳性に求める規範主義的な人間観を排して、むしろ人間が生まれながらに事実としてもっている自然の性質をすべての人間にとっての真実であり本質であるとして肯定する立場をとった。たとえば津田真道の「情欲論」と題する論説（『明六雑誌』第三四号、明治八年四月）は、情欲こそが人間の知識を進め幸福を増進するための営為を成り立たせる基礎であるとして、欲望を「煩悩」として排する仏教の非現世的教えや、「人欲ヲ害トシ、強テ之ヲ去ランコト教フル」儒教の観念的な規範主義を批判している。同様の見解は福沢にも見ることができる。彼は「私利は公益の基にして、公益は能く私利を営むものあるに依て起る可きものなり」（「私の利を営む可き事」『民間雑誌』第六七号、明治一〇年四月、同全集第一九巻、六三四頁）と述べて私的な営利心を積極的に肯定し、また人欲を「文明開化の元素」としてその役割を肯定的に評価する姿勢も示した。

そしてこの福沢とならんで現実的・功利的な人間観を展開したのは西周であった。彼は津田の「開化ヲ進ル方法ヲ論ズ」を評した文章のなかで、人間とはどのような存在かという点に言及して、「私欲」こそ人間に共通の本質であり「真心」であるとし、その点では「一天万乗の天子でも、華士族平民でも学者でも俗人でも下女でも下男でも乞食でも、爰に違ひはあるまいかと存ずるでござる」（『西周全集』第三巻、二六八-九頁）と、社会的地位や身分を超えて妥当する等質的な人間像を明示している。言うまでもなくこうした人間観は、人間の欲望や利己心について、従来「至て穢ない卑い者で人前に出しては憚る様に心得てござるが、是が間違ひの大本で」と述べているように、儒教的な禁欲主義や規範主義から人びとを解放するところにねらいがあったわけである。

西のこのような見解をより体系的な形で説いたのが「人世三宝説」であろう。この論説で西は、人生の「三宝」すなわち人間にとっての三つの基本的価値として「健康《まめ》」「智識《ちえ》」「富有《とみ》」をあげている。そして道徳というような規範も、社会の制度も、政治のあり方も、すべてこの「三宝」を尊重し保護するところから出発すべきものと考えた。彼が政治のあり方について、「人ヲ治ムルノ要道モ亦三宝ヲ貴重スルニ外ナラザルコト」としたのはそのためである。こうした考えから政府というものも「人間社交中ノ会社ノ一種」と規定し、「特ニ政府ト云フ会社ノ目的ハ三宝ヲ兼テ之ヲ保護スルノ目的ヲ達スル為ニ設クル所」（『明治啓蒙思想集』明治文学全集3、七四頁）と述べているように、政府の存在理由を、「人間第一最大ノ眼目」である一般福祉達成のための手段と考えるような合理的な捉え方を示した。

ここで合理的というのは、物事の価値をある目的に対する手段としての有効性という視点から捉える考え方を指す。したがって政体を問題とする場合でも、君主専制・貴族制・共和制等の政体をそれ自体として取り上げて、その優劣を論ずるという論じ方はしなかった。なぜなら政体についても問題は、それが人民の利益を増進するという目的にとってどれだけ有効な手段としての意味をもちうるかにあったから、要はどの政体がその国の実情にもっとも即し、また社会の発達の程度に適合して有効であり便利であるかという考え方がとられたためである。西の表現を借りれば、「君主専制ナリ共和政治ナリ豪族政治ナリ苟モ三宝ノ保護ヲ得レバ拘ハル所ニ非ズ、総テ此等ノ政体上ノ区別ハ皆其国ノ社交開発ノ度ニ準ジ歴史上ノ沿革形勢ニ従ヒ如何ニモ三宝保護ニ至便至利ナルヲ主トスベシ」（「人世三宝説」、同上書、七五頁）ということになる。

このような政体観は西周にかぎらず当時の啓蒙思想家たちに広く見られた共通の傾向であった。たとえば西村茂樹も「政体三種説」（『明六雑誌』第二八号、明治八年二月）で、「凡ソ政治ハ、民ノ開化ノ度ニ従フベキ者」とし、政体についてもこのような立場から純理的（「道理上」）に論ずるよりはむしろ実際上の効果（「功験上」）という観点から考える必要性を強調している。また福沢も、「国の文明に便利なるものなれば、政府の体裁は立君にても共和にても其名を問はずして其実を取る可し。開闢の時より今日に至るまで、世界にて試たる政府の体裁には、立君独裁あり、立君定律あり、貴族合議あり、民庶合議あれども、唯其体裁のみを見て何れを便と為し何れを不便と為す可らず」（『文明論之概略』『福沢諭吉全集』四巻、四二―三頁）と述べている。つまりここでも政体をいわば道具的な意味で理解し、したがって政体それ自体を抽象的・観念的に論ずるのでなく、具体的な条件との関連でそれが果たす効用に即して議論する態度が大切だとされている。

　このように啓蒙思想家たちが政治形態の採用を問題とするにあたっても、きわめて実際的な考え方をとる点で多く共通するところがあったのは、じつは決して偶然のことではない。それは、およそ物事の価値とか、そのことについての真実性とかは、それを現実に適用して生まれる結果・効果・効用等に即して判定されなければならないとする「実学」的ないし「実用」的な思考方法――それは多くの啓蒙思想家たちによって共有された――の一つの表われにすぎなかったからである。したがって政治形態の発達があるとするならば、それは結局政治を受け容れる生活社会の文明開化によってはじめて可能になり、社会を形づくる人民の精神の進歩に規定されるという考え方に傾くのも当然であろう。箕作麟祥がバックルの『英国開化史』を抄訳し、そのなかで国家や政治もじつは「此世ノ為メニ造ラレシ者ニシテ、此世ヲ造リシ者ニ非ズ」という見解を紹介し（箕作麟祥「開化ノ進ムハ政府ニ由ラズ人民ノ衆論ニ因ルノ説」『明六雑誌』第七号、明治七年五月）、また中村正直が、世上のいわゆる「御一新」というのは幕政から王政へという外形的な「政体ノ一新」にすぎず、むしろ「人民ノ性質ヲ改造スル」ことこそが基本的な課題でなければならないとした（「人民ノ性質ヲ改造スル説」『明六雑誌』第三〇号、明治八年二月）のは、その例である。

一八七四（明治七）年一月、板垣退助らが民撰議院設立建白を提出したとき、彼ら明六社同人の多くがこの建白に消極的な態度を示したのは、以上のような彼らの思考の文脈からすると決して理解できないことではない。とくに彼ら啓蒙的知識人たちは衆に先んじて新しい思考方法を導き入れ、伝統的な価値観からの離脱を試みたが、思想の面における彼らのこのような急進性は、いまなお伝統的な意識の世界にとどまる一般民衆との間の深い落差を否応なしに感ぜざるをえなかった。彼らが現実の民衆を「愚民」（津田真道）と知覚し「人民ノ愚如何トモスルナシ」（西周）と歎じたのはそのためである。そして現実の民衆についてのこのような認識を前提とする以上、民衆の政治参加を主張する民撰議院論にためらいを感じたとしても、それは当然であろう。そのような事情から加藤弘之・森有礼・西周・阪谷素・神田孝平らは民撰議院論に対していずれも尚早論ないし消極的見解をとった。そして加藤や西や阪谷らは、まず府県レベルでの議会ないし官撰議院から始めることの必要性を説いたのである。

　したがって彼らは立憲制そのものに必ずしも批判的であったわけではない。ただ当時の日本の現状からして民撰議院を設立してもおそらくそれにふさわしい機能を果たすことが困難であろうと判断したからであり、それよりもまず日本の社会そのものを民撰議院の導入にふさわしい水準にまで引き上げることこそが先決だと考えたのであった。そしてさらに付け加えるならば、社会や民衆のこのような開明化の方法を考えるにあたって、彼ら知識人たちは、政治参加という民衆にとっての新しい経験が、民衆の向上にさほどの効果をもつとは何としても信じられなかったからで、むしろ教育の役割により多くを期待する傾向を示したのである。民撰議院論をめぐってその主唱者や支持者と彼らとの基本的な見解の違いも、まさにそこに根ざしていたと言ってよい。

　したがって明六社の人たちの多くは、民撰議院論には消極的態度を示したけれども、国家権力の野放図な行使に決して同調したわけではない。彼らが自由な発想を尊重し、実験的な思考を心がけ、異説や対立についても寛容な態度を持したことは前述したとおりである。つまり彼らは個人の知的活動の自由を重視するという点では人後に落ちるものではなかったわけである。そうした精神の自由、内面的世界の自由を、彼らは国家に対しても要求した。森は一八七二年に『日本における宗教の自由』と題する著書を英文で刊行し、『明六雑誌』にも「宗教」と題する論説を寄せて信教の自由を説いたし、西も「教門論」（『明六雑誌』第四号、明治七年）で人間の内的領域の自由を強調している。

加藤弘之の『国体新論』（明治八年刊）は、国家権力の限界を理論的に明らかにしようという当時の問題意識にもとづいて書かれた代表的著作であった。彼は、公私の二つの領域を区別すべきことと私的領域の自由について、この書物でつぎのように述べている。

「君主政府ハ敢テ自己ノ為メニ人民ヲ使役スル者ニアラザレバ、其権力ヲ施スヤ通例唯人民公共ノ交際ニ利害アルベキ事件上ニ止マリテ、其他純乎タル私事上ニハ及ボス能ハザル者トス。故ニ君主政府ノ権力ト雖モ、絶エテ公共ノ交際ニ利害ナキ私事ヲ裁制スルヲ得ズ。是等純乎タル私事ニ至リテハ、固ヨリ各民ノ自由ニ任スベキコト当然ナリ」（『明治文化全集 自由民権篇』一一八頁）。

このようにして加藤は、私的な精神の領域の自由を守る観点から、天皇を政治的権力の根源としてだけでなく、精神的にも超越的権威の担い手としてこれを絶対化しようとする動向に対してきびしい批判の姿勢をとった。たとえば「天皇ノ御心ヲ以テ心トセヨ」と教える国学者流の天皇神格化論については、「是レ即チ例ノ卑屈心ヲ吐露シタル愚論ナリ。欧洲ニテ此ノ如キ卑屈心アル人民ヲ称シテ心ノ奴隷ト云フ。吾輩人民モ亦天皇ト同ジク人類ナレバ、各一己ノ心ヲ備ヘ、自由ノ精神ヲ有スル者ナリ」（『国体新論』同上書、一二三–四頁）と述べていることにも当時の彼の盛んな心組みがうかがえよう。加藤による国家権力の限界づけは、私的自由の強調という形で私的領域の面に即して行なわれただけでなく、公的領域に限定された国家の権力行使に対しても、さらにこれを目的によって方向を明確にすることが試みられた。すなわち「国家ニ於テハ人民ヲ主眼ト立テ、特ニ人民ノ安寧幸福ヲ求ムルヲ目的ト定メ、而シテ君主及政府ナル者、専ラ此目的ヲ遂ゲンガ為メニ存在スルヲ以テ、国家ノ大主旨トナス」(同上書、一一五頁)というのがそれである。そしてこのような国家のあり方を基礎づけるために加藤によって導入されたのが、いわゆる天賦人権論であった。

この理論によれば、人間はみな「各其欲スル所ニ従ツテ幸福ヲ招クコトヲ勉ムル」性向をもっているが、それは「不羈自立ヲ欲スル情」を生まれながらに天から与えられた人間の「天賦ノ人権」であり、国家や政府の成立も、じつはこのような個々人の自然的権利を保護する必要にもとづいたものであるとするのである。こうした理論を通して加藤は、政府と人民、君主と臣民との関係も、決して一方的なそれでなく、人民の「生命」「権利」「所有」を保護するという目的をめぐっての相互的な権利義務の関係として理解さるべきことを説いた。そしてこのような「国家ノ大主旨」こそが、国家の普遍的な原理すなわち「国体」なのであり、「万世一系ノ本邦」といえども国家であるかぎり、このような原理の例外であることは許されないとして、伝統的な国体観念の転換をはかったのである。彼が自分の著書を「国体新論」と名づけたゆえんも、まさにそこにあった。こうして天賦人権論は、やがて擡頭する自由民権運動の有力な理論として継承されてゆくこととなる。

4　自由民権の思想

一八七四（明治七）年一月、さきに征韓論を主張して敗れ下野した前参議、副島種臣・後藤象二郎・板垣退助・江藤新平らは、愛国公党を組織し、同時に民撰議院設立の急務であることを訴える意見書を草してこれを左院に提出した。自由民権運動と呼ばれる明治初期の政治運動は、こうしてその口火を切ったのである。自由民権運動はその登場の姿からもわかるように、国会の開設と国民の政治参加とを前提とする新しい国家的統合の必要を主張する運動としてまず展開した。この運動の担い手となったのは、この年の四月に生まれた土佐の立志社をはじめとする各地の政社であった。そして翌明治八年二月には、これら各地の民権政社間の連絡や協議をはかる組織として愛国社の創立が決議されるところまで進むのである。

しかし運動の基盤はなおきわめて脆弱であった。たとえば愛国社設立のために大阪で開かれた会合について、『自由党史』はつぎのように記している。「当時会合の志士、総員僅に数十名を出でず、封建の余習、猶ほ一般の民心を腐蝕し、政府の権威を視る宛かも鬼神の如く、自由を説き、民権を唱ふるを以て、乱賊の行為と信じ、一般の弊風偏に之を忌避するを免れざりしなり。故を以て盟に会する者、絶へて富豪縉紳の徒なく、一剣単身、唯だ赤誠を国に許す士族の徒ありしのみ」（『自由党史』上、岩波文庫、一六〇頁）と。したがって運動の本格化には、なお若干の年月を必要とした。とくに運動の中心的存在であった板垣が、この年の三月、ふたたび参議として政府に迎え入れられたこともあって、一時、愛国社は自然消滅の状態にあった。しかし四月には漸次立憲政体を樹てる旨の詔勅が発せられ、一〇月、ふたたび板垣が下野して立志社の経営に力を注ぐようになってから、国会開設運動も徐々にその動きを活潑化するに至るのである。こうして一八七八（明治一一）年九月には愛国社も再興され、その後は運動も急速に進展して全国に向かってその規模と組織とを拡大してゆくこととなる。そしてそれとともに当面の目標を国会開設の実現に設定し、一八八〇年には運動も最高潮に達するのである。すなわちこの年の三月に開かれた愛国社第四回大会には、全国二府二二県の総代一一四名が大阪に会合して国会期成同盟を結成し、全国各地から持ち寄られた民権有志の署名にもとづき国会開設を求める請願書を提出する運びにまでなるのである。同じ年（明治一三年）の四月、片岡健吉・河野広中が代表となって太政官に提出した「国会を開設するの允可を上願する書」がそれにほかならない。

ところでこのように初期の自由民権運動の中核を形づくった民撰議院設立論は、どのような思想的意味をもつものであったろうか。それについて最初に指摘しなければならないことは、この運動が国家の統一と独立という維新の課題――いわゆる「御一新」――を継承しながら、しかもそれについての政府の従来の取組み方に対して改めて一つの新しい方向を提示する意味をもったという点であろう。すでに述べたように、統一国家の形成と対外的独立の達成という維新の課題に立ち向かうにあたって、維新のリーダーたちは、たしかに時代の「勢」とか「人心」というものに細心であったし、それをいかに掌握するかについてさまざまの心配りを怠らなかった。したがって統一権力の形成にあたっても権力の集中強化と同時に、またその権力が広汎な「民心」に支えられることの必要を忘れることもなかったのである。しかし現実に彼らが民意を充たすことのできる国家として想定したのは、根本法規に基礎づけられ（「根軸一立」）て、組織的・能率的・安定的に権力を執行することのできる機能的な国家という考え方の域を出るものではなかった。彼らが憲法制定の必要を口にしながら、憲法に正しく民意を反映させるための配慮――すなわち国民の政治的自由権の問題――をほとんど念頭におこうとしなかったのはそのためであった。

これに対して民撰議院設立論は、国家の統一と独立の達成という、政府のリーダーたちと同一の問題関心に導かれながら、しかもそのための不可欠の前提として国民の政治参加すなわち政治的自由権の許容を主張するところから生まれた。だからそれは自由民権という言葉からしばしば連想しがちな個人主義的自由主義の諸観念よりはむしろ、ナショナリスティックな色彩によってより多く特色づけられることともなる。たとえば民撰議院設立建白書においても、「今民撰議院を立つるは、即ち政府人民の間に情実融通して、相共に合して一体となり、国始めて以て強かるべく、政府始めて以て強かるべきなり」とあるように、そこでの中心的な問題関心は、ほかならぬ政府と人民との一体化という課題の達成であったり、国家の強化はいかにして可能かという問題に向けられていた。そこには、権力の強化に対する危惧や、「国家からの自由」というリベラリスティックな発想よりは、むしろ国家権力との一体性や「国家への自由」を強調するナショナリスティックな発想が先行していたと言える。

もちろん彼らは専制政治に対しては口をきわめてこれを排撃する。しかし専制政治が否定されなければならないのも、それが国民的な統一や連帯を危殆におとしいれ、国民の愛国心を減退させるからだという理由が強調された。国会開設運動の頂点を形づくった片岡・河野の請願書「国会を開設するの允可を上願する書」の一節でも、「今其所謂国家の人民をして善く一和せしむるものは、其をして自ら国政に関与せしめ、自ら国事を審知せしむるに在りて、人民をして愛国の心を滅殺せしむるものは、専制政体より甚しきは莫ければ、……」という言い方がされ、また植木枝盛の『民権自由論』（明治一二年刊）でも、「元来《もとより》民権を張らざれば国権を張り独立を保つ事も出来ず、専制の政事は竟に国を売るに至るものであります」（『明治文化全集 自由民権篇』一九二頁）という論理で語られているのは、その例と言えよう。

このように政治的自由権の要求が、国民の政治参加を媒介とする国家的一体感の醸成や国民的連帯意識の形成をねらいとし、国家の統一と独立を達成する意図に裏打ちされていたということは、民権思想の特質を考えるうえに注目すべき点であろう。それはナショナリズムの一つのあり方として見るならば、国民の存在を個々の構成員の主体的な権利意識と自発的な政治的関心とに根ざすべきものとする点で、いわゆる「下から」のナショナリズムとしての性格を強くし、またすべての人に等しく認めらるべき個人的自由権の観念に基礎づけられているかぎりにおいて、このナショナリズムは民族の独自性や排他性を強調する個別主義《パティキュラリズム》の方向よりはむしろ普遍主義《ユニバーサリズム》への展望につながるものをもった。そこでは民族の観念は伝統とか「血と土」に実体化されることなく、一人ひとりの自由な意識とその交流という働きのなかに求められたから、言論・出版・集会などの自由が不可欠の前提とされる。

「夫レ国家ナルモノハ人民ノ相合シテ成ルモノナリト雖ドモ、然カモ国家ノ国家タル所以ハ則徒ダ其境域ヲ同フスルヲ以テ成リタルモノニ非ズ、其言語ヲ同フスルヲ以テスルガ故ニモ非ズ、一個ノ首長アリテ一類ヲ統管スルガ為メニモ非ズ、一個ノ法律アリテ賞罰ノ行ハルヽガ為メニモ非ズ。真ニ国家ノ国家タル所以ハ、其人民ガ国家ヲ思フノ心アリテ其心ノ相一致結合スルガ為メナリ。然カルニ人心ノ一致結合ナルモノハ只徒ニ一場ニ聚マルノミニシテ得ベキニ非ズ、衣服風俗ヲ同フシテ足レルニ非ズ、一類ヲ統一スルノ首長アリ法則アリテ能クスベキニ非ズ。若シ夫レ人民ニシテ徒ニ一場ニ集マルコトアリト雖モ、互ニ言論ヲ通ゼザレバ則口耳ナキモノ、集会ノ如シ」（植木枝盛『言論自由論』明治一三年、『植木枝盛集』第一巻、六五–六頁）。

このように自由民権論は国家の統一と独立、国権の強化を志向しながら、日本のナショナリズムとしては国家の権力と国民の権利という二つの要素の均衡のうえに形づくられた合理性と健康さとを備えることができた。しかし国会開設の主張や参政権の要求が、上述のようにナショナリスティックな動機に多く支えられていたことは、一面では国家の存在を個人の存在に先行させ、公的な利害関心を私的なそれ以上に強調する傾向をともないがちであったことも事実であった。一八七八年九月の愛国社再興の際の「趣意書」でも、その一節に「人の能く其権利を鞏固にし、其の幸福を維持して、安全なることを得る所以は、国家あるが為なり、夫れ国家の安危は、実に一人の安危に関す、故に一国安んずれば則一人も亦安んじ、一国危ければ、即一人も亦危し」と述べている。ここには、個人の安全と幸福の維持こそが国家の存在目的とする見方と、他方国家の存立が保たれてこそ個人の安全も語ることができるとする国家の自己目的化とが、微妙な形で交錯している。

したがって民権運動の高揚とともに政治的過熱状態が進行すると、個人の安全や幸福という私的な利害関心や生活的価値に対して、国会の開設や権力への接近という公的関心や政治的価値がむしろ先行し優位することにもなりかねない。三宅雪嶺は当時の状況を評して、「政府が専制政治を固執し、国会開設に反対すると思はるゝ際、如何なる国会を開設すべきかよりも、国会を開設しさへせば足るが如く考ふるは、勢の避くべからざる所にして、政府をして国会開設を承諾せしむることが政治運動の全部と解せらる」(三宅雪嶺『同時代史』第二巻、九四頁)と述べている。やや断定的なきらいがあるとはいえ、これも国会開設という政治的要求と国民の具体的な生活要求との間の結びつきの稀薄さを指摘したものであろう。そして事実、一八八一(明治一四)年一〇月に、明治二三年を期して国会を開設することが詔勅の形で明示された後は、開設されるべき国会の具体的なあり方についての論議もいちじるしく精彩を欠くようになるのだが、このことは雪嶺の指摘を別の形で裏づけるものとも言えよう。

民権運動における政権論への偏向や政治的価値の優位は、のちに福沢の『私権論』(明治二〇年刊)や徳富蘇峰の雑誌『国民之友』(同年創刊)などによっても批判の対象とされる点であるが、すでに当時民権論者のなかからも指摘のあったところであった。たとえば末広重恭(鉄腸)は、一八七七年ころの民権論の風潮にかんして「抑モ政談ニ流レテ必用ノ教育ヲ遺スハ今日世間ニ於テ往々免カレ能ハザルノ流弊ニシテ」と、日常生活から遊離した政治熱の流行を憂えたが、当時の実状についてさらにつぎのように述べている。

「吾輩ノ聞ク所ニ因レバ、今日愛媛県下ニ於テ民権論ノ風潮ハ学校ニ波及シ、演説談論ノ日ニ昌盛ナルニ因リ、乳臭ノ書生モ能ク圧制ヲ指斥シ、白面ノ少年モ能ク権利ヲ主張ス。自由精神ヲ培養スルノ一点ヨリシテ之ヲ視レバ誠ニ欽尚ス可キガ如クナレドモ、為メニ必要ノ学科ヲ研究スルヲ後チニシ、日ニ政談ニ従事シ、以テ貴重ナル学齢ヲ徒過スルガ如キ者モ全ク之レ無キニ非ズ。甚ケレバ徒党ヲ結ンデ教師ヲ脅逼シ、其ノ学術有ルモ政談ニ長ゼザレバ之ヲ罵ツテ無用ノ人ト為シ、之ガ訓導ヲ受クルヲ肯ゼザルガ如キノ状態ハ、愛媛県下ノ学校ニ於テ往々免カル、能ハザル所ナリト。是レ吾輩ガ今日ニ於テ其ノ事情ヲ伝聞シ深ク郷国子弟ノ為メニ慨歎スル所ナリ」（『朝野新聞』明治一一年九月二六・七日、論説、句読点引用者）。

このように民権運動の高揚は政治の過熱状態を生み、国会開設の要求は国会の内実を二の次にしてただ「国会を開設しさへせば足る」という、制度の物神化を一面において招いたことは事実であったが、雪嶺の言うように「政府をして国会開設を承諾せしむることが政治運動の全部」とすることは、やはり一面的といわざるをえない。そうした偏りは否定できないとしても、たとえば岡山県やその他の地方でも見られたように、国会開設運動が士族層よりはむしろ豪商農層出身の県会議員を中心とする指導下に展開する形態をとったところでは、郷党親睦会の結成やそれを基盤とした政社の設立が見られた。そしてそこではしばしば農民の生活や生産に直結した問題に対しても大きな関心が払われ、具体的日常生活と結びついた運動の方向が生まれたと指摘されている（内藤正中『自由民権運動の研究』青木書店、一六四-九八頁参照）。これなどもたんなる国会開設要求に解消しきれない民権運動の課題の多様さを示すものであろう。

また民権運動は政治運動でありながら、同時に新しい理論や思想に支えられた広汎な思想運動・言論活動としての側面をもつこととなった。すなわち一八七五（明治八）年六月、時の政府は讒謗律および新聞紙条例を定め、言論活動に対してきびしい弾圧を加える姿勢をとった。そのため明六社の機関誌『明六雑誌』も同年一一月刊行の四三号で廃刊を余儀なくされたが、この事件は、知識人が政党・政派のいかんにかかわらず自由な文化人として結合し、社会的活動を行なうことが事実上困難となったことを物語るものであった。こうしてその後は言論活動や思想活動も、社会的な形をとるかぎり、政府に対する一定の立場を明確にした政治的な運動と結びつく方向へと進まざるをえなくなったのである。自由民権運動は、このような状況から、明六社を中心としたかつての啓蒙活動の課題を引き継ぎ、言論の自由そのものの確保とならんで、新しい思想や理論の受容や形成に多くのエネルギーを投入することとなるのである。民権派政治集団が同時に思想集団や理論集団的一面をもつのはそのためであった。一八八一（明治一四）年一〇月に結成された自由党の機関紙『自由新聞』は、その創刊にあたって掲げた「自由新聞発行ノ旨意」（明治一五年六月二五日、第一号）のなかでもこう述べている。

「抑モ理論ハ実務ヲ支配スルノ目的ニシテ、実務ハ理論ヲ施行スルノ手段ナリ。故ニ理論明カナラズンバ以テ目的ヲ定ムル能ハズ。目的定マラズンバ以テ実務ヲ施行スルノ手段ヲ立ル能ハズ。故ニ天下ノ大勢ヲ論ジ経世ノ要務ヲ談ゼント欲セバ、宜ク先ヅ理論ヲ明カニシ以テ之ヲ実務ニ施スノ方ヲ索ムベキ也」。

とりわけ自由民権運動が藩閥支配の現実を変革しようとする課題を自らに課している以上、現実に新しい方向づけを与える明確な理論の構築が必要とされる。したがってそこでは、理論は実践と不可分なものと捉えられると同時に、「理論」の「実務」に対する優位が強調される。そのことは現状の維持を重視する時の政府が、青年の非政治化を図るために「実務」の世界へ彼らを誘導しようとする動きを示したのと好対照をなしていた。たとえば伊藤博文は、「教育議」（明治一二年九月）のなかでこう述べている。「政談ノ徒過多ナルハ国民ノ幸福ニ非ズ。……今其弊ヲ矯正スルニハ宜シク工芸技術百科ノ学ヲ広メ、子弟タル者ヲシテ高等ノ学ニ就カント欲スル者ハ専ラ実用ヲ期シ、精微密察歳月ヲ積久シ、志嚮ヲ専一ニシ、而シテ浮薄激昂ノ習ヲ暗消セシムヘシ。蓋シ科学ハ実ニ政談ト消長ヲ相為ス者ナリ」（『伊藤博文伝』中巻、一五三頁）と。すなわち政府の側にあっては、現実を批判し対象化する「政談」への関心をそらすものとして、「実用」的な科学技術の奨励が構想され、青年の眼を現実の世界へ向けさせようとする教育政策が提唱されている。ここでは、民権運動の側とは逆に「理論」に対する「実務」の優位が見られたのである。

ともあれ民権運動における思想や理論の重視は、運動の全国的な拡大・高揚とともに盛んな言論・思想の活動期を形づくった。そしてそれらに活動の場を提供したのは、いうまでもなく新聞および雑誌であった。このことは、新聞や雑誌というメディアが、政治的意見や立場を広く国民に伝達するうえに無視できない力を発揮するものだということを、人びとに認識させることにもなった。とくに新聞界は民撰議院設立論の登場とともに政治的立場によって色分けされた政論新聞の時代を現出することとなった。なかでも民権派新聞として注目されたものには、栗本鋤雲を中心とし藤田茂吉ら福沢系の知識人の協力をえた『郵便報知新聞』、末広鉄腸・大井憲太郎・古沢滋らが一時在社した『東京曙新聞』、成島柳北とその後に加わった末広鉄腸の健筆で評判をえた『朝野新聞』、肥塚竜を中心とする執筆陣を擁した『横浜毎日新聞』などがあり、他方、政府と歩調を合わせる官権派新聞と見られたものには福地源一郎（桜痴）の『東京日日新聞』があった。これらの新聞は、民撰議院設置の時期とか、来るべき立憲体制下における主権のあり方などをめぐって、それぞれの立場から活潑な論陣を張り、また相互に論争をくり返すなどして言論界に活況を添えることとなる。

　民撰議院の設立をめぐる論議は、前述のように明治七年の板垣らによる民撰議院建白を契機に展開されたものであった。すなわちそれは、板垣らが建白書を政府に提出するとともに、これを『日新真事誌』に掲載したのに対して、加藤弘之が批判の筆を執り時期尚早との意見を同紙に発表したことに端を発したものである。加藤の尚早論は人民の開化がまだ十分進んでいない現状に注目し、これを根拠としたものであったが、これを反駁した建白提出者側の主張は、人民の「開化未全」は人民の柔順と無気力によるものであり、そのような人民の気風もじつは従来の制度にその責を帰すべき性格のものであること、また民撰議院といっても、さしあたり有権者として想定しているのは「士族及び豪家の農商等」であり、すべての人民に選挙権を与えることを主張しているものではないこと、そしてさらに人民の教育こそが先決とする加藤の意見に対しては、民撰議院の設立こそが何よりの実地教育であるとする点にあった。

この論争には、のちの自由党リーダー大井憲太郎も馬城台次郎の筆名で参加し、加藤の尚早論をきびしく批判して烈しい議論の応酬が行なわれた。一方、加藤と同じく建白者側に批判的な立場をとったものに福地桜痴がいた。彼はこの年の一二月に『東京日日新聞』に入社して主筆となったが、民撰議院論に対しては、目標としてはこれを是認し、「天下の耳目を一変」する警鐘として評価しながらも、実際論としてはまず町村会・府県会と段階的に進むべきであるとの立場をとった。いわゆる「漸進主義」と称したのがこれである。この論争で目につくことは、加藤や福地が日本の開化のなお遅れている現状に着目して社会の改良を先にする考え方をとったのに対して、民撰議院派はむしろ人民の政治参加に日本の変革と進歩の糸口を見出す考え方をとった点であろう。ここにも民権論の政治主導型ともいうべき発想の一端が垣間見られた。

新聞を主要な舞台としたもう一つの代表的な論争は主権論争であった。これは一八八一（明治一四）年から八二年にかけて、君主主権論の立場をとる『東京日日新聞』と、君民共治論の立場から国会主権を主張した『東京横浜毎日新聞』（『横浜毎日新聞』を明治一二年に改題）を中心として展開され、その他『朝野新聞』『報知新聞』などの民権派新聞も、『東京日日』の君主主権論批判の論陣を張った。ここでの争点は、主権論の形をとってはいるが、じつは国会の開設を約束した明治一四年の詔勅を承けて、いよいよ立憲制が採用される場合、そこでの君主の政治的性格や位置をどう考えるべきかという、立憲君主制の日本における受け入れ方にあったということができる。すなわち『東京日日』の君主主権論というのは、立法・行政・司法という国家の諸機能の上に位置してこれを統括する者こそが主権者たる君主であり、およそ国家の統合が可能となるためには、そのような諸機能を最終的に統括する最高の政治的人格の存在が不可欠であるとの考え方に立っていた。ここでは、統一と独立を保持したところの、統合された国家というものは、窮極的には一人の独立の人格に帰着ないし還元されうるような性格の秩序を体現していなければならないという秩序感覚に支えられていたのである。

　これに対して『東京横浜毎日』などの君民共治論・国会主権論は、いやしくも立憲政体である以上、君主といえども法の下に位置し、法によって等しく規制されなければならないのであって、法律の制定施行という主権の作用にあたっても、君主はこれを国民の代表者とともに分有する形をとるべきであるという見解を意味していた。いうまでもなくここでは、統一と独立を保持する国家の秩序とは、国民の意思に基礎づけられ、客観的・体系的な（したがって非人格的な）法秩序によって置き換えられ表現されうるものでなければならないという考え方が前提になっていた。具体的には、前者＝君主主権論は憲法の制定についても君主の意思にもとづく欽定憲法主義と結びつき、後者＝君民共治論は国民の代表者により構成された憲法制定会議を予想する。その意味で、君民共治論をとった『東京横浜毎日』の社長沼間守一が、早くから国会の設立は「政府ノ発スル一二ノ布告」によるべきでなく、「全天下ノ代議士タルモノ、与リテ調査スル」ところに成るものでなければならない（沼間守一「普ク天下ノ俊傑ヲ招集シテ国憲ヲ制定セザルベカラズ」『東京横浜毎日新聞』明治一三年一月二五日、『沼間守一先生高談集』五一-六頁）と憲法制定会議の必要を主張していたのは決して偶然でない。

ところで民権運動の一環として展開されたこのような活潑な言論活動を支えたのは、西洋の近代自由主義を中心とする政治思想や法思想の導入であった。いま自由民権論の形成に関係深い書物をあげれば、中村正直『自由之理』（明治五年、J・S・ミル『自由論』の訳）、永峰秀樹『代議政体』（明治八年、同『代議政治論』の訳）、何礼之『万法精理』（明治八年、モンテスキュー『法の精神』の訳）、河津祐之『仏国革命史』（明治九年、カーライル『フランス革命史』の訳）、服部徳『民約論』（明治一〇年、ルソー『社会契約論』の訳）、中江兆民『民約訳解』（明治一五年、同上の抄訳ならびに解）、尾崎行雄『権理提綱』（明治一〇年、スペンサー『社会静学』の抄訳）、松島剛『社会平権論』（明治一四年、同上の訳）、島田三郎『立法論綱』（明治一一年、ベンサム『道徳および立法の諸原理序説』

の訳）などがある。

　これらの翻訳書が自由民権思想の成長にいかに大きな支えとなったかは、のちに陸羯南が維新以後から明治二〇年代初頭に至るまでの政治思想の変遷を跡づけた『近時政論考』（明治二三年稿、翌年刊）で、民権論の時代を形づくる政論の一つとして「翻訳民権論」と名づける論派を挙げたことからも理解されよう。すなわち羯南によれば、明治一四、五年ころまでの民権論は四種に類別できるとしている。第一種は「幽鬱《ゆううつ》民権論」で、民権拡張の道理にもとづくよりは、むしろ政府の専制に対する憤激に発するもので、いわゆる「征韓論者の変形」であり、これは西南戦争の鎮定とともに衰退するとしている。第二種は「快活民権論」で、西洋文明諸国の風に倣って民権を重んじ、公議輿論にもとづく政治の必要を説くもの、板垣ら立志社を中心とする政論がその代表で、「日本における自由主義の萌芽」としての意味をもつと述べている。そして第三種が「翻訳民権論」で、第二種の論者よりは幾分多く洋書も読み、英米の政治論・憲法論・立法論にもより深く通じている人びと、のちに改進党に属するのがこの派に多く、当時における「最新の政論者」と位置づける。

　さらに羯南は第四種を「折衷民権論」とし、福地桜痴をその代表者に挙げている。桜痴の一派を民権論派の一つに挙げ、これを第四種とした理由、およびこの論派の性格について羯南はつぎのように説明しているが、桜痴の立場を理解するうえにも参考になると思われるので紹介しておこう。彼はこう述べている。「この第四種の論派は敢えて民権の道理に反対したるにあらず。ただ日本の国状を顧慮して民権を漸次に拡充すべき所以を論じ、地方官会議の設置を以て民権拡充の一端となし、しきりに漸進の可なるを主張せり。吾輩はこの論者を以て当時政府の弁護者となすに躊躇せざるなり」（陸羯南『近時政論考』岩波文庫、三三頁）と。

もちろんこの分類は、民権論に対する羯南なりの分析と評価にもとづくものにすぎないが、西洋の法律政治理論の影響が少なからぬものであったことは間違いないところであろう。とくにミル、スペンサーの影響力については、これまでもしばしば指摘されている。たとえば竹越与三郎『新日本史』にもつぎのような記述が見える。「文学は時代の色を帯びざるなく、時代は文学に化せられざるなし。然れども明治十四五年ほど、文学と時代と密接なる関係を有せしものはあらず。而して此文学の首領は正しくミル、スペンサーの両人なりき」と。さらに竹越はミルについて、ミルの自由主義理論は経済論の面では時代を制することはできなかったが、「其他の政論に於ては向ふ所殆んど敵なく、『最大衆民の最大幸福』『実利主義』等の文字は恰かも是れ一個の経典の如くして之に敵するは殆んど無神経の徒なるが如く思はれ、弟子ミルの名は、其師ベンタムの名よりも囂《やかま》しかりき」（『明治史論集 I』明治文学全集77、一六二頁）としている。当時、ミルの理論がいかに多くの人びとにもてはやされたか、およそ想像できるところであろう。

もちろんベンサムの影響も決して少なかったということはできない。たとえば小野梓や陸奥宗光の当時の思想のなかに、ベンサムの思想の痕跡を見ることは困難でない。小野は改進党の創立にも参劃した人だが、その「利学入門」(『共存雑誌』明治一二年六―九月)は、彼の政治論の原理的基礎を体系的に述べたものである。ここでは「蓋シ政ノ目的ハ被治者ノ苦痛ヲ抜キ其快楽ヲ保護スルニアレバ」とか、「唯夫レ苦痛ノ厭フベキ快楽ノ好ムベキヲ知リ以テ一身ヲ修ムベク以テ一国ヲ治スベキ也。而シテ之ヲ承認シ修身治国ノ基ヲ立ツルモノハ夫レ唯真利ノ学ナル乎」(『大井憲太郎・植木枝盛・馬場辰猪・小野梓集』明治文学全集12、三三五頁)と述べているように、ベンサム流の功利主義的価値観の展開が見られる。彼が政治論において「王室ノ尊栄」とともに「人民ノ永遠ニ享有スベキ幸福」を強調するのも、そうした視点からであった。

また陸奥は、西南戦争に乗じて政府顛覆の計画をめぐらした立志社の林有造や大江卓らの陰謀に関係したという理由で、一八七八(明治一一)年、投獄される非運を味わったが、獄中で英学を学び、とくにベンサムに傾倒した。「面壁独語」は、明治一三年、獄中にあった彼が、当時の孤独な思索を記録したものであるが、そこでも基本をなしたものは「利学の主義を遵守し、事物の成果に就き、逐一に其苦楽を計較して、其当否を断定する」(陸奥広吉『伯爵陸奥宗光遺稿』岩波書店、二二一頁)というベンサム主義であった。その後彼は、獄中にあってベンサムの翻訳に従事することを日課とした。そして出獄後の明治一六年に公刊したのが『利学正宗』(ベンサム『道徳および立法の諸原理序説』の訳)にほかならない。

しかし、ベンサム、ミルに優るとも劣らぬ勢いで人びとに迎え入れられたのはスペンサーであった。明治初期におけるスペンサーの訳者、尾崎行雄・松島剛がそうであるように、当時におけるスペンサーの研究およびその思想の普及に大きく寄与した者には、慶応義塾関係者が多かった（山下重一「資料・明治時代におけるスペンサーの受容」『国学院法学』昭和四九年九月、七〇頁および七三頁の注（16）参照）。ことに松島剛の訳書が公刊されると、「社会平権論」という書名自体の魅力も手伝って爆発的な反響を呼んだ。ひとたび板垣がこの書に深く心酔したという話が伝わると、「社会活火の口火たる果敢有為の好少年、挙つて此書を繙きしかば、社会平権の精神は、浩々滔々として社会に注入し来り、……新に一時代を開き、社会政治の組織とに向つて平権の大主義を実行せしめんと欲せしめたりき」（竹越与三郎『新日本史』『明治史論集㈠』明治文学全集77、一六三頁）という有様だったと伝えられている。

　このようにスペンサーが時の民権論者に歓迎された一つの理由として竹越は、ミルが「実利主義」をとり、その議論が「余りに実際的」であったのに対して、スペンサーは「最大幸福」の原理を人間の「道義感情」によって基礎づけ、これが彼らの「理想の琴線」に触れる結果となったからだとしている。こうしたスペンサーへの魅かれ方自体、民権論の思想的体質を考えるうえに興味ある点だが、しかしスペンサーの影響は、もちろんこのような共感のレベルにのみとどまるものではない。馬場辰猪の「平均力ノ説」（『共存雑誌』明治一二年三月）や「親化分離の二力」（同誌、同年一〇-一一月）などに見られるように、スペンサーの影響下で実証的な思考方法が精神の内奥において受け止められている例もあったことを見落としてはならないのである。

自由民権論は、このように西欧近代が生んださまざまな法律・政治・社会にかんする理論の洗礼を受けることによって、たんなる実践運動のための思想や理念であることから、しだいに理論的・哲学的な深化の方向に向かうこととなった。このような動向を、先に紹介した陸羯南の『近時政論考』は、とくに「新自由主義」の登場として注目している。フランスから帰国した西園寺公望を社長に擁し中江兆民を主筆とした『東洋自由新聞』の創刊（明治一四年三月）と、兆民の仏学塾を基盤とする『政理叢談』の創刊（明治一五年二月）およびそれを通してのルソー主義の主張がそれである。

このような自由民権思想の理論的な深まりは、本来、藩閥官僚支配がもたらした政治的疎外に対する士族層の反撥とか、国民の政治参加による新しい国家統合の志向という、きわめて具体的な政治的動機に濃く色づけられていた民権運動を、理論的に補強することともなったが、それはまた、民権論自体としても、それぞれの角度から国家と個人をめぐる関係づけという近代に普遍的な問題関心へ向かって、より深くより鋭く接近することが求められるようになったためでもあった。そのような試みを比較的早く、しかも独自の思考を深化させつつ推し進めた代表的な例として植木枝盛を挙げることができよう。国家と個人との関係をめぐる問題という点についていえば、植木は二つの思想的方向をみずからの課題として追求していたということができる。一つは国家構成員としての国民がもつべき公共的関心や政治的意識の喚起であり、もう一つは国家政治の主体である国民の個人としての自立性の主張と権利意識の徹底である。前者は、『民権自由論』で「国の事は民の事とは別の事ではござらぬぞ」という言い方がなされ、また「何ゾ封建世ノ精神ヲ愛セザル」と題する論説（『愛国新誌』明治一三年一一月二〇・二八日）で「国家ヲ愛シ公共ヲ思フノ心情」を強調する植木の姿勢のなかに表現されている。これはいうまでもなく自由民権論に見られたナショナリスティックな側面と結びつく方向である。

　これに対して後者は、植木が愛国社発行の雑誌『愛国新誌』に発表した論説「人民ノ国家ニ対スル精神ヲ論ズ」（同誌、明治一三年一一・一二月）で、「人民ハ政府ノ奴隷ニハアラザルナリ、人民ハ国ノ主タルノミ、己レノ御都合ヲコソ見斗フベケレ塵程《ちりほど》モ政府ノ御都合ヲ考合スベキ義務ハナキナリ」（『明治文化全集　自由民権篇（続）』一二一頁）と、いわば非政治的なまでに自己自身の利害関心を重視し、「国家ノ形勢如何」を優先させる考え方を逆に「治者気取」として排斥する思考方法のなかにもっとも明快に表現されている。そこでは、政府と人民との一体化というナショナリスティックな発想に対して、むしろ政府と人民との本質的な利害の対立が強調され、また「何ゾ国権ノ為メニ民権ヲ張ランヤ、民権ヲ張ラントスルハ民権ヲ張ルガ為メノミ、国権ヲ張ルモ亦民権ノ為メニ之ヲ張ルノミ」（同上書、一一九頁）と、国権に対する民権の優位、民権の自己目的性が確認される。

　植木の思想に見られたこの二つの志向性は、上述の説明からも理解されるように、本質的には相矛盾するものを含んでいた。それでは植木はどちらの志向性を彼にとってより本質的なものとしたのだろうか。それについては、彼が論説「人民ノ国家ニ対スル精神ヲ論ズ」で、人の精神発達の段階をとり上げ、君主中心から国家中心へ、そして最後に「吾々人民」とか「己レ人民」という観念が中心になる段階へ至るべきものと説いている点が注目されよう。すなわち彼は、国家と人民という二つの立場が矛盾する場合には、「国コソ民ノ為メニスルモノナレ、民サヘ入ラヌト云ハヾ国モ入ラヌ筈ナリ」（同上）と窮極的には国家否定の道を選ぶべきことを説いている。植木が、国家や制度や憲法を設けるのも結局においては「民権を保全するの方便也」（「民権は憲法の奴隷に非ず」『高知新聞』明治一四年六月二二日、家永三郎・庄司吉之助編『自由民権思想』中、青木文庫、三七頁）と人民主権思想を徹底させ、また「天然ノ権理」を「至大至重ナル実ニ測ル可ラザル者」（植木枝盛「天然ノ権理ト法律上ノ権理ヲ論ズ」『愛国新誌』明治一三年一一月一二日、『明治文化全集　自由民権篇（続）』一二三頁）として「法律上ノ権理」に優越させ、自然権＝「天賦人権」を重視したのも、以上の彼の思想的特質から見て決して理解できないことではない。したがって、先述のように彼が国家構成員としての自覚と公共的意識の喚起を説いたのは、日本の精神発達の現状が、いまなお君主中心の段階に止まり、国家意識すら十分に持ち合わせていないという認識にもとづいた、実践的な立場からする発言と理解すべきものであろう。

いま植木を例にしてみてきたように、民権思想が理論的に深められてゆく過程で、そのなかから個人権の観念がしだいに明確化されていったが、そのような動向に対して一つの波紋を投じたのがいわゆる天賦人権論争であった。この論争の口火を切ったのは加藤弘之である。加藤は、すでに述べたように、『真政大意』『国体新論』などの著書を通して明治初年における天賦人権論の唱道者として知られていた。しかしその後ダーウィンらの進化論に接した彼は、一八八〇（明治一三）年前後より、かつてみずから主張した天賦人権論に対して深い疑問ときびしい批判の姿勢をとるようになるのである。そしてついに翌一八八一年、加藤はみずから新聞に広告を掲げて、かつての自説の破棄を宣言し、『真政大意』と『国体新論』の二著を絶版にするという思い切った措置にでることとなる。

その理由として、彼は、その広告のなかで、近代における自然科学の発達とその実証主義的研究の成果に接するとき、いまや哲学・政治学などの分野でも自然科学的知識の応用が不可欠なことを痛感せざるをえないとし、つづいてつぎのように述べている。「然ルニ拙著真政大意、国体新論等ノ如キハ余ガ未ダ右等ノ理ヲ知ラザル時ニ於テ著作セシ書ナレバ、今日ヨリ之ヲ視ルニ謬見妄説往々少カラズ」と。ここで彼が自然科学の理を口にするとき、主として彼の念頭にあったのはいうまでもなくダーウィンらによって説かれた優勝劣敗の原理にもとづく進化の法則であった。しかしもとよりそれは、彼のいわゆる「主義の変化」をもたらしたたんに一つの学問的契機にすぎない。つまり進化論との出会いという学問上の事件と同時に、あるいはそれ以上に、彼をとりまく状況の変化が彼の思想の転回については考慮しなければならないだろう。それはほかでもない、彼がかつて唱えた天賦人権論が、いまや自由民権運動の成長と展開のなかで、まぎれもなくその有力な思想的支柱となりつつあるという事実であった。すなわち天賦人権論は、もはや加藤が考えていたような、権力のための新しい統治の理念という域を脱して、むしろ権力に対する抵抗の理論と化しつつあったからである。

一八八二（明治一五）年、加藤が『人権新説』を著わし、改めて進化論の立場から権利観念の理論化を試みたのは、そのような背景のもとにおいてであった。そこでは、優勝劣敗こそが古今万物を貫く法則であり、政治社会もその例外ではない。そして権利というものも、元来、最大の優者が各人の自由放恣を禁じて人びとの団結と共存とを確保するために、専制権力によってその性格や範囲が設定されてきたものにほかならないと主張される。つまり権利とは天より各人に賦与されたものではなく、権力によって認められてはじめて権利となるものだというわけである。加藤によればそれこそが過去の歴史の示す社会的事実であり、天賦人権主義は「実理」を無視した「妄想主義」以外の何ものでもないとするのである。こうして彼の天賦人権主義に対する攻撃はまことに猛烈をきわめた。

「余ハ物理ノ学科ニ係レル彼進化主義ヲ以テ天賦人権主義ヲ駁撃セント欲スルナリ。進化主義ヲ以テ天賦人権主義ヲ駁撃スルハ是実理ヲ以テ妄想ヲ駁撃スルナリ。之ヲ一撃ノ下ニ粉砕スル何ノ難キコトカコレアラン」（加藤弘之『人権新説』『明治文化全集 自由民権篇』三五九頁）。

たしかに過去の社会的事実に照らして見た場合に、権利は万人に与えられているというよりは、権力によって与えられ権力関係の変動とともに発達したと見る方が「事実」に近いであろう。個人の自由平等な権利という観念が、近代に至ってはじめて普遍的な理念として確立したことからみてもそれは当然である。しかし理念がいまだ完全には実現されず、理念としてなお観念の世界でのみ生きていることを捉えて「妄想」だときめつける加藤の立論は、人間の願望や意思の働きを認めようとしないものと言われても仕方あるまい。その意味で、『人権新説』が世に出ると民権派の思想家たちの間からいっせいに烈しい批判の声があがったのはけだし当然である。矢野文雄「加藤弘之氏ノ人権新説ヲ読ム」（明治一五年一一月『郵便報知新聞』掲載、のち加筆のうえ『人権新説駁論』として刊行）、馬場辰猪「読加藤弘之君人権新説」（明治一五年一一‐一二月『朝野新聞』掲載、のち加筆のうえ『天賦人権論』として刊行）および植木枝盛『天賦人権弁』（明治一六年一月刊）はその代表的な反論ということができる。

そして矢野は、権利という場合、「法律上ノ権利」（「法権」）とは別に「道理上ノ権利」（「理権」）というものも存在するのであり、その場合の道理とは人間の「天賦の性情」にもとづくものであって、そのような意味での権利の有無は、それぞれの時代の法によって現実に権利として実現されているかどうかとはまったく次元の異なる問題であるとした。また馬場も、天賦人権論でいう「自然ノ権利」とは、人間が自己の生存と幸福とを求める、その欲求から生まれたところの自由平等の主義に発するものであって、「天賦ノ権利」と「法律上ノ権利」とは別であり、「法律トハ何デアルカト云フ問題」と「法律ハ如何ニアル可キ筈ノモノカノ問題」とを混同したところに加藤の基本的誤りがあると反駁している。植木が、加藤の立論は「人ノ権利」と「人ノ勢力」とを混淆するものだと批判しているのも、同様の問題を指摘したものと言えよう。

要するに加藤の進化主義に対する天賦人権論の側の反駁は、それぞれ表現やニュアンスの違いを含みながらも、まさに馬場が述べているように、加藤が、過去の人類の「進行シタル事蹟」と人類が「進行ス可キ道」とを区別しようとせず、「其進行シタル道ヲ挙ゲテ他ニ進行ス可キ道ナシト推測スル」（馬場辰猪「読加藤弘之君人権新説」『大井憲太郎・植木枝盛・馬場辰猪・小野梓集』明治文学全集12、二二七頁）ところに加藤の立論の誤りがあることを指摘し、そこに批判の矢を向けた点では一致していた。換言すれば、彼らがもっとも問題にしたのは、加藤における既成事実への埋没であり、歴史の現実をつくり、またつくり替える人間の意志や意欲——それはまさに人間が天より与えられた生命を保持し幸福を追求したいと願う自然の欲求に根ざすものと彼らは考えたが——の意味を認めようとしない点にあった。

こうして民権運動を支え、また民権運動によって支えられてきた天賦人権の思想は、その深化の過程で人間の権利を人間の生存と幸福の追求という人間の原点にまで掘り下げ、そこから構築する方向をとるようになる。その際、植木にあっては、「人ハ必ズ其生活ヲ遂グベクシテ更ラニ其生活ヲ遂グルヲ妨害スルモノヲ防禦スベキノ理アルコトヲ知ルベシ」（『天賦人権弁』前掲『自由民権篇』四六七頁）と、抵抗権の観念が自立的個人の最後の切り札（ultima ratio）として理論化され、馬場においては「自己ノ生存ノ利害ヲ判断スル脳力」（前掲『大井憲太郎・植木枝盛・馬場辰猪・小野梓集』二二七頁）あるいは「意念力」（馬場辰猪「本論」『自由新聞』明治一五年七月一日、同上書、二〇一頁）と呼ばれる理性の重視が見られ、他方、兆民においては、「夫れ所謂る自由権なるものは、天の人に与えて意を肆にして生を為すを得しむるところ」（中江兆民『民約訳解』巻の一、『中江兆民全集』第一巻、一三八頁）とか、「蓋し自主の権は、天の以て人に与うるところなり。故に人たるの道、自《みず》から其の生を図《はか》るより重きは莫《な》し」（同上、一四〇―一頁）というルソー流の自由の観念に導かれて、「リベルテー・モラル」（「心神ノ自由」）および「リベルテー・ポリチック」（「行為ノ自由」）（『東洋自由新聞』社説、明治一四年三月一八日、同上書、一八一頁以下）という自由権の理論化が進められる。明治一五年前後における民権思想の動向は、ほぼこのようなものであったということができよう。

自由民権論は、運動の面においては明治一四年を境として、一方では中央における自由党（明治一四年一〇月結成）および立憲改進党（明治一五年四月結成）という議会制に向けての政党組織へ向かい、他方では自由・改進両党間の対立と、地方のいわゆる自由党激化諸事件に見られるような、さまざまな潮流へと分化して挫折の道を進む。そして時代の主要な動きも、来るべき国会開設を前提とした立憲構想の具体化に沿って展開を始めることとなる。伊藤博文・井上毅らを中心とする政府の憲法起草事業とその思想が、民権運動の分解と挫折にともなう在野思想の動向と合わせて、そこで取り上げられなければならない。

5　憲法制定の思想像

自由民権運動の退潮から明治三〇年ころまでの明治の中期ともいうべき時期は、明治憲法の制定をはじめとして、教育勅語の発布、議会の開幕、条約改正運動の擡頭、日清戦争の勃発と戦後経営など、いくつかの重要な国家的事件や問題が相ついで登場する。そしてこれらの諸問題は、いずれも当時の思想にさまざまな波紋を投げかけるとともに、思想家の内面に濾過されて新しい思想の骨格を形づくることとなる。この時期をそれ以前と区別する特徴の一つは、明治立憲制に向けた制度化の進行であろう。一八八四（明治一七）年七月の華族令にもとづく貴族制度や、翌八五年一二月に確立された内閣制度につづいて、明治二〇年代に入ると市制・町村制（明治二一年公布）、府県制・郡制（明治二三年公布）を内容とする地方自治制の導入、そして帝国憲法の制定（明治二二年）と議会の開設（明治二三年）等々にそれは代表される。

ところでこうした制度化の結節点をなすものは、いうまでもなく憲法制定事業であった。明治憲法の制定事業が政府の手で本格的に開始されるのは、一八八一年（明治一四）年以降のことである。もちろん政府部内での憲法草案の編纂は、それ以前にすでに着手されていた。すなわち元老院に国憲起草の勅命が下されたのは、一八七六（明治九）年九月のことであり、それ以後国憲案の編纂がこの元老院の手で進められ、一八八〇（明治一三）年には確定案が完成、天皇に提出されている。しかしこの国憲案については、伊藤博文が「各国の憲法を取集、焼直し候迄にて、我国体人情等には聊も致注意候ものとは不被察候。必竟欧洲の制度を模擬するに熱中し、将来の治安利害如何と顧候ものには無之様奉存候」*（伊藤博文の岩倉具視宛書簡、明治一二年一二月二一日付『伊藤博文伝』中巻、一八九頁）と酷評を加えたことからもわかるように、結局採用されることなく葬り去られる結果となった。こうして明治憲法のための準備・調査はその翌年から改めて着手されることとなる。そしてそのための基本的諸原則を明示したのが、井上毅の手になる「大綱領」（明治一四年七月）にほかならない。

*ただしこの書簡の日付について稲田正次氏は疑問を提示し、明治一三年のものと判定して差支えないとしておられる（稲田正次『明治憲法成立史』上、有斐閣、一九六〇年、三三六頁参照）。

この「大綱領」は、欽定憲法主義、陸海軍の統帥や議会の開閉・解散をはじめとする広汎な天皇大権、および民選によらざる上院としての貴族院の設置等々、やがて発布さるべき明治憲法の重要な性格と内容の輪郭を規定した点で注目される。こうした憲法構想の中心的なねらいとするところは、いうまでもなく行政府たる内閣が議会の意思によって左右されるような事態の生じないよう、その独立性を法的に保障する点にあった。そのことは、同年六月、井上が右大臣岩倉具視に宛てた意見書からもうかがうことができよう。すなわち彼はそのなかで、英国流の議院内閣制はわが国の国情に合わず模倣すべからざること、むしろ行政権は国王の手中にありとの建前から、宰相は議院内勢力の如何にかかわらず国王によって選任さるべきものであるという原則をとるプロシア流の憲法こそ、「幾分ノ圧制ヲ免レザル者」ではあるけれども、わが国の実情にも適合し、来るべき立憲制のあり方を考えるうえで参考とするに値するものであるとしている（井上毅「憲法意見」第一～三、井上毅伝記編纂委員会編『井上毅伝　史料篇第一』東京大学出版会、一九六六年、二二五‐二三二頁参照）。

憲法の制定および国会の開設は、明治八年の詔勅によって漸次立憲政体を樹立する旨がすでに明示されている以上、もはや避けがたい方向であった。そうだとするならば、政府にとっての問題は、立憲制を採用しながら、しかもなおいかにすれば内閣が議会の制約から免れてその独自性を維持し、議会に対しても優位を保つことが可能となるのか、という点にあった。憲法制定のための調査にあたった伊藤博文の念頭をたえず去来した問題もまたそれであった。したがって伊藤がドイツに渡り、彼の地で法学者のルドルフ・フォン・グナイストやローレンツ・フォン・シュタインから、きわめて君権主義的色彩の強い立憲主義論を聞かされたとき、伊藤は行く手に光明を見る思いでその主張に耳を傾けた。この二人の法学者によれば、立憲君主政体は、立憲制とはいえ、君主政体である以上、君権は立法権の上にあって法に束縛されるべきものではない。そのためには、たとえば立法府たる議会が政府の意に反して法律を議定しても、政府の承諾がなければ君主は許可発布しないという考え方を取入れるのも一つの方法として検討すべきだという意見で、当時の日本の現状からすれば「頗る専制論」とも思われる主張であった。伊藤は、こうしたドイツの法学者たちの意見を学びとることによって、自由民権論者の立憲主義論に対抗しうるだけの理論を形成する自信をもつことができた。その自負と喜びを故国の岩倉に宛ててつぎのように記している。

「独逸にて有名なるグナイスト、スタインの両師に就き、国家組織の大体を了解する事を得て、皇室の基礎を固定し、大権を不墜の大眼目は充分相立候間、追て御報道可申上候。実に英、米、仏の自由過激論者の著述而已を金科玉条の如く誤信し、殆んど国家を傾けんとするの勢は、今日我国の現情に御座候へ共、之を挽回するの道理と手段とを得候。報国の赤心を貫徹するの時機に於て、其功験を現はすの大切なる要具と奉存候て、心私に死処を得るの心地仕候」（伊藤博文、ウィーンよりの岩倉具視宛書簡、明治一五年八月一一日付『伊藤博文伝』中巻、二九六‐七頁）。

このようにして伊藤は、来るべき立憲制の眼目を、何よりも、法に超出し法に拘束されない至高の君権の確認、および立法・行政両権の「竝立」と君権によるその統合――換言すれば議会に基礎づけられ議会に責任を負う議院内閣制の否定――という二点に見出したのである。しかし最高にして絶対・無制限な君権を基軸とする立憲君主制は、果たして立憲制と言いうるであろうか。それが君主専制と異なる所以はどこにあるのか。このような疑問に対して伊藤の回答はつぎのようなものであった。すなわち彼によれば、立憲君主制を君主専制から区別するものは何か、それは、君主専制が君主の文字通りの個人的・恣意的支配であるのに対して、立憲君主制にあっては、君主即国家ではあるけれども、「立法ノ組織（即チ議院ナリ）行政ノ組織（即チ各宰相ノ協同ナリ）及ビ百般ノ政治皆ナ一定ノ組織、規律ニ随テ運用スル」（明治一五年八月九日付、伊藤博文の岩倉具視宛書簡、平塚篤編『伊藤博文秘録』原書房、二九二頁）という形態をとること、そこにまさに立憲制の特色があると考えた。換言すれば法による君主権の制限ではなくして、法律・制度という体系的・能率的な組織を媒介とする君主権の支配のなかに、彼は立憲君主制のあり方を見出したと言ってよかろう。伊藤にとって、そのような立憲制のモデルとなったのは、いうまでもなく彼の眼に映じたビスマルク宰相支配下のドイツであった。

「殊ニ此国ハ百事規律ノナキ者ナク、殆ンド一大器械ヲ創置シ、百般ノコト此ニ依テ動クガ如ク、故ニ帝王ハ其器械中ノ一部分ノ如ク憲法上ニテハ見エ候得共、実ハ決シテ其部中ノ者ニアラズ、此器械ヲ運転シテ、百事凝滞ナカラシムルノ主宰者ナリ、故ニ時トシテハ之ニ油ヲ差シ、又ハ釘ヲシムル等ノ抑揚ナカル可カラズ」（憲法調査当時の書簡断片、同上書、三〇七－八頁）。

まさに国家が「一大器械」のように規則正しく運転すること、そしてそのためには国家が何よりも法律や制度によって組織化されることを必要とすると考え、そこに立憲制の意味を見出そうとする伊藤のこの考え方は、憲法制定の意義を主として国家権力の組織的・安定的・能率的な執行という機能的合理性のなかに見出そうとする点で、藩閥政治家たちに共通に見られる特色を示していた。そして国家を「一大器械」とし、君主を「此器械ヲ運転シテ、百事凝滞ナカラシムルノ主宰者」と想定する、伊藤のこの立憲制度観ないし立憲君主政体論を、一つの理論として憲法学のなかに導入したのは穂積八束であった。

穂積が憲法学者として活潑な発言を始めるのは、一八八九（明治二二）年二月、すなわち明治憲法制定の月に、四年半にわたるドイツ留学を終えて帰朝して以来のことである。しかし彼は、それ以前にも東京大学の政治学科学生であったころ、『東京日日新聞』に何度か寄稿し、立憲制について論じたことがあった。そして彼の立憲制にかんする基本的な問題関心も、すでに当時の論稿のなかにかなり明瞭な形で表現されていた。たとえば「国会議院ハ両局ノ設立ヲ要ス」と題する論説（『東京日日新聞』明治一五年四月一九日―二一日）は、ブルンチュリー、ベンサム、ミルら欧米の学者の説を紹介しながら一院制論への批判を展開したものであるが、そこでの基調をなしている問題関心は、民撰議院において多数を占めた勢力の支配に対する根深い不信と警戒であった。穂積は、そのような意味から、貴族に基礎をおいた上院の設置が不可欠であることを力説するのであるが、そこでは、J・S・ミルが、世論の支配を近代国家にとってはもはや自明の原理と前提したうえで、そこでの少数意見や少数者の自由を擁護すべく論じた「多数の専制」が、逆に議会における多数の意思そのものを否定し、むしろ国家の名の下に藩閥勢力による権威的支配を理論化するためのものとして受けとめられ援用されることにさえなっている。

「弥児《ミル》氏曰ク、代議政体ノ宿弊ハ多数党ノ専制ナリ、ト。是吾人ノ最モ恐ル、所タリ。一局議院ハ多数党ガ小数党ヲ圧スルニハ太ダ便利ナルノ法律ナルベキモ、須ク記スベシ、多数党ノ利ハ必シモ国家ノ利ナラズ、国家ハ多数党ノ玩弄ニ供ス可キモノニ非ザルコトヲ」（穂積八束「国会議院ハ両局ノ設立ヲ要ス」『東京日日新聞』明治一五年四月二一日、句読点引用者）。

また、それと前後して発表された論説「憲法制定権ノ所在ヲ論ズ」（『東京日日新聞』明治一五年四月二六日）は、国民に憲法制定に参加する権利ありとする主張を否定し、憲法制定権は主権者にのみ認めらるべきものであるから、そのような主張は「君主国ニ於テハ許ス可ラザルノ言」であると論じたものだが、そこにもまた民意および民意を代表する議会に対する露な不信が示されている。そのほかこの論説では、憲法制定権は主権者にのみ認められるとする主張の根拠として、「憲法トハ主権者ガ主権ヲ施用スルノ原則」であるとする憲法観が語られている点、および憲法は主権者たる君主をも拘束しうる最高の法規である（「憲法ハ主権者ヨリモ重シ」）とする見解を、

「国家学上許スヘカラサルノ言語」として真向から否定し、君主を憲法からも超出した、絶対かつ至高の存在と考える君主観が述べられている点が注目される。

穂積の学生時代の論説を特徴づけていたこのような議会観・憲法観・君主観は、彼が留学より帰朝してのち、一個の憲法学者としてみずからを世に問うに際しての基本的立場にそのまま引きつがれていた。彼は帰国早々、憲法発布の翌々日より法科大学で明治憲法を講じている。そしてそこでも彼は、議会の法理上の性質として、議会とは主権者が「政務執行ノ便宜ノ為メニ組立タル会議体」であるとの見解をとり、その点では、議会も、行政機関とその法的性質においては何ら異なるものではないという、まことに大胆な立論を行なっている（穂積八束「帝国憲法ノ法理」『穂積八束博士論文集』有斐閣、七三頁）。このような議会観に対応して、憲法の性質についても、憲法とは君主と臣民との権限を定めたものではなく、ちょうど司法や行政の官制や刑法・訴訟法のような公法と性質上同じようなもので、主権者が「一方ニハ政府ノ諸機関ニ対シテ命令シ一方ニハ臣民ニ対シ命令シタル者」（同上書、二六頁）だとする。「政治ノ実際」はともあれ、「法理」という視点から見るかぎり「憲法モ法律モ等シク主権者ノ命令」（穂積八束「法治主義ヲ難ス」明治二二年一一月、同上書、一六九頁）であるとするこの主張は、穂積八束によってその後も繰り返し行なわれたところであった。

憲法とは主権者がその政務を執行するにあたって定めたところの官制であり規則であり命令で

あるというこの考え方は、いうまでもなく、君主主権ないし欽定憲法の下にあっては、君主は憲法によって制限されるものではなく、むしろ憲法より優越したところの無制限的権力の主体であることを意味した。このような無制限的権力の主体すなわち「命令者」を、穂積は法律上の「国家」と考えたから、君主主権の下においては、君主と国家は同一体であり、君主即国家であるという主張が生まれることになる。いずれにせよ、このような憲法観・君主観――そのなかに若き日の彼の立論と基本的に連なるものを見出すことはもはや容易であろうが――は、同時に、前述のような伊藤の立憲君主制観、つまり法治国家を「一大器械」にたとえながら、君主はその器械の「一部分」ではなく、この器械の外にあってこれを運転し調整する「主宰者」でなければならないとしたその考え方と相通ずるものであり、それを憲法論として改めて構成したものであることも多言を要しないところであろう。

また、伊藤の立憲君主制観においては、すでに述べたように、「一大器械」の「主宰者」に擬した君主の役割として、「此器械ヲ運転シテ、百事凝滞ナカラシムル」こと、そのため「時トシテハ之ニ油ヲ差シ、又ハ釘ヲシムル」など適切な調整作用をみずから担当することがあげられていた。国家を「一大器械」にたとえながら、そこでの秩序の形成を器械そのものがもつ自己調整力――近代立憲主義にあっては、それは国民一般の意思と利益の尊重という民主主義的正統性への共通の志向性によって支えられた――に求めるのではなく、器械の外にある人格に期待するというこの思考方法は、穂積八束の立憲制論にも同じく見ることができる。

穂積によれば、立憲制の本旨は何よりも三権分立の原理にあると言う。「立憲制ノ本領ハ実ニ所謂三権分立ノ思想ニ在リ」（「憲法ノ精神」明治三三年、同上書、四七九頁）と述べているのがそれである。たしかに近代立憲主義にとって三権分立は重要なその制度原理をなしている。しかしその場合の主要なねらいは、いうまでもなく行政権からの立法および司法両権の独立であり、民意の代表たる議会の定めた法による行政権の抑制と、法の支配による国民の権利・自由の保障にあった。ところが穂積にあっては、「立憲制ノ要素ハ民主主義ニ在ラス三権分立ノ組織ニ在ルコトヲ忘ルヘカラス」（「立憲制ノ本旨」明治三二年、同上書、四二四頁）とあるように、三権分立論は民主主義とは無縁の性格のものとされている。なるほど穂積においても、立憲制は「専制政治ニ反抗スルカ為メ」に生まれ出たものであり、「二者ハ其本来ノ性質ニ於テ相容レス」（同上）と理解されている。しかし彼にとって反抗すべき専制政治と考えたものは、じつは「政府専制」以上に「議院専制」であった。彼のいう「議院専制」とは、とりもなおさず政府を議院の信任にもとづかせる議院内閣制を意味した。

「西欧ノ所謂議院政党内閣制ナルモノヲ我憲法ノ下ニ実行セント欲ス。是レ立憲政ヲ変シテ専制ノ政ト為スモノナリ。議院内閣制トハ議院多数政党ヨリ政府内閣ヲ組織シ、議院ニ由リテ進退スルコトヲ憲法上ノ要件ト為スノ制度ナリ」（同上、同上書、四二五頁、句読点引用者）。

つまり穂積にとって三権分立論の主要なねらいは、行政権からの立法権の分立でなく、むしろ立法権からの行政権の分離であり独立であった。彼の立憲制＝三権分立論が、主として「議院専制」＝議院内閣制の阻止に照準を合わせたものであったことは、民意を代表する議会に対する彼の学生時代いらいの根深い不信感の継続を思わせるに足るものであるし、こうした発想はまた伊藤博文ら藩閥政治家たちの問題関心にもよく応えるものであったことはいうまでもない。それでは、分立させられた三権の調和ある運用を可能にし、その間に統一をもたらすものは何か。その役割を穂積は、「三権ノ上ニ超然トシテ」位置する主権者たる君主に求めた。だから、とかく分離し対立しやすい三権を統一し調和せしむる君主の大権は、当然強大なものでなければならない。これが穂積の論理であった。彼は述べている。

「三権ハ分離シ易ク、統治ノ機関ハ軋轢ヲ免レス。之ヲ統一シ之ヲ調和スルハ主権者ノ職司ニシテ其権力大ナルニ非サレハ之ヲ全フスルコトヲ得ス。是レ特ニ立憲政体ニ於テ国家元首ノ地位ヲ鞏固ニシ其権力ヲ強大ナラシムルノ必要アル所由ナリ。我憲法ノ制定セラル、ヤ欧洲立憲ノ制ヲ採ルコトヲ躊躇セサリシト同時ニ君主大権ノ基礎ヲ鞏固ニシ其広大ナル範囲ヲ明劃シ以テ統治機関ノ権域ノ上ニ超然タラシメタルハ之ニ倚リテ以テ立憲制ノ弊所ヲ救ハント欲スルノ精神ニ出テタルモノニシテ其用意周密ナリト云フヘシ」（「憲法ノ精神」同上書、四八〇－一頁）。

こうして穂積の立憲制論は、三権分立制をその本領として強調することによって、分権主義とは程遠く、むしろ逆に強大な大権の担い手たる集権的な君主支配の体制を導き出した。そして穂積のこの「統治機関ノ権域ノ上ニ超然」たる君主こそ、伊藤のいわゆる「一大器械」の外なる「主宰者」の法的表現であったことは改めて説明するまでもなかろう。

有賀長雄が「穂積八束君帝国憲法の法理を誤る」と題する論説（『憲法雑誌』第六―八号、明治二二年四―六月）を発表して、穂積の明治憲法についての理解を誤りとして批判したのも、穂積が明治憲法の制定を立憲制の採用と認めながら、しかも君主主権を根拠に天皇の超越性と無制限性（専制主義）を法理的に跡づけようとした点にあった。有賀がこの一文で、「穂積学士の主張する所は、却て『国家ハ朕是レナリ』と云ひて、革命を惹〔「起」脱カ?〕したる路易十四世の専制主義なり、此の主義は、独逸の此道に名ある学者の、決して取らざる所なり」ときめつけたのは、そのためである。すなわち有賀は、明治憲法第四条「天皇ハ国ノ元首ニシテ統治権ヲ総攬シ此ノ憲法ノ条規ニ依リ之ヲ行フ」という規定に照らすならば、天皇はあくまで「国ノ元首」すなわち国家を構成する一機関であって国家と同一体でなく、またその統治が君主の統治として法的な効果をもつのは、憲法の許す範囲内に限ると理解すべきだとした。別言すれば、穂積が、憲法もまたその法理上の性格からして「主権者ノ命令」である以上、政府各部局と臣民とに対する制限ではあっても、主権者たる天皇の統治権に対する法的制限ではないとしたのに対して、彼は、天皇といえども、国家の元首あるいは君主として、憲法に制限されるのは当然であり、それこそが憲法制定の意味であると統治権の有限性を強調したのである。

こうして有賀は、もし天皇が憲法の規定に反して大権を行使したとしても、それは法的には君主としての正しい資格においての行為でないから、「憲法上臣民の服従を求むるの権利無し」と言わなければならぬとし、さらにそのような君主の憲法違反は、いわば「上よりレボルションを起すもの」で、憲法全体を無効に帰する行為であるから、国民もまた憲法に定めた納税その他の義務を脱することが許されることになるとの見解をとった。ここには、憲法を君主と国民両者の権利義務をめぐる一種の契約と考える「国約憲法」の考え方がみえる。同様の考え方から有賀は議院の重要性についても説いている。すなわち明治憲法では、法律の制定には天皇の裁可を必要としているけれども、彼によれば、法律は「天皇と議院と合同制作する」ものであり、「立法の一事に於ては、天皇議院五分五分なり」として、立法における天皇と議会との役割を対等のものとする考え方を示した。こうして有賀は、天皇の統治権が無制限であるとする穂積の憲法論が、明治憲法の解釈としても誤りであるばかりでなく、実際的にも、立憲制の本来的要件ともいうべき、天皇と国民との間の法的関係を解体に導く危険性をもつ理論として、強く排撃したのである。

たしかに穂積の憲法論は、有賀も批判したように、天皇主権の絶対性を厳格なまでに主張する専制的色彩の濃いものであった。しかしながら穂積によれば、それはじつは「法理上ノ議論」なのであり、「法理論」としての視点からするものという限定の下で語られていた。したがって、そのような憲法論にもかかわらず、彼は現実に天皇が無制限の大権を行使することを望ましい姿と考えたわけではもとよりない。たとえば穂積はこう述べている。「政治上ヨリ之ヲ論スレハ天皇陛下ト雖此憲法ノ条規ニヨラスシテ恣ニ専権ノ政ヲ挙ケサセラルルコトナキハ憲法発布勅語ヲ見テ明白ナリ」（「帝国憲法ノ法理」同上書、九五頁）と。しかし彼によれば、それは「政治ノ主義」を示したものであって必ずしも「法理」に符合するものではなく、「政治上ノ議論ト法理上ノ議論トハ決シテ混淆ス可ラサル者」（同上）だとするのである。

それでは、なぜ穂積は、これほどまでに彼のいわゆる「法理上ノ議論」にこだわるのであろうか。「政治上ノ議論」からとくに区別された「法理上ノ議論」は、なぜ必要だったのだろうか。その点についてはまず第一に彼の立論上の問題があった。すなわち彼は、天皇大権の無制限を言う理由として、制限とは、法律的には、つねにそれに実効を与える制裁力がともなわなければならないからだと主張した。それは彼が、公法的な関係――統治関係ももとよりその一つであるが――の特質を「権力ノ関係ヲ規定スルモノ」とか「権力関係ノ法則ナリ」としたことに由来している。つまり穂積によれば、たとえ天皇の大権に制限を課したとしても、それに違反した場合、天皇に有効な制裁を加えることが事実上不可能である以上、法的には無制限と規定するのが正しい、というわけである。

しかし穂積が、「政治上ノ議論」としては、天皇といえどもその大権の行使にあたっては一定の原則に従うのが望ましいと考えながら、しかも「法律上ノ議論」においては無制限でなければならないと強弁したのは、たんに立論上の問題だけではなかった。すなわち彼がもっとも危惧したのは、天皇に違憲の行為があった場合に、国民がそれを理由に無効を主張し服従を拒むという事態が生ずることであった。天皇の大権に法的限界を認めることは、そのような事態を許容することにも連なる。穂積はその点を憂慮した。「神聖ナル主権者ト雖、法律勅令ニ検束セラレ専制ノ政ヲ為ササルハ、或ハ善良ナル政治ナルヘシ。君主ノ美徳ナルヘシ。而レトモ法理ニ依リテ此ノ主義ヲ完フセムトスルトキハ、勢、国体ノ基礎ヲ変更セサルヲ得ス」（「法治主義ヲ難ス」同上書、一六九頁、句読点引用者）と彼が述べているのは、そのことを物語るものであろう。

その意味で彼が明治立憲制下の天皇統治の意味を、天皇大権の至高性、無制限性として支配の側から明らかにすると同時に、他方では、そのような権力の源を「家制」すなわち父と子の間に見られる関係に求めることによって、この強大な権力が支配を受ける国民の側からは「崇拝」の対象となるべき性格をもつと説くに至るのは、彼の法理論のイデオロギー的性格から見て当然の展開と言わなければなるまい。彼は述べている。「幼稚ナル時ニ在リテハ、父ハ智力ニ於テ腕力ニ於テ子ニ優ル、コト明ナリ。何レノ父ト雖モ普通ナル事トス。是レ天然ニ優劣ノ判ル、最モ見易キ標準ナルヘシ。其ノ標準ハ則チ権力ノ関係ニシテ、権力トハ命令シテ服従サスル義ナリ。命令服従ノ関係ハ之ニ依テ教育セラレ、之ニ依テ発達シタルモノナラント思フナリ。故ニ親ヲ崇拝スル事ハ権力ヲ崇拝スル事ナリ」（「祖先教ハ公法ノ源ナリ」明治二五年、同上書、二三八頁、句読点引用者）と。

つまり彼によれば、家における父と子との関係は、優劣強弱という権力関係の最も明白な形態であり、その中にあって子供は強大な権力の持主である父親の保護と養育の下で初めて成長することができるところから、命令服従の関係を教育されると同時に、親への崇敬を通して「権力ノ崇拝」という観念を学びとるとするのである。このようにして穂積は、権力の源を家制に求めることによって、権力の関係が上から下への命令と強制という実力の関係にとどまらず、じつは同時に下から上に向けての服従と崇拝という観念によって支えられた倫理的な関係でもあるとしたわけである。このようにして家を媒介として「教育」されたこの「権力ノ崇拝」なる観念は、父の死後もその霊威を崇拝するという形で引き継がれ、祖先の祭祀や祖先崇拝の習俗を形づくる。穂積のいわゆる「祖先教」がそれである。彼が祖先教や家制を「国体」の基礎として重視し強調するのは、右のような彼の権力観にもとづくものであった。彼は言う。「我国ハ祖先教ノ国ナリ、家制ノ郷ナリ。権力ト法トハ家ニ生レタリ。……氏族ト云ヒ、国家ト云フモ、家制ヲ推拡シタルモノニ過キス。権力相関ヲ指摘スルノ呼称ハ異ナリト雖、皇室ノ嬖臣ニ臨ミ、氏族首長ノ其族類ニ於ケル、家父ノ家族ヲ制スル、皆其権力ノ種ヲ一ニス。而シテ之ヲ統一シテ全カラシムルモノハ祖先教ノ国風ニシテ、公私ノ法制習慣之ニ由ルニアラサレハ解スヘカラサル者比々皆然リ」

（「民法出テ、忠孝亡フ」明治二四年、同上書、二二三頁、句読点引用者）と。

穂積の立憲制論における天皇統治の絶対化が、結局はそれを受けとめる側の「権力ノ崇拝」という観念を必要としたように、明治立憲制は天皇の神聖不可侵と天皇大権の至高性を前提とするかぎり、その絶対的権力の存在を強制とも拘束とも（あるいはその脅威とも）受け取らない「精神」を国民の側に広くそして深く根づかせることが不可欠であった。それは、立憲制が発足し、議会が開設され、国民が曲りなりにも国政に参加するという事態を迎えるにあたって、ますます切実なものと考えられた。一八九〇（明治二三）年一〇月に発布された教育勅語は、そうした「精神」のあり方を国民に向けて示したものと見ることができる。この勅語が憲法発布につづいて、その翌年、議会開幕の直前に発せられたのも、その意味で決して偶然ではない。

6　教育勅語をめぐる思想の相克

「教育ニ関スル勅語」が一八九〇（明治二三）年一〇月に発布されるに至るまでにはいくつかの曲折があったが、その最初のきっかけをなしたのは、同年二月、地方官会議での討議であり、その結果決定された徳育にかんする地方官の建議であった。すなわちこの会議の席上、従来の学校教育についてのあり方が論議の的となり、たとえば、「学制ノ精神ヲ考フルニ学芸技能ヲ先ニシ徳育ヲ後ニス」（福岡県知事、安場保和）とか、「明治五年以来教育ノ方針ヲ異ニシ来リ才能芸術ヲ専ラニセシヲ以テ総テ之ニ感染シ知ラス識ラス道徳ヲ顧サルニ至レリ此勢ニテ推シ進ムトキハ国家主義ナルモノ遂ニ衰滅スルニ至ラン」（島根県知事、籠手田安定）など、徳育軽視を批判する知事たちの発言があいついだ。その結果このような教育の現状を速かに改革する「非常手段」としては「教育ノ事モ陸海軍ノ如ク陛下ノ御直裁ヲ仰ク」ほかなしとする思いつめた意見まで出された。そしてこうした空気がやがて会議をリードする結果となったわけである（稲田正次『教育勅語成立過程の研究』講談社、一九七一年、一六三-六頁、参照）。文部大臣榎本武揚に宛てた徳育涵養にかんする地方官の建議は、こうした背景の下に行なわれた。

ところでこの建議について興味ある点は、彼ら地方官たちが、「智育」に偏って「徳育」が軽視された結果現われた弊害と考えて憂慮したものが、具体的に何であったかということである。建議によれば、それは、小学の子弟においては「智識芸術ニ誇リ父兄ヲ軽蔑スルノ心ヲ生シ軽躁浮薄ノ風」を助長する点が指摘され、それが高等小学校を卒業するほどともなると、「往々父祖ノ業ニ従事スルコトヲ屑シトセズ或ハ官吏タラント欲シ或ハ政事家タランコトヲ志」す風潮を生み、中学に入るに及んでは、学業半ばにして、ともすれば「天下ノ政事ヲ談シ時ニ或ハ自ラ校則ヲ犯シナカラ職員処置ノ当否ヲ鳴ラシテ漫リニ抗争紛擾ヲ事トスル」者すら現われるに至るとしている。要するに地方官たちの憂慮や不満は、学校の子弟たちが政治への関心を抱き自己主張に走る傾向を助長し、教育はそれらに有効に対処することができないでいる、という点に根ざしていたというわけである（同上書、一六八-九頁、参照）。

智育と徳育をめぐるこの論議は、ちょうど一〇年前の一八七九（明治一二）年、元田永孚や伊藤博文らによる教育論議を思い起させるものがある。一〇年前の教育論議もやはり智育・徳育をめぐってのそれであったし、その底流にあったものが、青年子弟の政治熱をどう沈静させるかという問題であった点でも、やはり両者は基本的に共通するものがあった。すなわち当時、天皇の侍講の地位にあった元田永孚は、天皇の旨を受けて「教学大旨」などの起草にあたったが、そのなかで彼は、「輓近専ラ智識才芸ノミヲ尚トビ、文明開化ノ末ニ馳セ、品行ヲ破リ、風俗ヲ傷フ者少ナカラズ」という現状認識を前提に、「仁義忠孝」を根幹とする儒教主義的な道徳教育促進の必要を強調した。これにたいして伊藤博文は、この年（一八七九年）の九月に「教育議」を上奏し、時弊の由って来るところは、むしろ維新の変革そのものにあるのであって、必ずしも教育の欠陥によるものでないこと、国民道徳の大本を明示することは賢哲の人に期待すべきであって政府の管制すべき性格の問題ではないこと、青年子弟が競って政談に走る傾向を是正するためには、むしろ「工芸技術百科ノ学」を普及促進する方法が望ましいこと、などを主張したのであった。*

＊元田永孚起草の「教学大旨」および伊藤博文「教育議」については、『明治思想集 I』近代日本思想大系30参照。なお「教育大旨」の成立過程については、海後宗臣『教育勅語成立史の研究』海後宗臣発行、二二頁以下に詳しい考察がある。

一〇年前のこの時点にあっては、民権運動の昂揚にともなう民間の政治熱の高まりに手を焼きながらも、さすがに伊藤は、道徳・宗教という国民の内的領域の問題に政府が直接干渉の手をのばすことについては、慎重にならざるをえなかったのである。しかしその後、とくに一八八一

（明治一四）年、国会開設について時期を明示する詔勅が発せられて以降は、儒教主義的道徳教育強化の方向は争いがたいものとなりつつあった。一八九〇年二月の徳育涵養にかんする府県知事たちの建議は、このような動向の一つの煮詰まった形とみることができる。そしてそれと同時にその背景には、いよいよ議会の開幕という新しい事態を数カ月後には迎えなければならないとする切迫感と、民権勢力の進出に対する危機感とがあったことは間違いない。この切迫感と危機感は、ひとり地方官のみならず広く藩閥政府のリーダーたちによっても共有されていた。この建議の後、徳育の問題が天皇臨席の閣議でも取り上げられ、その結果、徳教の基礎となるべき勅諭を起草することとなったのもそのためである。

ところで、この教育勅語の起草過程においても、内容が徳教の問題にわたるだけに、たとえば起草に参画した井上毅の場合に見られたように、それが国民の「良心之自由」や「宗旨上之争端」や「哲学上の理論」に干渉する結果になりはしないかという点が懸念された（『教育勅語渙発関係資料集』国民精神文化研究所、第二巻、四三二頁）。しかし、もはや教育勅語という発想そのものにあえて異を唱える者は政府内部になかった。そればかりでなく、その内容も伝統的な道徳の徳目にとどまらず、たとえば文部上奏案や閣議提出の文部案には「常ニ国憲ヲ重シ国法ニ遵ヒ」という、明らかに民権勢力の予想される動きを念頭においた字句がとくに挿入された点にも示されているように、議会開設という新しい事態を前提とした臣民像の形成に、照準がいっそうはっきりとすえられることにさえなった。

すなわちそのころ、民権派の内部には議会の開幕を前にして国会による憲法の「点閲」を主張する声が出ていた。「衆議院議員の一大義務」と題する中江兆民の論説（『活眼』明治二三年一月二九日）はその代表的な例であろう。この論説で兆民は、「衆議院議員の一大義務とは何ぞや憲法に就て意見を陳述すること是れなり」とし、さらに「憲法なる者は必ず君上と人民若くは人民の代表者と相共に図謀参画して後之を定む可きものなり故に若し国会にして憲法を点閲し意見有るに於ては意見を上奏するの権無きときは是れ国会にして基礎なきなり」（『中江兆民全集』第一二巻、七五-六頁）と述べて、国会による憲法の審査とその確認についての手続が必要なことを説いている。同様の主張は政党運動の面にも表面化していた。この年の二月、自由党の再興に際して用意された「党議」草案には、「責任内閣ノ実ヲ挙ル事」「議会ニ弾劾権ヲ与フル事」などとならんで「国会ニ上請シテ憲法ヲ点閲スル事」という一条が明記されていた（指原安三『明治政史』『明治文化全集 正史篇』下巻、一五三頁）。この条項は、結局、当局の認可を得ることができず、正式の党議からは削除されたが、こうした民権派の言動に政府が少なからぬ不安を覚え、警戒の念を強めたであろうことは想像に難くない。時の文部大臣芳川顕正が、勅語案に「常ニ国憲ヲ重シ国法ニ遵ヒ」の字句を入れることにとくに熱意を示したのも、このような事情によるといわれている。

教育勅語の制定をめぐるこうした背景が物語るように、教育勅語には明治憲法体制をいわば内側から支える役割を期待されていた。したがって勅語による「徳教」や「徳育」の確立は、伝統的な道徳がねらいとしたような、人間関係にかんする私的な道徳の涵養もさることながら、むしろそれ以上に立憲制の出発に際して、国民に新しい政治的人間のあり方を示すための公的な道徳の喚起に、その主たるねらいがあったと言うことができよう。したがって、井上毅が首相の山県有朋に宛てた書簡（明治二三年六月二〇日付）で「此勅語には政事上之臭味を避けざるべからず」（前掲『教育勅語渙発関係資料集』四三二頁）とし、またこの勅語の性格・形式については「政事上之勅令勅語」と区別するための配慮（周知のように勅語には国務大臣の副署を付けず、また勅語は、天皇が宮中に総理大臣および文部大臣を招き、文部大臣に渡す方式がとられた）がめぐらされたにもかかわらず、教育勅語のもつ政治的ねらい、ないし性格は、争いえないところであった。その点は、井上哲次郎『勅語衍義』（敬業社、明治二四年刊）にも見ることができる。

『勅語衍義』は井上個人の著作の形をとってはいるが、じつは当時の文相芳川が閣議を経たうえで井上に起草を委嘱し、井上は中村正直・加藤弘之・井上毅らの意見をも徴しつつ執筆し、草稿完成の段階で天皇の内覧にも供したという経緯をもつものである。この経緯が示すように、それは教育勅語についての半ば公的な解説書ともいうべき書物であった。そしてこの書物で井上が強調している点は、この勅語の主意とするところが「孝悌忠信ノ徳行」と「共同愛国ノ義心」にあるとする点にあった。この二つの徳目のうち、前者すなわち「孝悌忠信」は、井上自身も認めているように、伝統的道徳説としてこれまでもしばしば説かれてきたところであり、ことさら目新しいものではない。むしろ注目されるのは、やはり後者すなわち「共同愛国」を井上がとくに加えた点にあろう。彼も、「共同愛国ノ要ハ、東洋固ヨリ之レアリト雖モ、古来之レヲ説明スルモノ殆ンド稀ナリ、故ニ余ハ今共同愛国モ孝悌忠信ト同ジク徳義ノ大ナルモノタルコトヲ説明セリ」と、この書物の序文に記している。

では井上が勅語の「主意」を説くにあたって、とくに「共同愛国ノ義心」を加えた理由はどこにあったのだろうか。それは、「孝悌忠信」に象徴されるような伝統的な儒教主義道徳にあっては、身分的秩序を前提とした個別的・人格的な道徳が基底をなしていたため、国家あるいは国家の元首たる天皇に対する献身・忠誠・自己犠牲といったような、国家構成員としてすべての人にひとしく要求される国家主義的な公的道徳を喚起するには不十分であり、そのためには新しい道徳観念が必要であったためと考えることができよう（なおこの点については、石田雄『明治政治思想史研究』前篇、とくに三九-四二頁参照）。一八八四（明治一七）年のことだが、山梨・長野・岐阜の諸県の学事視察を行なった江木千之の談話として伝えられるところによれば、当時の小学生徒にあっては、なお臣民の自覚がきわめて不十分であったという。すなわち江木によると、「生徒は君臣の義といふことを十分に知らなかつた、私は或る学校で、生徒に君臣とは誰のことかと質問すると、生徒は『君とは天皇陛下であります、臣とは太政大臣首め政府の役人であります』といふだけである。小学に六七年学んでも、生徒は君臣のことを、これ以上知らない、生徒自らも臣であるといふことを知らないのである」（渡辺幾治郎『教育勅語渙発の由来』学而書院、一一九‐一二〇頁）と述べている。井上哲次郎が「共同愛国ノ義心」を教育勅語の主要な柱と説いたのは、まさに伝統的な儒教道徳からは十分期待できないこのような臣民としての自覚を広く国民に訴える点に勅語の意義を見出そうとしたからにほかならない。この『勅語衍義』が「如何ナル人モ我君ニ事へ、我邦ヲ愛スルヲ以テ第一ノ義務トセザルベカラズ」として、君主や国家に対する義務を強調し、さらに「己レノ近親交朋ト雖モ、国家ノ禍害ヲ来タサントスルトキハ、唯々諾々之レニ従フコトナク、誠心ヲ尽クシテ之レヲ諫メ之レヲ諍ヒ、務メテ其非心ヲ格ダシ、以テ国家ノ安全ヲ希図セザルベカラズ」（井上哲次郎『勅語衍義』『教育勅語渙発関係資料集』第三巻、二六二頁）と、近親や朋友をも超えた国家なる存在の至高性を訴えているのは、そのよい例といえよう。

そのほか、「蓋シ人ハ社会的ノ動物ニシテ、オノヅカラ同類相求ムルノ傾向ヲ有シ、離群索居ハ基本性ニアラズ」（同上書、二五四頁）と、人間の「社会的」性格を強調したり、また「一身ヲ修ムル」ことに重点をおく伝統的道徳観念を「消極ノ徳義」とし、これに対して「国ノ安危休戚ニ関スルコトアラバ、欣然一命ヲモ擲チテ、公衆ノ為メニ図ル」という「積極ノ徳義」を強調しているのも、ともに「社会」「国家」「公衆」といった、外に向かって拡大した新しい集団的道徳観念を志向するものと言うことができる。井上のいわゆる「共同愛国ノ義心」とは、国家の至高性を前提とするこのような新しい集団的道徳観念を意味した。そして彼はこの道徳観念を「孝悌忠信ノ徳行」とともに「民心ヲ結合スルニ於テ最モ適切」なものと考え、教育勅語の基本的精神を形づくるものとしたのである。

これまでの叙述から明らかなように、教育勅語は、議会政治の開幕を前にして予想された政治的対立と政府批判の激化に備えて、「民心ヲ結合スル」という政治的意味をその奥に含んだものであった。そして、そうした課題を充たすものとして、まず第一に国家への忠誠・服従・献身（「共同愛国ノ義心」）を「臣民ノ美徳」としてすべての国民に要求し、そのうえで日常的な私的道徳（「孝悌忠信ノ徳行」）を説くという構造をなしていた。しかもこれが広く全国の教育の場に伝達されるにあたっては、天皇の神格化と結びついた「奉読」「拝戴」といった儀式の強要をさらにともなうこととなった。内村鑑三のいわゆる「不敬事件」もこのようななかで起こったものである。この事件は、当時第一高等中学校（後の第一高等学校）の講師を務めていたキリスト教徒の内村が、一八九一年一月、同校で行なわれた勅語の奉戴式にあたって、壇上に置かれた勅語に対して礼拝を拒んだことから非難を浴び、ついに同校を追われるに至った事件である。内村自身が語る事件の真相はつぎのとおりである。

「一月九日に私の教鞭をとる高等中学校では教育勅語の奉戴式が挙行され、校長の式辞と上述の勅語捧読の後、教授と生徒とは一人一人壇上に昇つて、勅語の宸署に敬礼することになりました。その敬礼は我々が日常仏教や神道の儀式に於て祖先の霊宝の前にさゝげている敬礼です。この奇妙な儀式は校長の新案になるもので、従つて私はこれに処すべき心構えを全く欠いていました。しかも私は第三番目に壇上に昇つて敬礼せねばならなかつたため、ほとんど考慮をめぐらす暇もなく、内心ためらいながらも、自分のキリスト教的良心のために無難な途をとり、列席の六十人の教授（凡て未信者、私以外の二人のクリスチャンの教授は欠席）及び一千人以上の生徒の注視をあびつゝ、自分の立場に立つて敬礼しませんでした！　おそろしい瞬間でした。その瞬間、私は自分の行動が何をもたらしたか知りました。元来この学校に於ける反キリスト教的感情は昔も今もすこぶるはげしく、我々の側の柔和や懇切位の事では到底緩和すべくも無いほど面倒なものですが、それが、今こそ、国家と元首に対する非礼のそしりをば、私に、また私を通じて一般のクリスチャンに、かぶせ得る絶好の動機（と彼らは考えます）を見付けたのです。まず数人の乱暴な生徒が、ついで教授たちが、私に向つて石をふり上げました、国家の元首が非礼を加えられた、学校の神聖がけがされた、内村鑑三のような悪漢国賊をこの学校におく位ならば、むしろ学校全部を破壊するにしかず、というのです。事件は校外に波及し、新聞紙はこれを取り上げました」（内村鑑三のベル宛書簡、明治二四年三月六日、山本泰次郎訳編『内村鑑三の生涯』角川文庫、四六‐七頁、傍点ママ）。

この事件は、キリスト教の非国家的性格を裏づけるものとして、反動的な国家主義者によるキリスト教攻撃の絶好の手がかりを与える結果となった。そしてその急先鋒をなしたのがほかならぬ井上哲次郎であった。彼は、一八九一年から九三年にかけてキリスト教が教育勅語の精神と矛盾することを精力的に主張してキリスト教徒に戦を挑んだ。彼の『教育ト宗教ノ衝突』（明治二六年）は、そのような立場からするキリスト教批判を代表するものということができる。

もちろんキリスト教徒の側も、こうした批判に対して烈しい反論を展開した。内村自身も「文学博士井上哲次郎君に呈する公開状」（『教育時論』明治二六年三月）を発表して反批判を試みている。勅語に向かって最敬礼をためらったことがなぜ不敬なのか。内村はこの一文でつぎのように反駁している。「然れども茲に儀式に勝る敬礼の存するあり、即ち勅語の実行是なり、勅語に向ひて低頭せざると勅語を実行せざると不敬孰れか大なる、我聖明なる天皇陛下は、儀式上の拝戴に勝りて実行上の拝戴を嘉みし給ふは、余が万々信じて疑はざる所なり」（『内村鑑三著作集』第二巻、一七頁）と。こうして内村は、逆に深々と勅語に礼拝する者の現実の言動を見れば、そこにはまさに「非国家的反勅語的なる醜聞怪説」に満ち満ちているではないかと迫るのである。

教育勅語とキリスト教との問題については、内村のほかにも本多庸一、植村正久、横井時雄、大西祝その他の人びとがキリスト教の側から論陣を張った。大西祝は、岡山藩士の家に生れ、同志社英学校で学んだ。一八七八（明治一一）年、新島襄より受洗、同志社卒業後、東京大学文学部に入学し哲学の道に進んだ人である。大西は「私見一束」（『教育時論』明治二六年三月）および

「当今の衝突論」（同上、明治二六年六—七月）でこの教育勅語とキリスト教の問題を取り上げているが、内村の反論が激情と闘志に溢れたものであったのに対して、大西のそれは哲学者らしい冷静な推論に裏打ちされたものであった。大西によれば、教育勅語は「国民の守るべき個個の徳行を列挙したる者」ではあっても、「一定の倫理説を布かんが為に与へられたる者」ではないはずだ。したがって「勅語に従へば、倫理道徳の基本は云々なり、他の道徳論は皆勅語の旨意に反す」というような言を吐く者は、勅語と倫理説とを混同するものであり、かえって勅語の「効用」を狭めるものと言わなければならない。そして大切なのは「事々《ことごと》しき註釈」ではなく、「専ら実例に照して、以て実行を励ましむるにあり」と。大西自身は、国粋主義者らの主張する「国家の統一」についてはその重要性を認めはしたが、勅語に名を藉りて忠孝を道徳の基本と説き、自説に反する倫理説の排撃を行なう一部学者の言動に対しては、きびしくこれと対決する姿勢をとった。

　そして大西は、キリスト教自体について「耶蘇教家の中、国家の統一てふ事には、余り注意せざりし者のあるを知る」とし、現在、キリスト教徒を自称する者のなかに「弊風」のあることを認めながら、これらの気風を攻撃することと、キリスト教の教理を攻撃することとは別個の問題でなければならないと、当時のキリスト教批判に見られる論理の混乱を鋭く衝いている。そしてキリスト教が非国家的だとする非難に対して彼は、「殊更に国家的なる傾向を有せずと云ふことと、全然国家的に反すと云ふことを、区別せざる可らず。無しと云ふと反すと云ふとは、同一義にあらず。無き者は他の者によりて、補ふを得可し、反する者は相合せしむ可らず。耶蘇教理を目して、特に国家的なる傾向なしと云ひ得とするも、（これは仏教に就きても云はるべし、是は幾多の哲学に就きても云はるべし、）国家の統一に反すとは云ふ可らず」（「私見一束」『思潮評論』『大西博士全集』第六巻、六八頁、傍点ママ）と切り返したのである。

大西の反論は、このように筋道を踏んだ論理整然たる議論に終始し、その内容もいわば穏健なものであったが、キリスト者のなかにあって、ある意味ではもっとも過激な立場を貫いたのは、植村正久であった。植村は旗本の子として生まれ、維新後一八七三（明治六）年に受洗、八七年に一番町教会（のちの富士見町教会）を創立してその牧師をつとめた。信仰の面では正統派福音主義の立場をとった。植村は、現状の日本人が「徳育の孤児」に陥っているとして徳育の必要を認める点においては人後に落ちるものではなかったが、「徳育論は学校に限れることにあらず」というのがまた彼の基本的考え方でもあった。植村の論説「十月三十日の勅語、倫理教育」（『日本評論』一七号、明治二三年一一月）によれば、およそ徳育の問題は家庭・宗教・文学、そのほか人との交際など人間生活の諸方面を通して形づくられなければならないものであって、官公立の学校に任せる性格のものではない。学校に任せた場合、徳育は「いたずらに機械的に流れ、反って教育を妨害する」心配さえなしとしない。ことに徳育の成功は教える側の人にある以上、「未だその人を獲ずして、妄りに徳育を事《つかさど》らしむるは、文部省より電話機を全国の諸学校に通じ、これに介して朝に夕に五倫五常の教えを伝うるの優れるにしかざるべし」（『植村正久著作集』第一巻、二八五頁）としている。何とも痛烈な皮肉である。

　したがって植村は、教育勅語について、倫理を明らかにする必要を全国民に感じさせる効果は大であろうが、「直接に道徳を輔益することなし」（同上）と冷やかな評価を下した。それゆえ、当時、全国の小中学校で実施された天皇の「御真影」への敬礼や勅語の礼拝という儀礼に対しては「ほとんど児戯に類すること」とこれを一蹴し、「吾人はあえて宗教の点よりこれを非難せず、皇上に忠良なる日本国民として、文明的の教育を賛成する一人として、人類の尊貴を維持せんと欲する一丈夫として、かかる弊害を駁撃せざるを得ず」（「不敬罪とキリスト教」『福音週報』五〇号、明治二四年二月、同上書、二九〇頁）と烈しい口調で非難している。植村が、「不敬事件」の渦中に立った内村鑑三に深い同情を示したことはいうまでもないが、いわゆる「教育と宗教の衝突」問題についても、彼は一切の妥協を排してその立場を敢然として貫き通した。

　植村によれば、キリスト教徒は決して「不忠なる人民」ではない。日本に教会が設立されてから二〇有余年、つねに「愛国誠実の良民」であった。しかし、と彼は言う。「キリスト教徒の信仰はその忠君の精神に特殊なる色彩を与えたり（立憲政治、および一九世紀の文明のごとき感化力と同一の方向において）。陋俗なる忠君論の喧しき今日において、これを明言するは、甚だ必要なることなりと信ずるなり」（「今日の宗教論および徳育論」『日本評論』四九号、明治二六年三月、同上書、三〇八頁）と。それでは植村が、キリスト教徒の忠君の精神がもっている「特殊なる色彩」とするものは何か。それは、「上帝の道」や「上帝に対するの義務」に裏打ちされた忠君であり愛国であるということにほかならないのだが、そうした「特殊なる色彩」は、彼によれば、本質的には近代立憲主義や一九世紀における文明の精神とも相通ずるものである、というのが彼の確信であった。すなわちそれは、つぎのような国家についての理解と結びついていたということができよう。「蓋《けだ》し国家はそれ自らをもつて、最終なる目的とするものにあらず。人性の完成、世界の開達を図り、人をして神聖なる地位に進ましむるがごときは、国家成立の最大希望なり」（同上）。つまり植村がここで明らかにしようとした「愛国の真意」とは、国家そのものを自己目的化する精神を排し、人類の霊的理念に奉仕する点に「国家の天職」を見出す、そうした国家についての認識に支えられた愛国のあり方にほかならなかった。

井上哲次郎ら国体論者たちによって烈しい非難と中傷にさらされたキリスト教徒たちも、このように忠君や愛国そのものを頭から否定するものではなかった。彼らが争ったのは、むしろそのあり方であり、あるべき意味であった。しかし、明治二〇年代における国家の制度的整備は、同時に明治国家の正統性的基盤を強固にする国体イデオロギーの擡頭を促すこととなり、キリスト教も内村の「不敬事件」以降は、困難な「試煉」の時代を迎えなければならなかった。またキリスト教以外でも、たとえば歴史学者久米邦武の筆禍事件が起るのもこの時のことである。

久米邦武は、肥前佐賀藩士の家に生まれ、維新後、新政府に仕えた。明治四年、岩倉使節団に加わって米欧を視察、『米欧回覧実記』（明治一一年刊）の著書でも知られる。明治二一年、帝国大学文科大学教授となり、国史科の設置とともにその講座を担当したが、久米の筆禍事件は、彼が論文「神道は祭天の古俗」（『史学会雑誌』明治二四年一〇―一二月、翌年『史海』に転載）を発表し、そのなかで、神道は、本来、人智未開の時期にあって「只天を祭り攘災招福の祓を為す」ことに起源をもつ古俗にすぎないと説いたことが問題となった事件である。すなわち久米は、この論文で神道を批判し、「世には一生神代巻のみを講じて、言甲斐なくも、国体の神道に創りたればとて、いつ迄も其襁褓の裏にありて、祭政一致の国に棲息せんと希望する者あり。此活動世界に、千余百年間長進せざる者は、新陳代謝の機能に催されて、秋の木葉と共に揺落《ゆりおと》さるべし」と述べたことから神道家たちの攻撃の的となり、ついに帝国大学教授の地位を去ることを余儀なくされたのであった。

国体論のイデオローグ井上と烈しく論争をまじえたキリスト教徒たちが愛国者としての強い自負をいささかも失おうとしなかったように、久米の場合も「我邦の万代一系の君を奉ずるは、此地球上に又得られぬ歴史なり」（同上）と、国体についての強い自負においては決して他にひけをとらないものをもっていた。このように明治二〇年代は、制度的にも整備されつつあった明治国家の正統化が急速に推し進められた時期にあたっていたが、明治国家のあり方や日本のアイデンティティの問題をめぐっては、なお固定化を許さぬ多様な接近がそれぞれの角度から試みられたのであった。そこでつぎに眼を在野の思想界・言論界に転じて、そこにおける明治国家への取り組み方を概観することとしよう。

7　平民主義・国粋主義・国民主義

明治二〇年代における新しい思想動向の担い手となったのは、徳富蘇峰を中心とする民友社と、三宅雪嶺・志賀重昂・陸羯南らに代表される政教社という、二つの新しいグループであった。そして蘇峰は雑誌『国民之友』（明治二〇年二月創刊）を発行して「平民主義」を唱え、他方、雪嶺・重昂らは雑誌『日本人』（明治二一年四月創刊）に拠って「国粋保存主義」と称し、羯南は新聞『日本』（明治二二年二月創刊）を刊行して「国民主義」を主張した。ことに蘇峰は、明治一九年、著書『将来之日本』を刊行して論壇にデヴューし、すでにその文名を高めつつあった。そして平民主義といわれた蘇峰の当時の思想的立場も、この書物のなかでもっとも明快かつ体系的に語られたのである。

『将来之日本』によれば、それはほぼつぎのような考え方を内容とするものであった。すなわち社会生活を維持するための手段は、大別して「武備ノ機関」と「生産ノ機関」の二つに分けることができる。そして戦争の相つぐ時代にあっては、当然「武備機関」が「生産機関」に優位し発達するし、平和の時代においては、逆に「生産機関」が優位を占め発達することとなる。それだけではない。社会組織においてこの二つの機関のなかのどちらが優位を占めるかによって、その国の政治や文化の基本的性格もまた規定されるとするのである。たとえば「武備機関」中心の社会では、軍隊組織が社会組織の範型を形づくることとなる。その結果、社会での人間関係は「強迫ノ結合」と上下の身分関係が支配し、政権は少数の手に専有され、人民は国家のために存在するものとされ、対外的には侵略と暴虐が横行し、力こそ正義なりとされる。これに対して「生産機関」中心の社会では、経済世界の法則が支配する。その結果、社会での人間関係は「自由ノ結合」を前提とした対等な関係が支配する。そして政権は多数人民の手に握られて、人民のためにこそ国家は存在すべきものとされ、対外的には平和主義が支配して、正義こそ力なりとする主義が貫かれると言うのである。

　要するに蘇峰によれば、武備社会においては、専制主義・貴族主義・侵略主義が支配する不平等な社会が現出し、生産社会の下では、自由と平和と正義が尊重される平等な社会が生まれると考えた。「武備機関ノ発達シタル社会ハ唯不平等主義ノ支配スル所ナリ。生産機関ノ発達シタル社会ハ唯平等主義ノ支配スル所ナリ。故ニ武備社会ノ現象ハ悉ク貴族的ノ現象ナリ。生産社会ノ現象ハ悉ク平民的ノ現象ナリ。ソレ一国ノ生活ヲ保ツハ唯此ノ二機関ニアリ。而シテ二機関ノ相両立スル能ハサルコト此ノ如ク其一国ノ政治。経済。知識。文学。社交。即チ一国ノ性質品格ニ各一種特別ノ感化ヲ及ホスコト此ノ如シ」（『将来之日本』『徳富蘇峰集』明治文学全集34、五六頁）と蘇峰は述べている。そして蘇峰のいわゆる平民主義とは、いうまでもなく右に述べたような「生産社会」を支える諸原理から成るものであり、強制に対しては自由を、不平等に対しては平等を、人為に対しては自然を、侵略に対しては平和を、それぞれ尊重し追求する立場と理解することができよう。

しかも蘇峰によれば、歴史の方向は「武備社会」から「生産社会」へと確実に進行している、というのが彼の確信であった。すなわち一九世紀の時代は、一見、戦争が相つぎ、腕力主義が横行し、「開化人カ暴虐ヲ以テ野蛮人ヲ呑滅スルノ世界」と人びとの眼には映ずるかもしれない。しかし、一歩踏み込んで時代の背後にある動向を観察するならば、「彼ノ表面ニ武備ノ盛大ナルノ事実ハ直ニ其裏面ニ於テ生産機関ノ澎脹シタル事実ヲ証明スルモノニアラスシテ何ソヤ」（同上）という。こうして一九世紀は、いずれにせよ腕力主義・武備主義の支配から平和主義・自由貿易主義の制する時代へと転ずるであろうし、それは社会進化の方向でもあるとするのである。このように「武備社会」の凋落と「生産社会」の勝利こそが歴史の必然であるとする考え方に支えられて、彼は平民主義が新しい時代を先取りする理念であり、将来の日本の方向を指示する原理だと主張したのであった。

　前述のように、蘇峰はこの『将来之日本』の刊行を機として、一挙に論壇の寵児的存在に躍り出た。二葉亭四迷もその翌年の八月、蘇峰に宛てて「先生を頼みて師とし兄とし学術文芸殊に我日本国勢観察の指南車と致度」（二葉亭四迷、明治二〇年八月二三日付書簡『二葉亭四迷全集』新書版第一四巻、五頁）と記した手紙を持参して蘇峰を訪問している。ところで蘇峰が『将来之日本』で用いた「武備社会」「生産社会」の概念や、「武備社会」から「生産社会」へという社会進化の観念は、スペンサーの『社会学原理』(Principles of Sociology, 1882, New York) から学ぶところ多かったとされているし、その自由主義的な考え方については、コブデン (Richard Cobden, 1804-1865) やブライト (John Bright, 1811-1889) らのいわゆるマンチェスター学派の自由主義に影響されるところが大きかった。

　このように平民主義は、西欧近代の諸思想の導入をとおして形づくられたものであった。その意味で西欧近代は蘇峰にとってしばしば明治日本のめざすべき未来像の代名詞となった。たとえば蘇峰が一八八五（明治一八）年に刊行した『第十九世紀日本ノ青年及其教育』の増訂版『新日本之青年』（明治二〇年刊）でも、「明治ノ青年ヨ。若シ生活ヲ做サント欲セハ願クハ泰西自活ノ人トナレ」（前掲『徳富蘇峰集』一二〇頁）とか、「欧洲ニ於テハ進歩ノ現象ヲ発露シ。亜洲ニ於テハ秩序ノ現象ヲ顕呈シタル事実」（同上、一三八頁）というように、西欧は自主と進歩の源流として語られている。また雑誌『国民之友』の創刊号を飾った彼の論説「嗟呼国民之友生れたり」（明治二〇年二月）でも、明治二〇年を劃期とする新しい時代への転換を訴えるにあたって、「所謂る破壊的の時代漸く去りて、建設的の時代将に来らんとし、東洋的の現象漸く去りて泰西的の現象将に来らんとし、旧日本の故老は去日の車に乗して漸く舞台を退き、新日本の青年は来日の馬に駕して漸く舞台に進まんとす」（『蘇峰文選』民友社、二〇頁）と述べているように、「泰西的」という名辞は、「建設的の時代」や「青年」の日本という名辞と並んで、新しい日本のめざすべき指標とされている。

　蘇峰の平民主義は、東洋と西洋の二分法を前提としたうえで、前者によって旧時代を、後者によって新時代を代表させる点では、文明開化いらいの欧化主義に連なる側面をもっていたと言うことができる。ただ同じ欧化主義に属しながら平民主義は明治一〇年代までの欧化主義をきびしく批判する立場をとることによって思想界に新風を送り込むことができた。それは二つの点においてである。すなわち一つは、これまでの欧化主義が西洋文明の導入を主張しながらその理解はわずかに「表面有形物質的ノ一斑」にとどまり、物質的文明の根底にある無形の精神的文明に目を注ごうとしないことを鋭く批判した点にあった。彼の言葉によれば、「苟モ泰西ノ文明ヲ我邦ニ扶植セント欲スルモノハ。必ラス先ツ其ノ真面目ヲ看破セサル可ラス。其ノ真面目ヲ看破スルモノハ。必ラス先ツ其ノ精神的ノ文明ニ眼孔ヲ注カサル可ラス」（『新日本之青年』前掲『徳富蘇峰集』一二二頁）というわけである。ここで蘇峰により西洋の「精神的ノ文明」とされているものが、自由・平等・平和を根本とする「平民社会ノ道徳」であり、自主・自愛・自営を尊重する「泰西自活ノ人」の生活態度を意味したことはいうまでもない。この点で平民主義は従来の物質的な欧化主義に対して精神的・道徳的なそれを主張し、そのよりいっそうの徹底と内面的な深化とをめざした点で新しい時代を担う思想となることができた。

平民主義の清新さを支えたもう一つの点は、これまでの欧化主義が国民の中でもごく限られた一部の特権層のためのものであって、平民社会の生活の必要にもとづくものでなかったことをきびしく衝いた点にあった。蘇峰は説いている。

「泰西の社会は平民的にして、其の文明も亦平民的の需用より生し来れるものなることは、固より吾人の解説を要せすと雖も、此の文明を我邦に輸入するや、不幸にして貴族的の管中より為したるか故に、端なく貴族的の臭味を帯ひ、泰西文明の恩沢は、僅に一種の階級に止り、他の大多数の人に於ては、何の痛痒もなく、何の関係もなく、殆と無頓着の有様なりと云はさる可らす」（「嗟呼国民之友生れたり」『蘇峰文選』一一頁）。

従来の欧化主義は、その貴族的性格のゆえに、西洋文明の恩恵は一部の上流社会や特権的な官僚の世界のみを潤し、その結果彼らの生活は合理化され改善され快適なものとなったけれども、中流階級以下にあっては依然として劣悪で不便で陰惨な生活を余儀なくされている。ここに上層社会と下層社会、官と民、都市と農村との間の文明化の著しい不均衡が生まれる。すなわち蘇峰によれば、西洋文明は本来「平民的の需用」より生まれたものであったにもかかわらず、日本では西洋文明の倒錯した受容現象が現出していると指摘するのである。たとえば、「巍然たる煉瓦石造の高楼に居るものは、却て上流社会の人達にして、中等以下の人達は、不便利不都合なる日本風の家に住するにあらすや。中外貴人の遊宴する鹿鳴館の会堂は、倫敦の『クラブ』かと疑へとも、我か人民の売買する日本橋通りの見世は、尚ほ徳川将軍時代の建築にあらすや。富士見軒、精養軒の西洋料理には、上流の顧客を以て充満すれとも、我か労役社会の人人は、尚ほ縄暖簾の飲食店に入りて、依然濁酒と鮪の刺身を以て、無上の好下物となすにあらすや」等々。こうして彼は「それ最も先つ改革の必要を感するものは、却て改革の後殿となり、最も後に改革の必要を感するものは、却て改革の先鋒となるは何そ」（「外交の憂は外に在らすして内に在り」『国民之友』明治二〇年三月、同上、二八頁）と、これまでの欧化のあり方に深い疑問を投げかけずにはいられなかったのである。

　このように平民主義は、従来の欧化主義の表面的・物質的な性格に対して精神的・道徳的な次元を重視し、これまでの貴族的傾向に対して平民的傾向を強調するという点で、欧化主義のあり方に新生面を開いた。それは、従来のいわば上からの欧化主義に対して、新たに下からの欧化主義を主張したと言いかえることもできよう。しかしそこでは、依然として西欧を範型とし西欧を志向する姿勢が貫かれており、その意味でそれはやはり欧化の側に立つものであったことはいうまでもない。

これに対して、雑誌『日本人』に結集した三宅雪嶺や志賀重昂らの国粋保存主義と、新聞『日本』を言論の場とした陸羯南の国民主義は、その名の示すように、欧化に対して国粋を、そして西欧の近代に対しては日本の伝統を重視し強調する立場をとった。

このように彼らが、政教社の結成あるいは国粋保存主義ないし国民主義の主張に踏み切った背景には、当時、条約改正のための手段として政府が推進した積極的な欧化政策に対する危惧——とくに日本固有の文化と国民的アイデンティティが失われかねないという危機感があった。すなわち当時の政府は、井上馨外務卿（明治一二年九月就任、一八年一二月内閣制度発足以降は外務大臣）を中心に、欧米諸国との間の不平等条約の改正、その根幹ともいうべき治外法権と協定関税制の撤廃に向けて精力的に取り組んでいた。各国との交渉は順調に進み、一八八六（明治一九）年五月にはいよいよ予備折衝も終わって各国公使との本会議をもつところまで行き着いた。政府による積極的な欧化政策の推進は、こうした条約改正交渉を背後から支えるために、それと歩調を合わせる形で行なわれたのである。一八八三年一一月に内外人の社交場として建てられた鹿鳴館は、まさにそうした時代の動向を象徴する建造物となった。とくに一八八五年ころから「風俗改良」の名の下で西洋のさまざまな風俗の受容が試みられ、欧化の風潮が世の中を風靡するようになる。

雑誌『日本人』の創刊と国粋保存主義の主張は、直接的には条約改正のためのこのような政府主導の欧化政策に対する反発と批判を社会的に訴える意味をもつものとして登場したのである。

すなわち国粋保存主義とは、志賀重昂の論説「『日本人』が懐抱する処の旨義を告白す」（『日本人』第二号、明治二一年四月）によるならば、国粋つまり日本独自の風土や歴史や文化をとおして長年の間に形づくられてきたナショナリティこそ、今後、日本民族の進歩と改良とをめざすにあたって、もっとも考慮さるべき「標準」であり「基本」でなければならないとする主義を指すものであった。つまりそこでは、日本の進歩と改良のモデルをもっぱら西欧近代に求めたこれまでの欧化主義の視点に対して自覚的な転換の必要が指摘され、また意図されていた。重昂が、現在の日本のめざすべきものは「西洋の開化」ではなく、あくまでも「日本の開化」でなければならないと説くのもそのためであった。彼によれば、西洋においてもギリシアにはギリシアの「国粋」（ナショナリティ）に即した「希臘の開化」が、ローマには「羅馬の開化」が、そして英国には「英国の開化」があったのであり、そもそも開化のあり方というものは、それぞれの国の「国粋」の多様性に即して多様であり多元的でなければならないし、現にそうであったとするのである。これを当世風に表現するならば、それは「追いつき追い越せ」型ないし単線型の近代化モデルに対して、複線型の近代化モデルを主張したといってもよいかもしれない。

国粋保存主義のこのような発想方法は、「開化」の多様性に対応するところの、各民族の「国粋」の多様性を前提とするものであったから、それはまぎれもなくナショナリズムの主張と結びつくこととなったけれども、しかし独善的なそれへ堕する危険からは免かれていた。志賀重昂が、「人々個々の間に各自が最特の長処あるを以て、所謂分業なる者起るとなれば、邦国個々も亦長処を以て分業せざる可からざるや知るべし」（志賀重昂「日本前途の国是は『国粋保存旨義』に撰定せざるべからず」『日本人』第三号、明治二一年五月三日、『志賀重昂全集』一巻、一一-一二頁）と、人びとの個性の尊重と同様に各国の個性の尊重を説き、国家間の調和と協力（「分業」）を志向しているのもその好例であろう。そしてまた彼が自己の立場を「彼の所謂国学者流の口吻に倣ひ、漫りに神国、神州、天孫等の文字を陳列するものにあらず」（志賀重昂「『日本人』が懐抱する処の旨義を告白す」同上全集、四頁）と、神がかり的な自国至上主義や排外主義と明確に一線を劃したのも十分肯けるところである。

同様のことは三宅雪嶺についても指摘できる。『真善美日本人』（明治二四年刊）は彼の初期の代表作であるが、そこで彼は、「日本人が自ら日本人の何たるを言ふ能はざるは、今代の知識に欠けずといふべからず」（『三宅雪嶺集』明治文学全集33、二〇一頁）と述べている。つまり、これまでひたすら西欧文明を志向した欧化の風潮に対して、彼は、日本人にとって必要なことは、まず日本人自身が何であるかを知ることであるとして、日本人の民族的自覚とアイデンティティの発見を訴えているわけである。しかし雪嶺の場合も、彼のいわゆる「国粋顕彰」や「国粋助長」は排他的・独善的であることを許さない。なぜなら彼によれば、人は往々にして国家の存在理由について無自覚でいるけれども、「人類の国家を造る、故なくして然るにあらず」とし、真善美という普遍的・人類的な価値の追求こそ各々の国家および国家を形成している各民族の任務であり、国家の存在する理由もまたそこにあるとしたからである。つまり各民族はそれぞれの個性と能力とを傾けてこの目標を達成する役割を分担しなければならない。日本人がまず日本人自身を知り、そのナショナリティ（「国粋」）に目覚めることも、そのためにこそ要求される。「自国の為に力を尽すは、世界の為に力を尽すなり、民種の特色を発揚するは人類の化育を裨補するなり、護国と博愛と奚ぞ撞着すること有らん」（同上、二〇〇–二〇一頁）。雪嶺は『真善美日本人』の巻頭でこう記しているが、この言葉は、右のような彼の国家観が前提にあってはじめて言いうる言葉であろう。そこには国家と世界、民族と人類との間の有機的な共存と調和が揺ぎない確信として語られている。

　このように『日本人』の説く国粋保存主義は、じつは「国粋保存」という言葉から想像されるような守旧的・退嬰的な傾向からはほど遠いものであった。そのことは志賀重昂がつねに日本の「進歩」「改良」「開化」を強調したことからもうかがえるところであろう。したがって『日本人』の同人たちは、自分たちの立場が保守主義と同一視され守旧派と見なされることに困惑を示し、世の誤解をとくことに力を注いだ。たとえば三宅雪嶺はつぎのように述べている。

「旧来の制度に拘泥し、旧来の風俗習慣を維持せんとするは其本意にあらず、仮令日本固有の風俗にても、日本特造の習慣にても、其他制度にても、国産にても、今日国家の処生上に適応せざるものあらば、宜しく之を打破すべし、文明境裡に泰西諸邦と馳駆するの上に於て、不利なるものあらば、宜しく之を擲棄すべし、何ぞ旧物に恋恋して国家千万年の大計を誤まるものならんや」(「余輩国粋主義を唱道する豈偶然ならんや」『日本人』第二五号、明治二二年五月一八日『三宅雪嶺集』近代日本思想大系5、二五三頁)。

このように雪嶺ら『日本人』の同人たちは「国粋保存」を唱えたけれども、日本固有の制度や風俗習慣をただそのことゆえに尊重したり維持したりしようとはしなかった。このことは、彼らの主張する国粋保存主義が、じつは西欧の事物を西欧のものなるがゆえに尊重し導入しようとした従来の欧化主義を批判し、これに対抗して登場した事情からみて当然のことであろう。むしろ彼らは、欧化であれ国粋であれ、選択の対象となる事物そのものを尊重し自己目的化する態度を排し、彼らが追求する目的にとってそれがもつ適・不適、利・不利を十分考量したうえで、取捨選択を決すべきだとする合理的態度こそ今日必要だとしたのである。

西洋文明の摂取にあたって、このような日本の側の主体的な態度をとくに強く主張したのは、新聞『日本』に拠って言論界に重きをなした陸羯南であった。羯南は自己の立場をみずから国民主義と称したけれども、その立場は雑誌『日本人』の国粋保存主義と基本的には同一と考えてよかろう。その点については、羯南自身がその著『近時政論考』の中で、『日本人』と『日本』の立場を一括して「国民論派」と総称していることからもうかがい知ることができるし、また国粋保存主義との関係について、「吾輩は国粋旨義に対して固より同感なれども、最初よりの慣用に従ひて、其の同一の旨義を国民旨義と称し来れり」(陸羯南「日本人の解停を祝して国粋主義の起原を回想す」『日本』明治二二年五月八日『陸羯南全集』第二巻、七八-九頁)と述べていることからもわかる。

ところで羯南によれば、彼のいう国民主義とは、国民の対外的な独立と対内的な統一とを内容とするところの「国民的政治」を目標とする立場と説明され、また他のところでは「国民的特性即ち歴史上より縁起する所のその能力及び勢力の保存及び発達を大旨とす」(陸羯南『近時政論考』岩波文庫、八二頁)とか、あるいはまた新聞『日本』の立場を天下に明らかにするにあたっては、「国民精神の回復発揚を自任」するもの等々の言い方が行なわれている。国民主義という立場を説明するためのこれらの表現そのものは、とりわけ珍しいものではない。しかしこのような国民主義が、どのような意味ないし文脈の下で語られているかを子細に検討すると、そこには注目すべきいくつかの特質が浮かび上がってくるように思われる。

一つは「国民」という観念についてである。羯南の場合、「国民」なる観念は必ずしも君主や貴族と対立する観念ではなかった。むしろ君主や貴族を超え、かつ君主や貴族を部分として有機的に包み込むような全体概念として用いられていた。たとえば「国民」について、「君民の合同を意味する」とし、また「蓋し国民なる観念の上に安置されたる国家は、能く民権を重んじて之を君権と衝突せしめず、能く貴族を容れて平民を凌がしめず、他なし、国民の観念中には貴族なく平民なく民権なく君権なければなり。之なきに非ず、国民なる一大観念は能く之を塩梅調和統一するに足ればなり」（陸羯南「国民的の観念」『日本』明治二二年二月一二日『陸羯南全集』第二巻、七頁）と述べているのはそれであろう。だから彼の国民主義は、自由主義も平等主義も、専制も共和も、貴族主義も平民主義も、そのいずれをも否定するものではなく、逆にそのいずれをも包含するものであった。

　このことは国民主義が無原則的であるとか、あるいは機会主義的であるということを意味するものでは決してない。むしろ国民の統一と独立という課題に必要な場合には、どのような主義であっても、そのかぎりにおいてこれを採択するという合理的な発想をそれは物語るものでさえあった。たとえば、「専制の要素は国家の綜収及び活動に必要なり。故に国民論派は天皇の大権を固くせんことを期す。共和の要素は権力の濫用を防ぐに必要なり。故に国民論派は内閣の責任を明らかにせんことを期す。貴族主義は国家の秩序を保つに必要なり。故に国民論派は華族及び貴族院の存立に異議を抱かず。平民主義は権利の享有を遍《あまね》くするに必要なり。故に国民論派は衆議院の完全なる機制及び選挙権の拡張を期す」（前掲『近時政論考』八五-六頁）といった具合である。

つまりそれ自体では相矛盾するさまざまな原則が、彼のいわゆる「国民的政治」の視点からプラグマティックに評価され位置づけられることとなる。羯南の表現を借りれば、「要するに国民論派は単に抽象的原則を神聖にしてこれを崇拝する者に非ず。まず国民の任務を確認してこれに要用なる者を採択し、以て国政上の大旨を定むる者なり」（同上書、八五頁）というわけである。同様の観点から彼は、自由主義・平等主義についても、国民一人ひとりの能力を発達させ、多くの人たちの志望を充たすうえに必要であるという意味でやはり尊重しなければならないとする態度をとった。そこには、明治初年の啓蒙思想家たちによって多く共有された「実学」的ないし「実用」的な思考方法が、ナショナリズムの形をとりながら受けつがれていることを知るのである。

同様の思考方法は、欧化主義に対する姿勢のなかにも鮮かに映し出されている。国民主義もまた欧化主義との対抗をとおして形づくられたけれども、国粋保存主義の場合と同様、羯南が何よりも問題としたのは西洋文明そのものではなく、その受容の仕方にあった。彼は『日本』を発刊するにあたり、その主旨をつぎのような言葉で語っている。「吾人は西洋事物を只其西洋物《〔ママ〕》たるを以て採用せず、日本の利益幸福なるが故に之を採用する者なり。西洋に於て善良なる事物も、我国に移して適当ならざるものは棄てゝ之れを顧みざるなり。吾輩が本紙を発刊するの意も亦実に此にあり」（「日本と云ふ表題」『日本』明治二二年二月一一日、前掲全集第二巻、五頁）と。つまり羯南が国民の独立と統一ないし国民精神の回復と発揚を国民主義の名で説いたのは、日本が西洋の事物に接する際の基本的視点を明示する意味をもったといえよう。しかも羯南の国民主義について注目されることは、西洋文明に対するこのような基本的態度をほかならぬ「西洋事物」の一つである立憲制の受容についてもまた貫いた点であった。

「国民論派は立憲政体即ち代議政体を善良の政体なりと認むれども、その善政体たる所以は全く国民的統一をなすの便法たるを以てなり。他の政論派はみな曰く。代議政体は最も進歩せる政体なり。文明諸国において建つる所の文明政体なり。十九世紀の大勢に適応する自由政体なり。故に日本もこの大勢に応じて東洋的政体を変改すべしと」(前掲『近時政論考』八三頁)。

ここで羯南は立憲政体の採用に共感を表しながらも、目的はあくまで「国民的統一」の達成であり、立憲制度の導入はその手段＝「便法」にすぎないという考え方を明らかにしている。そして立憲政体そのものを「進歩」や「文明」の名の下に尊重し自己目的化する他の政論派の立場と自己のそれとをはっきりと区別しようとしたのである。羯南が、「かの立憲政体の設立を以て最終の目的となす所の諸政論派とはもとより同一視すべからず。これ即ち国民論派の特色なり」(同上)と述べているのはそのことを示すものであろう。したがって彼は、憲法の制定に歓喜し、議会の開設に安堵する当時の風潮に対して、つぎのように反問するのである。

「政界に賤丈夫あり、国其物の大目的を知らずして徒らに一時の変更を畢生の目的と為し、憲法の実施に遭ひて彼岸に達したることゝ思ひ、議会の開設に際して国の能事畢れりと思ふ。是れ何等の誤謬ぞや。議会は開設せられたり、我が人民の幸福安寧は何程の進歩を為すや、憲法は実施せられたり、我が帝国は何程の富強を増し何程の品位を高めたるや、吾輩請ふ其の説を聴かん」（「議会論」『日本』明治二三年一二月四日、前掲全集第二巻、七六一－二頁）。

自由民権運動においては、前述のように、「国会を開設しさへせば足るが如く考ふる」傾向が目立ち、しばしば制度はそれ自体として論じられ自己目的化されたが、羯南はこのような従来の制度観をきびしく批判した。そして右の文章にも示されているように、立憲制についても、それがどのように運用され、その結果、人民の幸福、国家の富強という「国家の大目的」のためにどれだけのことをなしえたか、その働きこそが問題とされなければならないという目的合理的態度を貫いたのであった。彼の新聞『日本』が一八八九年二月一一日すなわち憲法発布の日を期して創刊されたことは、立憲政体という制度の設立をもって最終の目的とするものでなく、むしろこれ以後展開するであろう立憲政治の出発点にほかならないと考えた羯南の姿勢を象徴的に示したものといえよう。

8 「天下国家」から「生活」への視座の転換

明治二〇年代の言論界・思想界に新しく迎え入れられた徳富蘇峰の平民主義と、三宅雪嶺・志賀重昂らの国粋主義および陸羯南の国民主義は、これまでの叙述でも明らかなように、一つは欧化の徹底を主張し、他は国粋の尊重を説くという点では、両者の立場はまったく相対立するかのごとくであった。しかしそうした外見的対立にもかかわらず、彼らの間にはじつは新しい時代思想を担うにふさわしい共通の方向性が根底に横たわっていた。それは、一言にしていえば、およそ政治なるものを捉える捉え方についての共通性であり、維新以後、朝野を問わず広く一般に見られた政治優位の社会風潮に対する反動という方向においての共通性であった。

すなわち明治という時代は、半世紀に及ぶその期間を通じて、条約改正と国際的地位の向上、そのための国家経営＝富国強兵が、ほぼ全国民の間にひとしく認められた共通の国家目標を形づくった。そしてそのことからも推測できるように、この時期は、政治的価値や機能が他の社会的価値や機能に比べて特別に重要視される風潮を生んだ。そのような明治のなかにあっても維新後最初の二〇年は、国家形成の途上にあった時期だけに、とりわけそうであった。それは、日本における近代国家の創出が、「外圧」に対する有効な対応という対外的要請を直接の契機としていたことからいわば不可避的に生み出された結果でもあったわけである。そしてさらに条約改正という外交上の必要から、欧米の文物の積極的導入が試みられ、各種の「社会改良」が口にされ、鹿鳴館においては眼を蔽うばかりの媚態外交が展開されるまでに至るのは、このような政治優位の風潮の肥大化が生んだ病理現象とでもいうべきものであった。こうした意味で、いわゆる鹿鳴館時代の出現は、これまでの政治的発想のそもそものあり方について根本的な反省を促す一つの重要なきっかけを人びとに与えた。平民主義も国粋主義も、ともにこのような時代思潮に反撥して登場したという点で、同じ思想的文脈の上に位置していたということができる。

すなわち徳富蘇峰は、本来「平民的の需用」から生まれ出たはずの西洋文明が、日本に導入されるにあたっては、「貴族的の臭味」を帯び、結局、「最も先つ改革の必要を感するものは、却て改革の後殿となり、最も後に改革の必要を感するものは、却て改革の先鋒となる」(前出)という、日本の開化の貴族性・官僚性を指摘し、その不合理を批判したが、またその要因について彼はつぎのような言葉で述べている。「我邦社会の現象、此の如く奇異なるは、それ唯た内外の関係よりして、人為の必要を生したるか為めなり。即ち内部の必要未た来らさるに、先つ外部の必要、既に来りたるを以て也」（「外交の憂は外に在らすして内に在り」『蘇峰文選』二八‐九頁）と。つまり平民社会の生活の必要よりもむしろ、外交という政治の要請が先行した点に彼は従来の欧化の大きな問題点を見たのである。

このような過去への反省は、「欧化」に対抗して「国粋保存」や「国民精神の回復」を主張した国粋主義ないし国民主義の場合には、いっそう明白といえよう。雑誌『日本人』が国粋保存主義を唱えるにあたって、当面の敵としたものが志賀重昂のいわゆる「日本分子打破旨義」および「塗抹旨義」という西洋心酔的欧化主義であったことからも、それは理解できる。とくに「塗抹旨義」について重昂はつぎのように述べている。「彼の白皙人種の一顧を購はんとし、故更に不急なる土木を興し、不生産なる事業を掀起し、虚飾是れ本領とする壮宏華麗なる建築物を新造し、無用の道路を修繕し、踏舞を勉強し、仮装舞会を奨励するてふ策略の如きは、是れ豈に『塗抹旨義』の本色に非ずして何ぞや」（「『日本人』が懐抱する処の旨義を告白す」『志賀重昂全集』第一巻、三一‐四頁）と。国粋主義によってもっとも烈しい批判を加えられたこの「塗抹旨義」が、鹿鳴館的欧化主義を指していたことは、誰の眼にも明らかなところであろう。

このように平民主義も国粋主義も、鹿鳴館的な欧化主義に直接触発されるところ大であり、またそのマイナス・イメージを利用しながら既存の思想の打破を図ろうとした点でも相共通するところがあった。しかしこれら新思想の登場は、その意味するところ、もとより鹿鳴館的欧化主義に対する反動という現象的なレベルに止まるものではなかった。むしろ、前述のように、政府的な欧化政策のみならず在野の反政府運動をも含めた、明治一〇年代の政治的発想方法に対する疑問や反省に根ざす新しい問題提起としての意味をもつものであった。

たとえば蘇峰の平民主義は、これまでの貴族的・官僚的欧化に対して、平民社会の生活に即した欧化を主張したが、一面においてそれは、蘇峰のいわゆる「外部の必要」にもとづくこれまでの開化のあり方を「内部の必要」にもとづくそれへと切り替える政治的視座の転換を意味した。そしてそこでは、政治の追求すべき課題が、国家という政治社会そのものの存立や利益から、政治社会を担う「平民」一人ひとりの日常的な生活利益へと、その重点を移しはじめている事実に注目する必要があろう。このような視座の転換は、蘇峰がかつての政治運動のあり方を批判し、それに代る新しい政治運動のあり方を説く説き方のなかにも鮮かに映し出されている。彼は、これまでの在野の政治運動を代表した民権運動が、平民の日常的生活からいかにかけ離れたものであったかをつぎのように指摘し批判している。

「若し国を愛せんと欲せば、家をも身をも顧る勿れと云はゞ、何人も其国を愛する事は能はざるべし、彼の農工商の人々が常に考ふる所は、我が身の上にあらざれば、我が家の事なり、若し家も身も棄るに非ざれば国を愛する事能はずと云はゞ、彼等は異口同音に然らば我々は国を愛せずとも宜しと答へなん、何となれば背に腹は替へられぬものなればなり、吾人は明治十五六年の運動に於て、往々斯くの如き実例ありたるを知る」（「建白書を出したる後は如何にすべきや」『国民之友』一三号、明治二〇年一二月）。

このように政治運動が日常的な生活利益の放棄と断念を前提としてはじめて可能となるような政治参加のあり方は、運動の主要な担い手が士族によって占められていることの表われと蘇峰は考えた。これに対して平民とは、蘇峰によって生産社会の主役とされたことからもわかるように、具体的・日常的・生活的な利害関心の担い手であり、政治に対しても「政治は即ち我が一身一家の利害に切要なるものにして、之を要するに政治の改良も、一個人の幸福を増進するの外更になし」（同上）との確信に支えられた政治観の持主を意味した。すなわち彼の平民主義とは、一方では欧化主義における貴族性・官僚性に対抗する概念であったと同時に、他方ではかつての政治運動に見られた士族性に対抗する概念でもあったわけである。

蘇峰においては政治の追求すべき課題が、国家という政治社会そのものの存立や利益から、政治社会を担う平民一人ひとりの日常的な生活利益へとその重点を移しはじめた、と先に述べた。たしかに蘇峰は没我的な国家への献身よりはむしろ身近な個人の幸福を強調する立場をとった。しかし蘇峰といえども、不平等条約の下に苦悩する日本の安全や富強という問題に無関心でありえたはずはない。彼にとっても国家の存立や富強は重要な関心事であった。ただ蘇峰においては、国家の存立といい富強といっても、国家そのものはじつは抽象的存在であり、具体的には国家を構成する一人ひとりの国民の権利や幸福の問題を離れてはありえないと考えたまでのことである。彼によれば「一個人民の富むは、一国の富めるなり、一個人民の権理の伸長するは、一国の権理の伸長するなり」（「新日本の青年及ひ新日本の政治」『国民之友』第九号、明治二〇年一〇月七日）ということになる。

　このように平民主義における政治の捉え方には、政治を日常的な生活利益に基礎づけ、政治への参加を身近な民衆の生活感覚から出発させるというように、ひたすら天下国家を志向していた従来の政治の視点を、足もとの具体的な問題の解決から構築しなおすという新しい方向性を感じさせるものがあった。「抽象的の政論」から「実際的の政論」へ、蘇峰は時代思潮の動向をこのように要約したが、このような新しい動向の先端を切るものとして、みずからの平民主義を位置づけたのである。「凡そ権理と謂ひ、自由と謂ひ、主権と謂ふ如き、抽象的の政論は、明治十四五年に於て天下に雷鳴したるに拘らす、今日に於ては、最早斯る取り止めもなき空漠たる議論の為に、其熱気を吹く者は、殆んと之れ無きに非すや。……抽象的の政論天下に雷鳴する間は、士族即ち政治世界の主人公たりしなるへし。然れとも実際的の政論、社会を風靡するの日に於ては、平民即ち政治世界の主人公たらんとするの前兆と云はさる可らす」（「隠密なる政治上の変遷」『国民之友』明治二一年四月六日）という蘇峰の言葉には、新しい時代思潮をリードする彼の意気込みが躍動しているかのごとくである。

維新いらい二〇年間、欧米先進諸国と比肩しうる国家をめざしてひたすら開化の道を進んできた歩みをここに至って振り返り、まずじっくりと足もとの現実を見つめ直すことによって新しい政治の方向を捉え直そうという思考態度は、平民主義と同様、国粋主義や国民主義にも共通して見られたところであった。すでに述べたように羯南の国民主義においては、憲法の制定や議会の開設という法律制度の形式的整備をもって最終的な目的とすることなく、そうした制度がどのように現実に機能し、どれだけ国民の統一と独立や人民の安寧と幸福に寄与しえたかという、具体的な結果の検証こそが必要であり不可欠であると主張した点にその特色があったが、そのような考え方のなかに、政治や政論のあり方を形式的な制度や抽象的な理念の問題としてでなく、具体的・実際的な結果にもとづいて捉え直そうとする姿勢を、われわれは読み取ることができよう。だから彼は述べている。「蓋し政事の世界は空言空名の競争場にあらず、国の生存及発育を目的として其の実行方法を争ふ所の実務場たるを忘るゝ勿れ」（「空言空名」『日本』二三年八月一八日、『陸羯南全集』二巻、六五六頁）と。

同様の特色は雪嶺らの国粋主義についても指摘できる。それは、彼らによる「国粋」の強調が、一国の進歩改良を考えるにあたって、その国の歴史・風俗・習慣・伝統等々その国の置かれた現実の状況や諸条件を考慮する必要性を訴えたものであったことからも容易に理解されよう。「今代の智識は幻像的を之れ尚はずして、説明的、論証的を主とす」（『真善美日本人』『三宅雪嶺集』明治文学全集33、二〇一頁）と雪嶺が述べているように、合理的・実証的な思考態度は政教社の多くの人びとによって共有されたのである。したがって政府の開化政策に対する彼らの批判も、それが生み出した日本の現実についての鋭くかつ適確な観察にもとづくものであった点で多くの人びとの耳を傾けさせるものがあった。

たとえば、日本の開化がもたらした中央と地方との不均衡に対して、蘇峰の場合と同様、志賀重昂の場合もまた鋭い批判の視線を失うことはなかった。彼は時の為政者に対して「地方人民の惨況」に正しく政治の眼を向けるよう訴え、つぎのように述べている。「吁嗟東京の繁華は地方の衰頽と正比例を為すものなり、地方全般の民富んで而して国始めて富み、国富んで而して兵始めて強し、地方の民力窮乏を極尽して、而して国の富まんことを冀望し、国富まずして而して兵の強からんことを希願するが如きは、殆んど華実本末を顚倒するものと云ふべし」（「新内閣総理大臣に所望す」『日本人』明治二一年五月三日『志賀重昂全集』第一巻、一〇頁）と。一八八八（明治二一）年、『日本人』（第九号）が高島炭坑の坑夫の惨状を大々的に取り上げ、「輿論は何にが故に高島炭礦の惨状を冷眼視するや」と題する社説や、雪嶺の論説「三千の奴隷を如何にすべきや」などを掲げてキャンペーンを展開したのも、現実を見すえる彼らの眼の確かさを物語る例といえよう。

このように明治二〇年代に至って新しく登場した思想は、欧化を説き国粋を唱えるという違いはあっても、ともに現実を重視し現実に即して政治を考える実際的な思考において共通するものをもっていた。それは、一面、実際よりは理論を先行させ個人の幸福よりは国家の安危を優先させた、あの明治一〇年代の民権時代における政治的過熱状態の沈静、〝政治の季節〟の日常化ともいうべき時代の推移を感じさせるものがあった。たとえば文学の領域を取り上げてみても、やはりほぼ時を同じくして〝政治の季節〟の転換がじつは進んでいたからである。周知のように、明治一〇年代の文学として流行したのはいわゆる政治小説であった。この政治小説は、たんに政治の世界や政治的人間を素材にしたというだけにとどまらず、蘇峰が「近来流行の政治小説を評す」（『国民之友』明治二〇年七月）で指摘しているように、多くは著者が「小説を経て、其の意見を吐く」という程度の政談演説の小説版にすぎず、そのストーリーも政治的立身出世物語の域を出るものではなかった。

このような政治小説の隆盛は、一面では、たしかに時代の政治的関心の高さを示すものではあろうが、しかし他面、そこに盛り込まれた政治的立身出世へのあこがれが物語るように、それは、権力への接近を人生にとって無上の価値と考えるような、政治優位の価値観の表現でもあった。そこでは、文学は、政治に対して政談演説という自己主張の場を提供することによってわずかにその存在を示し、価値的にも政治に従属する立場を抜け出るものではなかったということができよう。このような状況のなかで、坪内逍遙は『当世書生気質』（明治一八年六月―一九年一月）を執筆し、また「小説を論じて書生気質の主意に及ぶ」（『自由燈』明治一八年八月）では新しい小説観を示して、「小説の主髄は人情世態を写すにあり彼の勧懲を主体となし又は政治上の寓意をもて其眼目となすが如きは真の小説の旨に違へり」（『近代文学評論大系』一、明治期Ⅰ、角川書店、二七頁）としたが、ここに文学は、はじめて「勧懲」という道徳的価値からも、また「政治上の寓意」という政治的手段からも解放されて、「人情世態を写す」という固有の領域と課題とを手にすることができた。

このように文学の政治からの自立化は、これまで国民生活の全般にわたって一元的に支配していた政治的価値の優位がようやく揺らぎはじめ、経済や文化の面などにおける人間の非政治的な営為が、それぞれ固有の存在理由を主張しはじめる時期に立ち至ったことを暗示するものであった。逍遙が文学士春廼舎朧の名で『当世書生気質』を発表したとき、人びとは堂々たる文学士によって取り上げられた小説というものに新しい関心をそそられたが、内田魯庵によれば、これを契機に「夫まで政治以外に青雲の道が無いやうに思つてゐた天下の青年は此の新しい世界を発見し、俄に目覚めたやうに翕然として皆文学に奔つた」（内田魯庵「二葉亭四迷の一生」『おもひ出す人々』河出文庫、一七六頁）という。

こうして政治からは一応区別された文学の世界にあって、活社会の「人情世態を写」し、それを通して生々しい人間の性格と意想とに迫る営為が、政治に劣らず、あるいはそれ以上に、人間の一生を托するに足る仕事と観じられるようになる。そして文学というこの新しい営為の世界を切り開いたものが、ほかならぬ逍遙の「人情世態を写す」という写実的方法であり、かつての「勧懲」や「政治」に代る「写実」ないし「記実」であった。しかしこのようにして自立化した文学にとっての問題は、人びとが文学のなかに改めて人生の意味を見るようになればなるだけ、はたして文学という営為は、たんなる現実の実相の「模写」にとどまるものであってよいのかという新しい疑問であった。いわば文学の本質にかかわるこの議論は、逍遙の『当世書生気質』に批評の筆をとった二葉亭四迷の「小説総論」（『中央学術雑誌』明治一九年四月）ですでに提起されているように思われる。

すなわち四迷は、逍遙と同様、「勧懲」に対して「模写」こそが「小説の真面目」だとの見解をとった。なぜなら四迷によれば、小説とは浮世の種々雑多な「現象（形）」をとおして「自然の情態（意）」を感得し叙述するものなのであるから、実際の現象（「実相」）の「模写」こそが小説本来の姿でなければならないと考えたからである。しかし「模写」とはたんに「形」を写すことにとどまってはならない。それはあくまで「形」をとおして「意」を描く作業でなければならないと彼は考えた。四迷はこの「小説総論」の筆をつぎのような文章で書き起している。

「凡そ形（フㇹーム）あれば茲に意（アイデア）あり。意は形に依つて見はれ、形は意に依て存す。物の生存の上よりいはば、意あつての形、形あつての意なれば、孰《いずれ》を重とし、孰を軽ともしがたからん。されど其持前の上よりいはば、意こそ大切なれ。意は内に在ればこそ外に形《あら》はれもするなれば、形なくとも尚在りなん。されど形は意なくして片時も存すべきものにあらず」（『明治思想集 I』近代日本思想大系30、三〇〇頁）。

四迷にとっては「形」の背後にある「意」こそが小説にとって重要だと考えられた。だから彼は「模写といへることは実相を仮りて虚相を写し出すといふことなり」と言うのである。「虚相」とは「意」すなわちアイデアのことであるのはいうまでもない。したがって模写といってもそれは文字どおりの「実相」の引き写しであることは許されないのであって、「実相」の世界では偶然の形に蔽われて判然と解らぬ「自然の意」を、明白に「写し出す」ための描写・表現・脚色の配合が文学の手法として用いられなければならぬ。こうして文学は模写を本領としながらも、四迷にとってはすぐれて主体的な営為として理解されることとなったのである。

文学に携る者の主体性にかんするこの問題は、文学評論における理想と没理想をめぐる森鷗外と坪内逍遙との間の論争として引き継がれている。この論争は、一八九一（明治二四）年から翌九二（明治二五）年にかけて数次にわたり両者の間で戦わされた。そのなかで逍遙は、「要するに、造化の本意は人未だ之れを得知らず、唯〻己に愁ひの心ありて秋の哀れを知り、前に其心楽しくして春の花鳥を楽しと見るのみ。造化の本体は無心なるべし」（「シエークスピア脚本評註、緒言」

『早稲田文学』明治二四年一〇月、のち「『マクベス評釈』の緒言」と改題、『現代文学論大系』第一巻、河出書房、一一三頁）として、評者自身の理想を尺度にして独断的な評釈を行なう傾向を戒めた。こうして逍遙自身、むしろ「没理想」をとることによって「万理想」を包容する可能性を残し、「造化の本意」を未来における「大帰納」の末に見出すにしかずとの立場をとった。彼の言葉を借りれば、「空理を後にして、現実を先にし、差別見を棄てて平等見を取り、普く実相を網羅し来りて、明治文学の未来に関する大帰納の素材を供せん」（「我れにあらずして汝にあり」『早稲田文学』明治二四年一一月、同上書、一一七頁）ということになる。

　このような逍遙の立場に対して鷗外は「早稲田文学の没理想」（『しがらみ草紙』明治二四年一二月）等を発表して反駁を試みている。鷗外によれば、逍遙は「主観の情を卑みて、客観の相を尊む」者である。しかし逍遙は「談理」を排し「記実」を主張しながら時文評論の筆を執っている。だが、果たして「時文評論を書く人は、いづれの処よりかその大記実法を得来るべき」という問題にどう答えるつもりだろうか。また実相を記して帰納の素材を与えるというが、「時文評論を読む人は、いづれの処よりか此大帰納力を得来るべき」という疑念が残る。これらの疑問に対して逍遙が用意する答は、ただ「没理想」と「常識《コモン・センス》」とのみであるが、それで十分であろうか、と鷗外は批判するのである。また逍遙は「実相」の重んずべきことを説くが、果たしてその「実相」とは何であろうか。まったく主体を離れて「実相」はありうるだろうか、と鷗外は疑問を投げかける。「沙羅雙樹の花の色を見るものは、諸行無常とも感じ、また只管《ひたすら》にめでたしとも眺むめれど、其色の美に感ずるは一つなり。この声、この色をまことに美なりとは、耳ありて能く聞くために感ずるにあらず、目ありて能く視るために感ずるにあらず。先天の理想はこの時暗中より躍り出でて此声美なり、この色美なりと叫ぶなり」（「早稲田文学の没理想」同上書、一二二頁）と。こうして鷗外は、戯曲にせよ叙情詩にせよ小説にせよ、多かれ少なかれ作者自身の理想と無関係ではありえないし、さらにその作者の「衆理想」の根底には、絶対にして普遍的な人類の理想が存在するものと考えなければならないとしたのである。

　この逍遙と鷗外との間の没理想論争とならんで、当時の文学界で注目された論争に山路愛山と北村透谷との間で交わされた文学論争があった。この論争は文学と人生との交渉、いわゆる「人生に相渉る」という問題をめぐって展開されたところから、しばしば人生相渉論争と呼ばれている。この論争の発端をなしたのは、愛山の「頼襄を論ず」（『国民之友』明治二六年一月）であった。そしてこの一文の冒頭で愛山は、「文章即ち事業なり。文士筆を揮ふ猶英雄剣を揮ふが如し。共に空を撃つが為めに非ず為す所あるが為也」と述べ、文学もまた「人生に相渉らずんば是も亦空の空なるのみ」と説いて、活きた社会と相交わることによって社会に対し為すところある文学の必要を強調した。このような愛山の文学論は、これに反論を加えた透谷も述べているように、当時の文学がしだいに「繊巧細弱」の度合いを強めつつあったことに対する「反動」としての意味を一面ではもったが、他面、それは「文学のユチリチー論」であり、かつての勧善懲悪説に連なるものとして透谷のきびしい批判の対象にすえられた。

透谷の「人生に相渉るとは何の謂ぞ」（『文学界』明治二六年二月）によれば、文学とは功名・利達・事業というような狭隘な現象世界にとらわれた営為では決してない。むしろそれは「現象以外に超立して、最後の理想に到達するの道」を求め、「空の空の空を撃つて、星にまで達することを期す」るところの、人間の内部の生命の躍動をこそその本質とするものである、とするものであった。このように透谷は、愛山が「文章即ち事業なり」として文学と現実の外的世界との交渉を重視したのに対して、むしろ逆に、文学が人間の内面の世界と深く結びつく方向を重視し強調したのである。

もとより愛山といえども、文学の根底にある思想についてまったく無理解であったわけでは決してない。たとえば彼が透谷への反論として執筆した「明治文学史」（『国民新聞』明治二六年三月）の一節ではこう述べている。「吾人が文章は事業なりと曰ひしは文章は即ち思想の活動なるが故なり、思想一たび活動すれば世に影響するが故なり。苟も寸毫も世に影響なからんか、言換ふれば此世を一層善くし、此世を一層幸福に進むることに於て寸功なかりせば彼は詩人にも文人にも非るなり」（山路愛山『史論集』みすず書房、四一八頁）と。そして「事業」とはたんに「見るべき事功」に限定されてはならないし、「世と渉る」という言葉をただ「物質的の世に渉ること」と理解してはならない。キリストの「精神界の事業」も「事業」であり、エマソンの「書中に活きたる彼の精神」もまた「世と渉る」ものにほかならない、と愛山は述べている。

　このように見てくると、愛山の文学論もまた、「凡そ形あれば玆に意あり。意は形に依て見はれ、形は意に依て存す」とした、あの二葉亭四迷の小説論の流れにやはり沿ったものであることが理解されよう。そして透谷がまさに文学におけるこの「意」の問題を深く掘り下げ、それを「内部生命」にまで純化させていったのに対して、愛山はふたたび文学における「形」をとりあげることによって、これに新しい社会性を付与しようとしたと見ることもできよう。その意味で、透谷を日清戦争後に展開するロマンティシズムへの先駆と位置づけるとするならば、愛山は日清戦争後に登場するいわゆる社会小説の方向を予示するものということもできる。

9　思想としての日清戦争

明治の二〇年代は、明治国家の制度化が進むにともなって、一面では、いわゆる藩閥官僚勢力の主導による体制の正統化が強められる過程として展開した。教育勅語を背景としつつ、忠君愛国の観念を藩閥政府的な体制と秩序への没我的献身と忠誠のイデオロギーに転換し、広く国民にこれを注入しようとする動きは、その代表的な例であろう。しかしこのような動向をめぐって、たとえばキリスト教徒との間でさまざまな形での摩擦や衝突が表面化したことからも察せられるように、当時の思想界の動きは、国家主義そのものを否定するものではないとしても、こうした政府中心的な国家主義への一元化を容易に許す状況ではなかった。

たしかに政治状況に眼を向けるならば、一八八七（明治二〇）年に民権派勢力が結集して、言論集会の自由、外交の刷新、地租の軽減の三点を要求する建白書を元老院に提出した三大事件建白運動や、後藤象二郎を中心とした大同団結運動、さらには条約改正をめぐって一八九三年ころから高まった内地雑居反対、現行条約励行を求める対外硬派の運動など在野の政治運動は続いたけれども、一般的に、明治一〇年代の自由民権運動に見られたような政治的過熱状態は沈静に向かいつつあった。しかし政治的過熱の沈静化は、他面、意識の世界における静かな変革を促していた。それは明治一〇年代にしばしば見られた政治価値の優位、政治の自己目的化、ないし制度信仰という傾向に対する反省であり、むしろ政治が本来成り立つ前提ともいうべき非政治的場への注目という動きであった。蘇峰における「平民」の生活社会、重昂や雪嶺における「国粋《ナショナリティ》」、羯南における「国民」の存在等々は、いずれも政治が拠って立つ非政治の場を意味した。明治二〇年代における「抽象的政論」から「実際的政論」（蘇峰）への動き、「空名空言の競争場」から「実行方法を争ふ所の実務場」（羯南）への政治世界の変貌、すなわち政治の現実主義化は、このようにして形成されたさまざまな非政治の地点から、改めて政治が対象化されるようになったことの表われと見ることができる。

　もともと天皇制国家は、政府中心主義・国家中心主義・天皇中心主義というように、政治の自己中心化・自己目的化を軸として構築されたものであるから、明治二〇年代における非政治の地点の多様な形成は、明治国家についての天皇制的な一元化を困難とし、政治へのアプローチをおのずから多様化することとなる。明治二〇年代に入ってからの思想界・言論界の活況はこのようにして生まれたのであった。この非政治化の動向は、また文学の政治からの自立化という形でも進行した。しかも、本来、私的性格を特質とする文学の自立化が、非政治の世界の形成にあたってもっとも徹底性を示したのは当然であろう。そこでは、生活社会の人間の「実相」を対象としつつ、その「模写」を通して人間の本質や理想に迫ろうとする動きが見られ、人間の内面的世界の深化と純化がめざされたのであった。

　このような明治二〇年代の思想動向に大きな影響を与えた事件はいうまでもなく日清戦争であった。この戦争は、朝鮮の内政改革をめぐって同国への進出を策した日清両国の角逐を背景としたものでありながら、朝鮮に対する清国の宗主権を否定し朝鮮の独立自主を回復するという日本政府の開戦の名義は、広く国民の協力を取りつけるうえに有効に作動した。あるべき国家像について多様な接近を試みていた思想界も、日清両国間の緊張が高まり、やがて出兵・開戦という事態の進展のなかで、政府の軍事行動を正当化する方向へと収斂されていった。徳富蘇峰は、日清の開戦を「膨脹的日本が、膨脹的活動をなすの好機」（徳富蘇峰「好機」『国民新聞』明治二七年七月二三日、徳富猪一郎『大日本膨脹論』一九頁）と捉え、この戦争の目的を「維新興国の業を大成せんが為め也。興国の業とは、『国家を富嶽の安きに置き、以て万里の波濤を開拓する』也。平允なる言葉を以て云へば、日本帝国統一自衛の道を盡くし、外に向て大日本を膨張せしむる也。朝鮮の独立、清国の膺懲、たゞ此の大目的に到着する、一の手段に過ぎず」（徳富蘇峰「征清の真意義」

『国民新聞』明治二七年一二月五日、同上書、八五‐六頁）と意義づけている。このように日清戦争を積極的に支持し正当化した蘇峰は、後年、彼自身の回想によれば、三国干渉による遼東還付を耳にすることによっていよいよ従来の思想からの袂別を決定的にし、「予は精神的に殆ど別人となつた」（徳富猪一郎『蘇峰自伝』三一〇頁）とみずから述べているように、膨脹主義・帝国主義の唱道者へと変身してゆくのである。とくに彼のこの思想的転換は、一八九七（明治三〇）年、彼が松方内閣の勅任参事官に就任することによって、いっそう強く世人に印象づけられる結果となった。「変節」を非難する声が彼に向かって一斉に投げかけられたのもこの時のことである。

蘇峰とある意味で対照的なのは内村鑑三であった。彼もまた日清戦争の開始と同時に、これを「義戦」と意義づけ、欧米人にその意義を説明するため『国民之友』（明治二七年八月二三日）に英文で「日清戦争の義」（Justification of the Corean War）なる一篇を掲げてこれを支持した。この一文で内村は、「新にして小なる日本は、旧にして大なる支那と衝突せり」と記して、日清の衝突を歴史上における新旧の対立、「進歩主義」対「退歩の精神」の角逐と位置づけている。しかし戦後に至って内村は、蘇峰が「力の福音」の信奉者となり帝国主義者へ変身していったのとは逆に、日本国家の道徳的良心に対する深い疑念にとりつかれるようになる。それというのも、彼が日清戦争を朝鮮の独立確保のための文明の戦と信じたその根拠が、事実の前に無残にも覆されたからであった。内村は戦後の国内状況についてつぎのように述べている。

「戦局を結んで戦捷国の位置に立つや、其主眼とせし隣邦の独立は措て問はざるが如く、新領土の開鑿、新市場の拡張は全国民の注意を奪ひ、偏に戦捷の利益を十二分に収めんとして汲々たり、義戦若し誠に義戦たらば何故に国家の存在を犠牲に供しても戦はざる、日本国民若し仁義の民たらば何故に同胞支那人の名誉を重んぜざる、何故に隣邦朝鮮国の誘導に勉めざる、余輩の愁歎は我が国民の真面目ならざるにあり」（「時勢の観察」『国民之友』明治二九年八月『内村鑑三著作集』第二巻、七九頁）。

こうして内村は日清戦争のにがい体験を通して、やがて非戦論者として再生する道を切り拓くこととなるのである。日清戦争についての内村のような学び方は、もとより稀少な例であった。しかし内村が「国家を犠牲にしても」戦うことを主張した「義」の立場が、いうまでもなく明治二〇年代初頭いらいのあの非政治の地点の延長線上に位置するものであることは容易に理解できるところであろう。

内村は述べている。「政治は人類唯一の職業に非ず、政治的に大なればとて必しも大なる人に非ず。人の真価を定むるに当て政治的に国家的に密にして私行的に個人的に疎なる日本人の観念を以て吾人は健全なるものと称ふるを得ず」（同上、同上書、七五頁）と。つまり彼は、国事に携わる者の私行上の背徳に寛大な日本人の態度を問題とし、ひとりの人間の行為として許されないことは、その人間が政治家であろうと実業家であろうと許されないはずであり、またそれが公的な国家の行為であろうと政治家としての行為であろうと区別されてはならないとした。内村によれば、「公徳」と「私徳」とは二つの別個の観念として「分離」すべきものでなく、両者は一つであり、しかも私的な世界における人間の道徳こそが、公私の区別なく普遍的に規律すべき規範でなければならないと考えたのである。

「私徳と公徳の分離は確信と実行との分離を意味す、而して信ぜざる事を行ひ、義を名として利を求むるもの（国と人とを問はず）を吾人は称して偽善者と云ふなり。紙上に天下の大義を唱へ、内閣攻撃を専門とするも、情に鈍く私節に脆き新聞記者は偽善者なり、著書に理想的人物を描き、自らは其理想を追はず、患者に薬を盛りながら自身不摂生を誇る医士の如き文学者は偽善者なり、勅語に低頭せざればとて売国奴の名を附して人を困しめながら、自身は売女の真像を以て充たされたる小説を嗜む学生は偽善者なり、国家の利益と称して私利を営む実業家は実業家に非ずして虚業家なり、隣邦の独立を扶植すると称して干戈を動かし、功成りし後は自国の強大のみを計て終に孱弱国をして立つ能はざるに至らしめし国民は偽善者なり」（同上）。

ここでは、いかなる公的な名目・理由・必要をもってしようとも「私徳」に対する背反は「偽善」として断罪されている。つまり、非政治的な個人道徳の世界が、公的な国家理性の存在をも圧倒していることを、われわれはここに見ることができる。こうして内村のこの視点は、やがて戦争という国家の軍事行動をも、殺人という私的個人の行為レベルにこれを置き換えることによって、その非人間性を指摘する非戦の論理に連なっていくのである。

こうして見ると、日清戦争をめぐる蘇峰と鑑三の対照的な対応は、明治二〇年代における政治と非政治との多様な緊張関係が、やがてより鋭い対立へと進むであろう道筋を暗示するものでもあった。それは、明治三〇年代に至ると、国家と個人、国家と社会を軸とした思想の分極と対決という形で展開されることとなるからである。

10　労働運動と国民国家

日清戦争を経過することによって日本の資本主義は飛躍的な発展を遂げ、社会の工業化は急速に進展した。たとえば、原動機使用の作業場数を見ても、一八九一（明治二四）年には九七一であったのが、日清戦争後の一八九七（明治三〇）年には二九五〇と三倍に増加しているし、従業労働者数もまた一〇万八三三六人から四三万九五四九人と四倍以上の増加ぶりを示している（古島敏雄「産業資本の確立」『岩波講座・日本歴史・近代4』（旧版）一七七-八頁参照）。こうした工場制生産の発達は、必要とされる労働力の担い手として農村人口の都市への流入をいっそう促進し、人口の流動化と都市化の増大を導き出す。産業革命の波は徐々に農村にも及び、その生活様式を変えていくのである。歴史家津田左右吉は、少年時代を岐阜県南部の農村で過したが、日清戦争前後における農村の変貌について、想い出をつぎのように記している。

「村を離れてゐたから一々には知らぬが、二十七八年戦役のころから、いろ〳〵のことが変つて来たらしい。てぢかなことをいふと、小学の先生や村役場の役員などが、洋服をきるようになつた。戦役のために、村にも今までには無かつた新しいしごとができたり、都会地との往復が多くなつたりしたためであらう。そのおつきあひにか、父もセビロをきて何かの会合に出かけたのを、見たおぼえがある。……よくは知らぬが三十年前後からのことであつたらうか。カネヤマやカハベにどこかの銀行の支店か出張所かができたことを聞いたのも、そのころであつたかと思ふ。いはゆる資本主義経済の形がそろ〳〵できかけて来た時代なので、その機構がぼつ〳〵農村にもひろがって来たのであらう。このあたりの農家が富んで来たのも、生活程度の高くなつて来たのも、ほゞそのころからのことであつたらしく思はれる。砂糖を使はないような家はもう無くなつてゐたであらう」（つださうきち『おもひだすまゝ』岩波書店、昭和二四年、二七四－六頁）。

日清戦争後におけるこのような資本主義経済の発達は、大資本の形成と労働者群の輩出、富の偏在、労資間の分配問題、失業、貧困等々のいわゆる社会問題の登場を促すこととなる。横山源之助『日本の下層社会』が刊行されたのも一八九九（明治三二）年のことであり、そこでは横山の手で調査された貧民や職人社会の実態、手工業や工場労働者の現況、小作人の生活状態などが詳細に記述紹介されている。こうした社会問題が、まさに「問題」として識者により取り上げられたことの意味は、維新いらい日本がいわば総力をあげて追求してきた近代国家の形成という課題が一応の達成を見た、まさにそのことがもたらした矛盾という点にあった。＊したがって社会問題は日本国家にとっての病理現象であるとしても、その病理は「富国強兵」「殖産興業」に象徴される日本の近代化が内在的に生み出したいわば構造的な病理として捉えられた。たとえば貧困の問題はたしかに従来も識者によってたびたび取り上げられることはあった。しかしそこでは貧困の存在は「財務上の一変動」や「当路者の一失策」にその責めが帰せられるか（たとえば陸羯南「貧民問題」『日本』明治二三年九月一〇日、明治文学全集37『政教社文学集』一八三―四頁参照）、あるいは「壊つべき悪差別除くべき不公平が、社会に存するの多少は処々同一ならざれど、其の全く存せざるが社会あるを見ず」（大西祝「社会主義の必要」明治二九年一一月『明治思想集II』近代日本思想大系31、一五九頁）とあるように、社会生活にいわば不可避的にともなう矛盾と捉えられていた。

＊日本における「社会」の意識化については、石田雄『日本の社会科学』東京大学出版会、一九八四年、四五頁以下参照。

日清戦争後における社会問題の擡頭は、こうした通時的な社会問題の把握に代って、問題を近代社会に内在する文明の特質と表裏一体のものと捉える、すぐれて文明史的な視座に支えられていた点が注目される。「嗚呼文明といふ莫れ、開化といふ莫れ。電気燈は徹宵夜業の瞼重く頭痛むの人を照らさず。葡萄の美酒、血紅殷々朱門の膳羞《ぜんしゅう》に上れども、貧窟裡衰死の人の血を補はず。寧ろ文明といひ、開化といひ、細民の職を奪うて之を機械に与へて、彼等をして飢えて死せしむるのみ」（田岡嶺雲「ヒユーマニチー」明治二九年一月稿、前掲『明治思想集Ⅱ』、三〇八頁）。こうした田岡嶺雲の言い方のなかにも、当時の社会問題が、まさに維新の変革に始まる日本の近代化のあり方と分ちがたく結びついているとする視点が示されている。だから嶺雲はまたこうも述べるのである。「維新の革命とともに、貴賤の門閥的階級は破れたり。而して功利的文明の風盛《さかん》にして、貧富の生計的階級は、自からまさに成らんとす。若し門閥の階級にして打破せざる可らずとせば、富閥もまた打破を要するは一也。……維新の革命をなしたる吾国民は、更に第二の革命を富閥の上に加へざる可らざる也」（同「社会問題」明治三一年三月稿、同上書、三一一-二頁）と。

　このように社会問題を維新によって促された文明の進歩がまさにもたらしたものとする当時の問題関心は、その後陸羯南においても共有された。彼によれば、国家が当面している新しい問題は、「製造器機及び交通機関の進歩」のゆえに産み出された労働者賃金の低下、雇用の減少、および海外からの廉価な農産物の輸入がもたらす農民の窮乏等々の「新禍害」にいかに対処するかということにあるとした。そして羯南はこれを「文明的飢饉」と呼ぶのである（陸羯南「国家的社会主義」『日本』明治三〇年三月二三日『政教社文学集』明治文学全集37、二一二頁）。

　したがって、社会問題に対するこうした捉え方が示すように、社会的矛盾や社会的利害の対立を「問題」として意識する仕方も、たんに社会主義の知識や理解にもとづく方向づけには限定できない多様さを内包していた。たとえば、このような社会問題への関心を背景に、一八九七（明治三〇）年に結成された社会問題研究会は、中村太八郎・樽井藤吉・西村玄道らを幹事とする研究的団体で会員数も二百名に達したが、それも「其会員の種類より云へば極めて雑駁なるもの」（山路愛山「現時の社会問題及び社会主義者」『独立評論』明治四一年五月『明治文化全集 社会篇』三七八頁）と評されたように種々雑多な顔ぶれから成っていた。この研究会には、城泉太郎・酒井雄三郎・佐久間貞一・片山潜・幸徳伝次郎など社会主義について相応の知識を身につけた人たちもいたが、他方では品川弥二郎のような官僚政治家や、三宅雪嶺・陸羯南など在野的ナショナリストもまた会員に含まれていた。つまり当時の社会問題は労働問題であると同時に文明や国家のあり方についての問題でもあるという、きわめて多義的な、いわば奥行きのある内容と性格とをもっていたといってよい。社会問題研究会そのものは、一年余りで空中分解状態で消滅したが、社会問題はその後も大いに世人の注目を集めることとなった。なかでも見逃すことのできないのは労働組合運動の擡頭であろう。それは、一八九六（明治二九）年にアメリカから相ついで帰国した高野房太郎および片山潜らの力に負うところ大であった。

　高野房太郎は、長崎の出身で、生計を立てるために一八八六（明治一九）年アメリカに渡り、当時サンフランシスコで勃興しつつあった労働組合運動に触れ、運動の指導者サミュエル・ゴンパーズ（Samuel Gompers, 1850-1924）の影響なども受けて労働組合運動への関心を深めるに至った。とりわけ彼が労働問題について滞米中に学びとったことは、労働者の幸福と社会的権利の確保を図るうえに、「労役者の結合」つまり労働者の団結がいかに重要かという点にあった。一八九〇（明治二三）年六月、彼は『読売新聞』の「米国通信」欄に寄せた一文のなかでつぎのように記している。「吾人は実に北米合衆国労役者の結合が、労役者をして今日の如く其政治上に於て偉大の勢力を有するに至りたる一因たるを信ずると同時に、更に其結合の力が労役者をして今日の如き他国の労役者が曾て享有せしことなき安寧幸福を楽しましむるに至りたる原因なりと惟ふ。……吾人は実に北米合衆国の労役者が今日の如く盛況を現はすに至りたるは一に其結合の然らしめたる者なることを疑はず」（高野房太郎「北米合衆国の労役社会の有様を叙す」『読売新聞』明治二三年六月七日、ハイマン・カブリン編著『明治労働運動史の一齣——高野房太郎の生涯と思想』有斐閣、一九五九年、六七-八頁）。

高野は、アメリカにおける労働組合運動の高揚とその役割についてのこのような認識をとおして、遠く離れた祖国日本の労働者の窮状に深く想いをめぐらせることとなる。彼がアメリカから寄稿した「日本に於ける労働問題」（『読売新聞』明治二四年八月七、八、一〇日）、「金井博士及添田学士に呈す」（『国民新聞』明治二五年五月二〇日）、「富国の策を論じて日本に於ける労働問題に及ぶ」（『東京経済雑誌』明治二六年二月一一、一八日）などは、いずれも高野のこうした関心にもとづいて日本の労働問題の重要性とその解決の方途を訴えたものであった。これらの論説をとおして彼が強調している点は、一つは、日本の労働者の「惨状」をもたらした原因として「社会の組織」「資本家の制裁」という「外部の作用」と同時に、これを助けるものとして労働者自身の無学と見識のなさ、あるいは道徳的な軽薄さという、労働者の側の「内部の作用」が無視できない問題であること、そして第二に、これらの障碍を克服し労働者の道徳的・経済的・社会的な地位・能力の向上を図るためには、労働者自身の「結合」と「協同一致」こそが唯一の方法である、と団結の意義を力説していることであった。

一〇年にわたるアメリカ滞在をとおして得た労働問題についてのこのような理解は、帰国後の彼の労働組合運動への取り組み方にそのまま引き継がれている。たとえば労働組合の果たす役割を論じた「職工組合に就て」（『労働世界』明治三三年五月一、一五日『明治思想集Ⅲ』近代日本思想大系32、三一-八頁）で高野は、労働組合が労働者の生活水準の向上に資する「経済機関」としての意義をもつだけでなく、それが労働者の「智識交替の倶楽部」として彼らに「智識発達の便」を提供し、また組合活動は「労働者間に緩急相救ひ長短相補ふてふ高尚なる道義心を養成」し、その「品位」を高め、「博愛心」を培ううえにも少なからぬ役割を果たす点を強調している。こうした労働組合の「教育機関」としての役割の重視は、上述のように、すでに滞米中の高野にあっては労働問題を捉える有力な視点を形づくっていたところであった。

　また滞米中における高野の、労働問題についての捉え方にかんして注目されるもう一つの点は、日本の労働問題への関心が、たんに労働者の「惨状」に対するヒューマニスティックな同情に発するだけでなく、時にナショナリスティックな問題意識に支えられるところ少なくなかったことである。たとえば当時の論説を見ると、労働者救済についても、「苟も日本帝国の文明の為めに其国力の発達を希望するの士は、奮て之を救助するの責に任ぜざるべからず」（前掲「日本に於ける労働問題」ハイマン・カブリン編著、前掲書、九〇頁）と、労働問題が「国力の発達」にとっても看過しえない問題であるとの視点を強く前面に押し出している。同じ論説で彼が「嗚呼彼等の惨状尚忍ぶべしとするも日本帝国の前途如何せん。吾人之を思うて豈に寒心せざるべけんや」（同上、同上書、八九頁）と述べて、労働問題が労働者の問題である以上に国家の問題であるとする立場をとったのも、また彼の鮮明な国家意識の表白といえよう。彼の論説「富国の策を論じて日本に於ける労働問題に及ぶ」（同上書）は、その題名が示すように労働問題をやはり国家の視点から論じたものだが、そこではより直截な表現で「労働問題を処置するの所以は国富の隆盛を図る所以にして、国富の隆盛を図るは労働問題を処置する所以なり」（同上書、一一〇頁）と、労働問題の解決と「国富の隆盛」とは二にして一なるものという見解が明確に打ち出されている。

　こうした労働問題と国家意識との結合は、高野にかぎらず明治三〇年代初頭の社会問題の取り上げ方に広く見られたところであった。それは、冒頭に述べたように、日清戦争後における社会問題の擡頭がたんなる労働者の経済的問題である以上に、維新いらいの日本の国家と文明のあり方の問題として論じられたことを想い起こせば、十分理解できることであろう。一八九七（明治三〇）年四月、職工義友会の名で印刷配布された「職工諸君に寄す」というパンフレットは、「日本に於ける労働運動の最初の印刷物」（片山潜『日本の労働運動』岩波文庫版、一八頁）といわれ、事実、日本の労働組合運動の夜明けを告げるものとなったが、そこでも労働組合結成へのアピールにあたって、二年後に迫った英・仏など諸外国との改正通商航海条約の実施、領事裁判権の廃止＝「内地開放」への「覚悟」を喚起する形がとられたのは、まことに象徴的であった。パンフレットはつぎのように書き起こされている。

「来る明治三十二年は実に日本内地開放の時期なり。外国の資本家が低廉なる我賃銀と怜悧なる我労働者とを利用して、巨万の利を博せんとて我内地に入り来るの時なり。左れば性行、風俗、習慣の相異なるのみならず、兼ては労働者を苛遇するとの評ある彼等外国の資本家は、今より三年ならずして将に諸君の雇主たらんとす。……強き者は勝ち弱き者は破られ、優る者は栄へ劣る者は倒るゝの時世に赴きつゝあることなれば、此間に立ちて能く勝ち能く栄ゆることは仲々容易の業にあらず。況して外国人も入り来ることとなれば、諸君は覚悟の上に覚悟をなし、かの他人の為めに苦境に陥れらるゝことなく、競争の巷に寛かに其地位を保つの工夫を為すこそ肝要ならめ＊」（片山潜、前掲書、一八–九頁）。

＊二年後に迫った「内地開放」から予想される外国資本家の日本への進出と、外国資本家による日本の労働者の雇用を、労働組合設立を必要とする理由の一つとして挙げるのは、後述の「労働組合期成会設立趣旨」（明治三〇年七月）においても見られるところである。

このパンフレット配布の主体をなした職工義友会は、一八九〇年、当時在米中の高野房太郎・城常太郎・沢田半之助ほかの労働者たちによって結ばれたグループに源を発し、帰国した彼らを中心に、片山潜・佐久間貞一・島田三郎らも加わって一八九七年に発足し、同年七月、労働組合期成会へと発展したものである。そして労働組合期成会は、この年の末に組織された「鉄工組合」をはじめとする日本の初期労働組合設立の、文字どおり母体としての役割を担うこととなる。片山が労働運動の指導的人物として頭角をあらわすに至るのも、この労働組合期成会の活動を背景としてであった。

それでは片山を含め当時の労働組合運動の指導者たちは、「労働団結」すなわち労働組合の結成に対して、どのような意味づけと理解とをもっていたのだろうか。まず当時の労働組合の提唱には、その前提に工場制生産の発達にもとづく工業化の進展という世界の必然的な動向と、日本もまた遠からずそのような情況に不可避的に到達するという認識が横たわっていた。そしてそうした情況の下では、労働の商品としての性格はいっそう徹底し、労働者は巨大な資本の下で苛酷な労働条件を強いられることとなる。そこでは労働者は「資本家の奴隷」ともいうべき状況におとしめられ、正当な賃金も保障されないばかりか、壮年血気の者も一方では婦女少年の労働者と競争を余儀なくされ、他方では他のアジア諸国の労働者の流入によって苦境に立たされるということも予想される。工業化の進展にともなって予見されるこのような日本の労働者の窮状と困難を未然に防ぐために、片山たちは「労働団結」こそ唯一の道であるとしたのである。

　しかし高野においても、また片山においても、「労働団結」のもつ社会的・歴史的な意味を、ただたんに労働者という一階級の経済的な利益や福祉の増進に限定して考えることは認めがたいところであった。彼らにとって労働者は、商品としての労働の担い手であると同時に、また国家社会の重要な構成員として「立国の大業」に参加し、「日本工業の健全なる発達」に貢献し、「社会の改良進歩」に責任を分担すべきものとされた。労働組合期成会の「設立趣旨」（明治三〇年七月）によれば、「顧《おも》ふに今や諸般の産業は其規模を一新して文明的に則り、益々其業務を振興して立国の大業を為さんと欲するにあれば、之に従ふ労働者其心を以て其旧弊を改め、進取の気象を鼓舞して大に其責務に任ぜんことを期せざるべからず。之れ独り資本家の一方のみに任じて敢て顧みざる如きは抑々産業に不忠なるのみならず自己の業務を無視するものと云はざるべからざるなり」（岸本英太郎編『明治社会運動思想』上、青木文庫、三八頁）と。

　このように労働者には、他方で国家構成員としての自覚と、一国産業の振興を担う責任感とが要求された。そして労働組合は、日本の労働者が、そうした自覚と責任の担い手にふさわしい自主独立の人格を形成する場としても、また不可欠のものと主張されたのである。前述の労働組合期成会の「設立趣旨」でも、「思ふに組合にあらずんば一挙して労働者の旧弊を除去し其美風を養成せしむること能はず、其労働の効験を高めて製産を盛ならしむること能はず、又其地位の堕落を防ぎて進歩の方向に向はしむること能はざるなり」（同上書、三八‐九頁）と述べて、労働組合が労働者の「品位」を高め、「道義心」を養い、「自主の心と自重の念」を喚起するうえに少なからぬ役割を果たすものであることを指摘している。片山潜が「団結は労働者に取りては無上の教育なり、政治経済を実際に学ぶの良校なり」（「労働団結の必要」『六合雑誌』明治三〇年七月一五日、前掲『明治思想集 III』二五頁）としているのも同様の意味であろう。

　このように高野や片山ら当時の労働運動の指導者にとって、労働組合は階級的というよりはむしろ国民的な性格を濃厚にし、資本家に対しても対決的姿勢よりはむしろ協調的な態度を基本とした。「労働問題と云ふものは何が目的か、資本家を撲滅するのが目的ではない、凡ての多くの人民が働いて楽に喰ふことが出来るやうになれば宜いです。（拍手喝采）智識が発達し、工業も発達し、日本の国威が揚ると、相互に生存して行けることが出来たならば此上もないことである」（「片山氏の社会主義」『労働世界』明治三二年一〇月一五日、岸本英太郎編、前掲書、六八頁）という片山の発言はこのことをよく示している。だからそこでは「労働と資本の調和」が一貫して説かれ、「労働団結は労働者に勢力を与ふ」とか、「結合は勢力なり」ということがしきりと口にされたが、労働者の「勢力」はむしろこの労働と資本とのあるべき「調和」を可能とするうえに必要な前提と考えられたのであった。労働組合期成会の機関誌として片山潜を主筆に発刊された『労働世界』が、創刊にあたって「労働世界の方針は社会の改良にして革命にあらず。其の資本家に対するや敢て分裂的争闘を事とせんとするにあらずして真正の調和を全ふせんとするにあり」（「『労働世界』「宣言」『労働世界』明治三〇年一二月一日、同上書、五八頁）と述べ、革命というシンボルとの結びつきを極力避けたのもその表われであろう。このことは、いわゆる「同盟罷工」すなわちストライキに対する彼らの慎重な態度、「虚無無政府党」や「激烈なる社会党」の登場に対する深い憂慮と密接に結びついていたことはいうまでもない。

　このように日清戦争後に擡頭した労働問題は、社会主義へ志向する芽を宿しながらも、他方では国民国家の形成という明治維新いらいの課題を継承していた。そして資本制生産の発達にともなう労働者の社会経済的不安、貧富の社会的懸隔の拡大という深刻な事態は、まさに国民国家の形成というこの維新いらいの課題に照らして看過できない憂慮すべき「問題」と識者により捉えられたのであった。彼らが労働者に対し、直面している問題の意味とその解決の方途を訴えるにあたって、階級意識の高揚よりは、むしろ労働者各人の「自由独立の気象」や「道義心」、自己の職業に対する自覚や「社会」に対する責任を強調したのもそのためである。そこには、労資の立場の相違を超えた共通の社会的一体の観念、あるいは等質的な利害と感情によって結ばれた国民の観念が、なお生き生きと息づいていた。

労働組合の活動において指導的役割を果たすべきものと考えられた「識者」とは、まさにこのような全体観念の担い手を意味した。そしてこの「識者」の指導下にある組合活動をとおして、労働者も、その利益を、「社会」の改良・進歩や「日本工業」の発達や「国威」の高揚という、広い視点と両立し調和させながら追求するよう「教育」され、「訓練」されることが期待されたのである。安易な「同盟罷工」主義や「虚無党」「無政府党」などの「激烈」な実力行動論がきびしく排除されたのも、彼らの前提とする一体的な秩序観念からすれば当然のことであった。したがって彼らは、労働者の利益の確保と地位の向上のためには、労働者自身の内的意識の変革とならんで、資本や土地などの生産手段の公有や、団結権その他労働者の諸権利の保障など、外的な社会制度の改革を不可欠の要件としたが、それを実現すべき手段としては、労働者自身の政治参加と民意を背景とした議会の活動に新しく期待を寄せることとなった。

11　初期社会主義の行動と思想

時あたかも日清戦争後は、これまでの選挙権にまつわる財産上の制限を一挙に撤廃し普通選挙制を実現しようという動きが、ようやく表面化しつつある時期に当たっていた。一八九七（明治三〇）年五月、社会問題研究会のメンバーであった河野広中・中村太八郎らによってその第一声があげられ、その二年後の一八九九年一〇月には、上記の二名のほか片山潜・木下尚江・幸徳秋水・花井卓蔵・黒岩周六らの人たちによって普通選挙期成同盟会（翌年には普通選挙同盟会と改称）が組織されている。この期成同盟会が翌年一月に発表した「普通選挙を請願するの趣意」によれば、「我国家は、国民全体の国家である」という立場から、選挙権が一部少数の者に制限されて国民全体の輿論が無視されている現状は、「憲法政治、輿論政治の本旨に背くの甚しきもの」と指摘し、それにつづけてつぎのように述べている。「今日の如く、富豪ばかりに選挙の権を与へて置けば、国会が決議し定むる所のすべての法律や制度は、自然に富豪の勝手に流れて、中以下の人民は常に不利益の地に立つのである。而して富者は益す富んで、中以下は益す貧に陥り、社会は益す平等を失ふて、国家の前途甚だ恐るべきことになるであらう」と。つまり彼らによれば、当時の政界の「腐敗堕落」も金権によって支配された議会の歪みにその一因がある。したがって普通選挙の実現によって議会が正しく国民的基盤のうえに位置づけられるならば、こうした弊害も除去されるであろうし、ひいては、「国民一般の智識も開け、徳義も進み、国家社会は、益す隆盛になるであらう」（「普通選挙を請願するの趣意」『明治思想集 Ⅲ』近代日本思想大系32、一一―一二頁）と、普通選挙制実現の意義が強調された。

このように、選挙権を拡大して広く労働者にも政治参加の機会を与えるべきだとする動向が進行しつつある状況と平行して、労働組合運動の議会政治への接近もまた積極的に追求されていった。たとえば片山も、「欧米の労働者は彼等の権利を主張し、彼等の利益を図るには政治に依らなければ出来ないと云ふことを段々知つて来たやうな有様であつて、実際事実上より云ふも斯様な有様になつて居ります」（片山潜「日本に於ける労働」『社会』明治三二年八月、岸本英太郎編『明治社会運動思想・上』一〇一頁）と述べているように、欧米においても労働運動は「同盟罷工」への依存から離れて政党運動の方向へと向かいつつあることを紹介している。また雑誌『労働世界』も、「労働問題と政治」（明治三二年一一月一日）と題する論説を掲げて、労働者が組合活動と同時に

「政事」にも目を注ぐ必要を力説している。

他方、一九〇〇（明治三三）年には、山県内閣の下で治安警察法が成立、同年三月、公布されている。この法律には、労働組合への加入や同盟罷業、または労務条件や報酬をめぐる交渉などの行為に対して、暴行・脅迫・公然誹毀・誘惑・煽動等を理由に、政府の手で禁止を命ずることができる条項が加えられていた。いうまでもなく労働運動の擡頭に対する政府の権力的対応をそれは示すものであった。したがって、時の労働運動の指導者たちが、この法案の成立に手をかした既成の政党勢力と議会の現状に不信の念を深くしたのもまた当然のことであろう。彼らはこうした政治の実態を改革するためには、選挙法の改正・普通選挙制の実現がいよいよ急務であるとするとともに、さらに一歩を進めて、現在の政治のあり方を根底において支える社会経済制度そのものの改革を必要不可欠と考えるようになった。翌一九〇一年五月、彼らが社会民主党の結成を企てたのはそうした意図の表われと見ることができる。

社会主義政党の結成は、片山潜を中心に安部磯雄・木下尚江・幸徳秋水・河上清・西川光二郎の協力で進められた。その際彼らが範としたのは、当時その多くが私淑していたラサール（Ferdinand Lassalle, 1825–64）の影響の強いドイツ社会民主党であったとされる。木下尚江の回想はこう語っている。

「当時の事だから、お手本は自然ドイツだ。名称は『社会民主党』少し明細な『宣言書』をだす事。宣言書は、幸徳の文章でやるべき所だが、幸徳は辞退して先輩に譲つた。衆望で、安部君が筆をとることになつた」（木下尚江「幸徳秋水と僕」『神・人間・自由』『木下尚江集』近代日本思想大系10、三六七-八頁）。

こうして生まれたわが国最初の社会主義政党・社会民主党は、しかし、結社届出の翌日には禁止を命じられ、宣言書を掲載したごく一部の新聞雑誌もただちに発売頒布を禁じられるという苛酷な結果に終った。* はかないその結末にもかかわらず、社会民主党の結成は、日清戦争後に登場した初期社会運動の一つの到達点を示すものとして注目に値する事件であった。この政党は、「党則」の第一条に謳っているように、社会主義の実行をその目的として掲げている。したがってめざすべき理想として、そこでは、階級制度の全廃、土地および資本の公有、鉄道その他交通機関の公有、富の分配の公平、人民の政治的自由権・教育権の確立などが挙げられているが、それと並んで人種の違いや政治体制の相違を超えた「人類は皆同胞」との世界主義や、軍備の全廃を主張する平和主義が打ち出されている。このことは、やはり注目すべきことであろう。そして当面の政策課題としては、鉄道の公有や義務教育の公費負担、労働組合法の制定その他労働条件の改善のほか、普通選挙制の実施、死刑の廃止、貴族院の廃止、軍備の縮小、治安警察法の廃止等々を掲げた。

＊社会民主党の結成と禁止の経緯については、太田雅夫『明治社会主義政党史』ミネルヴァ書房、一九七

一年、第一章に詳しい叙述が行なわれている。

この社会民主党結成の宣言は、日清戦争後、社会問題というかたちで示された新しい問題の提起――すなわち維新いらい日本が追求してきた近代と文明を捉え直すための新しい視点――の一つの集約的表現としての意味をもった。前述のように、労働者の団結権をはじめとする労働基本権の確立は、労働者の経済的な劣悪化を防ぐための主体的条件として、すでに早くから主張されていたものであった。それは、労働者の経済的条件の向上に不可欠であっただけでなく、労働者をして「徳義を重んぜしめ自由独立の気象を鼓舞」せしめるという「教育」的役割においてもまた必要であった。そうした労働者の人格的な向上によってはじめて、労働者は、政治参加を通して、一部の富裕者やそれと結びついた官僚や既成政党から日本の政治を労働者の手に奪い返すことが現実に可能となろうし、国家を文字どおり国民全体のものとすることも期待できる。「労働団結」と普通選挙制の実現は、こうして相互に一つの運動として結び合うこととなったのである。

しかし、その場合でも、政治はもはやそれ自体自足的な世界として捉えられることはなかった。社会民主党結成にあたっての「宣言」でも、「抑も経済上の平等は本にして政治上の平等は末なり。故に立憲の政治を行ひて政権を公平に分配したりとするも、経済上の不公平にして除去せられざる限りは人民多数の不幸は依然として存すべし」（『明治文化全集　社会篇』五三一頁）と述べている。既述のとおり、明治一〇年代に看取された政治優位の傾向は、すでに明治二〇年代に入ると、徳富蘇峰の平民主義や政教社の国粋主義の例に見られたように、一つの反省の時期を迎えていた。そこでは政治の自足的価値は否定され、「政治は即ち我が一身一家の利害に切要なるものにして、之を要するに政治の改良も、一個人の幸福を増進するの外更になし」（徳富蘇峰「建白書を出したる後は如何にすべきや」『国民之友』明治二〇年一二月）と蘇峰が述べているように、「一身一家の利害」という平民の日常的生活の問題に視線が注がれるようになる。政教社の志賀重昂が、華やかな都会の開化から取り残された「地方人民の惨況」に注意を喚起し、三宅雪嶺が高島炭坑の坑夫の奴隷的労働からの解放を世の人びとに訴えた（三宅雪嶺「三千の奴隷を如何にすべきや」『日本人』明治二一年八月）のも、人民の社会生活の実態に注がれた彼らの確かな視線を物語るものであった。日清戦争後の社会問題の登場に象徴されるような「社会」への注目、すなわち政治の根底にあって政治のあり方を規定するものとしての、社会組織や経済構造の問題を重視する視点は、右のような明治二〇年代いらいの傾向を継承し、それをよりいっそう徹底させたものということができる。

社会民主党に結集した初期社会主義者たちが、現行の政治制度の改革と並んで社会組織の改革を主張したのもそのためであった。とくに彼らが社会的弊害の源流として問題としたのは自由競争であった。同党の「宣言」でも、「抑も現社会の組織は何を以て根拠とせるかといふに、云ふまでもなく個人競争主義にして、其結果金権も政権も一方に集注し、多数の人民は為に奴隷の如き位置に立たざるべからざるに至れり」（『明治文化全集 社会篇』、五三三頁）としている。幸徳秋水が、富の分配の不公平、詐欺・争闘・賄賂・姦淫・賊盗・殺人等、社会の秩序紊乱、風教堕落を捉えて、「是れ個人主義的制度の余弊也、自由競争より生ずる害毒の致す所也」（幸徳秋水「胃腑の問題」『万朝報』明治三二年九月二〇日、『幸徳秋水全集』第二巻、二〇二頁）と断じたのも同様である。

ここで、「個人競争主義」や「自由競争」が、このように社会的諸悪の根源として批判の対象に据えられたということは、ただ単に自由経済体制や資本主義制度の改革や修正という制度レベルの問題に限定することを許さない、より根源的な意味をわれわれに投げかけるものであった。ちょうど日清戦争後の社会問題が、前述のように、維新以後の日本の国家と近代のあり方と構造的に結びつけて捉えられたのと同様に、この自由競争への批判もまた維新いらいの文明開化とその帰結についての痛切な反省と重なり合うものをもっていた。社会の正しい進歩と調和ある発展のためには、科学・技術・法律・制度の発達もさることながら、その前に人間としての信義・理想と社会的な公徳が必要なのではないか。そうした理想と徳義とを欠いた「個人競争主義」が、今日のような社会の矛盾と腐敗とをもたらしたのではないか。秋水らの社会批判はそうした問題関心に多く支えられていた。幸徳秋水は、維新以後の日本の社会のあり方に対して、つぎのような批判を投げかけている。

「近くは我国維新以前に在て所謂武士道なる道義と信用の鞏固に保存せられたることを見よ、而して其維新の後に至つて漸次に消滅し去れることを見よ、是れ維新以前の士人が特り道義と信用の尚ぶべきを知て、維新以後の士人が之を解せさるに非る也、唯た当時の社会組織が所謂武士道に依るに非すんば、以て彼等の幸福慾望を満足すること能はずして、而して今日の社会組織は、之を奉持せば以て其幸福快楽を失はしむるが為めに非すや、社会組織の良否が世道人心に及ぼす所洵に如此き也」（幸徳秋水「革命乎亡国乎」『日本人』明治三二年一一月二〇日、同上全集第一巻、三〇〇頁）。

維新以後における日本の近代の形成が、法律・制度・科学・技術など「文明の外形」に重点が置かれた形で進められ、近代を担う人間の自律的な内面の世界がともすれば置き忘れられがちであったとする批判は、明治初年いらい一貫して存在した。「文明の外形のみを取る可らず、必ず先づ文明の精神を備へて其外形に適す可きものなかる可らず」（福沢諭吉『文明論之概略』『福沢諭吉全集』四巻、二一頁）とした福沢諭吉は、その代表的な例と言えよう。徳富蘇峰においてもそうであった。維新後二〇年の時点で、彼が新しい言論界の担い手として登場する際のメッセージは、先輩たちの手で成し遂げられた「維新第一の改革」を継ぐ「我邦知識世界第二の革命」を成就することにあった。彼のこの課題設定の前提には、いうまでもなく、維新の改革が「表面有形物質的」な側面に止まって「裏面無形精神的の文明」に及んでいないという認識があった。彼はこう述べている。

「今や我が明治の社会は、之を道徳上より観察し来れば、乃ち裸体の社会と云はざる可らず。固より我が封建社会の道徳は、不完全なるものにてありし。然れども社会の秩序井然として、一糸乱れず、不完全ながらも衣裳を着したり。今や既に旧衣を脱し尽して、未だ新衣を着せず。其の泰西より輸入したるの文明は、僅に表面有形物質的の一斑に過ぎず。之を発揮鼓舞する所の精神元気すら、尚ほ雲烟万里の外にあり。況んや之を調和し、之を精煉し、之をして万万古に維持する所の優美荘厳なる裏面無形精神的の文明に於てをや」（徳富蘇峰『新日本之青年』明治二〇年刊『徳富蘇峰集』近代日本思想大系8、一二一‐三頁）。

福沢の場合も蘇峰の場合も、維新の変革が積み残した新しい自立的な人間の精神の形成は、西欧文明の発達を可能とした、まさにその文明の精神――福沢のいわゆる「人民独立の気力」・「智徳」、蘇峰のいわゆる「泰西自由主義の社会に流行する道義法」――の導入によってはじめて期待できると考えた。しかし、新しい時代の精神やモラルを、福沢や蘇峰のように西欧のそれの直輸入によってではなく、古い儒教的な精神やモラルの再解釈や再構成をとおして、明治の日本に導き入れようとする試みも他方ではなされた。硬骨の政論記者として明治中期の言論界に確固たる地位を占めた陸羯南もそのひとりといえよう。彼は、江戸時代が「虚礼末節」にこだわって「実用活機に迂なるの弊」に陥ったその反動として、維新以降の日本は「遂に道徳を捨てて而して専ら才智を取る」風潮を生む結果となったと説いて、徳義軽視の傾向に対して繰り返し世人の注意を喚起している。羯南が立憲政治論を展開するにあたって、立憲政治の運営にとって本質的なことは、国家の秩序と人民の安寧幸福を守る政治家としての責任感と、世論によってみずからの進退を律する倫理的観念であるとしたのもそのためであった（この点については、拙著『近代日本の政治と人間』一一八頁以下参照）。彼が、「特に立憲政体の如きは道徳力の干渉なければ、其の完行を期すべからざること（西欧の——引用者）多数学者の定説にあらずや」（陸羯南「誠心」『日本』明治二四年一月五日『陸羯南全集』第三巻、八頁）としているのは、そのことを示している。立憲政治の要諦を法律制度の完備にでなく、むしろ法律制度を適正に運用する政治家のモラルに求めた羯南の発想の根底には、法治に対して徳治を対比し為政者の道徳的人格性を重視する東洋の伝統的政治理念が、新しい時代の文脈の下で継承され活かされていることを知るのである。*

*たとえば羯南は「東洋文化」の軽視をきびしく批判し、「下観論」（『日本』明治二四年五月四日）のなかでつぎのように述べている。「殊に近年法律の完全に熱心なるや、東西文化の根原に一大相違あるを思はず、東洋文化の根本なる情誼を滅却し、西洋文化の余光に過ぎざる法律を借り来つて之に代へんと欲するものあり。是に於てか挙世情誼を棄てゝ防踰を事とし、道義上の責任説の如きは、迂腐の言に属し、人復た之れを顧みるものなく、賢良其跡を収めて姦邪日に横行し、信用地に墜て危懼の念日に盛んに、百害生じ万弊起るを致せり」（『陸羯南全集』第三巻、一一五頁）。

文明開化の蔭でともすれば忘れられがちであった新しい時代の内面の精神とモラルの構築を、

伝統的な学問や思想を媒介としながら追求した思想家としては、他に中江兆民を挙げることができる。兆民は、先の陸羯南によって「西洋十八世紀末の法理論を祖述し、多く哲学理想を含蓄」した民権論者といわれ、「その民権を説くにおいては一層深遠」（陸羯南「近時政論考」『陸羯南全集』第一巻、四七頁）と評されたほどの思想家であったが、彼もまた、維新いらいの文明開化が社会の外面的な開化に走って人間の道徳的心性の問題が軽視される傾向にあることについて、批判の姿勢を保ちつづけた。彼がルソーの『学問芸術論』（J. J. Rousseau : Discours sur les sciences et les arts, 1750）を、ほかならぬ『非開化論』と題して訳出（ただし下節は土居言太郎訳）刊行したことにも、それは示されている。* 世のいわゆる文明開化なるものの実態に対して彼が最も憂えた点は、「外貌」と「心術」の乖離であり、「道義ノ心」が消滅して「軽馳ノ習」が次第に人心を捉えつつあることにあった。一八七五（明治八）年ころの執筆と推定される「策論」のなかで、兆民はつぎのように記している。「道義ノ心ハ居常之ヲ淬礪《さいれい》スルニ非ラザルヨリハ浸《ようや》ク靡滅《びめつ》スルニ至ル、且究理分析ノ術タル、厘ヲ剖シ錙《し》ヲ析シ、法律経済ノ学タル、権ヲ談ジ利ヲ説クヲ以テ、其弊ヤ或ハ高妙ヲ喜ンデ而テ近切ヲ厭フニ至ル、是ヲ以テ欧亜諸州ニ在テハ教法ヲ盛ニシ道学ヲ広メ以テ軽馳ノ習ヲ防グ、今我邦ノ若《ごと》キハ然ラズ、洋書大ニ世ニ行ハル、以来経伝ノ学日ニ消シ月ニ滅シ、今日ニ至テハ則チ幾《ほと》ンド仁義忠信ヲ以テ迂屈ト為ス」（『中江兆民全集』第一巻、二五-六頁）と。

＊井田進也氏も『非開化論』の「解題」（『中江兆民全集』第一巻、二八八‐九頁）で、「なおルソーの『学問芸術論』を『非開化論』と題して翻訳紹介した意図が、時代を覆う〝文明開化〟の風潮にルソー流の文明批判を加えるところにあったことは、訳文中『玆《ここ》ニ云フ所ハ正サニ方今ノ所謂文明開化ノ風習ナリ』（傍点編者）という、原文にない一行を加筆していることからも窺える……」と述べておられる。

ここでは、維新以降の西洋科学技術の導入や法律経済学への傾倒が、細かい知識や理論を尊ぶ風潮を生み出し、西欧でも宗教をとおして涵養されているような道徳的心性の側面は捨てて顧みない傾向が広がっていることに、深い憂慮の念をもらしている。兆民はこうした知の偏りを是正するために「漢土ノ経伝」に改めて視線を向けているのだが、それはもとより単なる漢学の復興ではない。むしろそれは、東洋の伝統的な学問——儒学や老荘の学や禅等々——についての新しい理解——新しい時代状況に即したその読み替え——をとおして、西欧的な自由や民権の観念に剛毅な精神的活力の裏づけを与えることにあった。兆民が、自由・平等・民権という西欧近代の理念を、孟子の「理義」なる観念——それは孟子のいわゆる「心の同じく然りとする所のもの」つまり万人が共通に善と感じるところのものという観念——によって受けとめ、また精神の自由（「心思の自由《リベルテー・モラル》」）を孟子の「浩然の気」になぞらえて理解したことなどにその例を見ることができる。＊

＊この点については、拙著『明治思想における伝統と近代』（東京大学出版会、一九九六年）第六章「中

江兆民における伝統と近代――その思想構築と儒学の役割――」で詳しく論じたことがあるので参照されたい。

幸徳秋水ら初期社会主義者たちが、当時の日本の政界の腐敗、経済の不安、道徳の頽廃を慨歎し、「個人競争主義」の弊害をきびしく指摘するとき、その社会批判を支える問題関心の根底には、多くの面で、維新以後を通じて見られた右のような近代日本の文明開化のあり方に対する一連の批判と重なり合うものをもっていた。秋水が現実の変革を志向するに際して、「日本社会の発達、国民の繁栄を希ふ者は、其今日の政治に依頼するの到底無益なることを知らざる可らず、我政治の善良なるを欲するの前に於て、先づ我社会国民をして、政治以外に徳義あらしめ、信仰あらしめ、理想あらしめ、制裁あらしめ、信用あらしめ、而して後ち初めて之を能くすべき也」（幸徳秋水「非政治論」『万朝報』明治三二年一月一三日『幸徳秋水全集』第二巻、一六六‐七頁）と述べているように、政治制度や経済制度の改革と並んで、同時により根底的な問題として、人間そのものの内面の変革を取り上げたのもそのためである。

一九〇一（明治三四）年七月、『万朝報』の社主涙香黒岩周六の提唱によって結成された理想団に、秋水や堺利彦が内村鑑三・円城寺清・斯波貞吉ら朝報社の仲間とともに発起人として参加したのは、その意味で決して偶然ではなかった。理想団は、その発足にあたって黒岩涙香が社会に訴えた「平和なる檄文」で、「理想団の主として力を尽す可きは、社会の何の部分なる乎、曰く其の人心なり」と述べているように、社会救済の第一歩を、何にもまして社会の「人心」、つまり社会の人びとの「公義心」とその制裁の力に期待しようとする運動であったが、それはまさしく幸徳や堺の問題関心と根底において一致するものであったからである。こうしてこの理想団は、のち一九〇三（明治三六）年一一月に結成される明治社会主義者を中心とする集団・平民社の、有力な源流としての位置を占めることとなるのである。

12　自我の鼓動

社会問題の登場とならんで日清戦争後の思想状況を特徴づけたものに、個人的意識の擡頭とそれにともなう国家と個人との乖離ともいうべき問題があった。すなわち維新いらい、国家の対外的独立の達成、そのための国家の富強の実現は、国民共通の目標を形づくっていた。もちろんその方途をめぐって、あるいは政府の改革とその充実強化を重視するもの（加藤弘之のいわゆる「内養」）もあり、他方ではまた社会生活全般の文明化をとおして国民一人ひとりの自立的精神の確立を先とするもの（福沢諭吉のいわゆる「一身独立して一国独立す」）など、その重点の置き方にそれぞれの相違はあっても、国際社会に確固とした地位を占める国民国家の建設は、国民共通の念願であり課題であったといってよい。そこでは国家的ニーズに応ずることが個人の行動目標であり、また政治社会の価値序列がとりもなおさず個人の行為価値（「立身出世」）を意味した。この国家と個人とのいわば「幸福なる」調和は、日清戦争後しだいに崩れ、両者の間に亀裂が生じ始める。

すなわち日清戦争に勝利した日本は、列強との間の治外法権の撤廃にも成功し、国際的地位の改善に向けて大きく前進することができた。それは日本の国家的自信にもつながり、その結果、たしかに一方においては国家の権威化と膨張主義を讃美する傾向を生むこととなった。木村鷹太郎や高山樗牛によって唱えられたいわゆる日本主義*はその現われであろう。

＊高山樗牛によれば日本主義とはつぎのようなものと説明されている。「日本主義とは何ぞや。国民的特性に本ける自主独立の精神に拠りて建国当初の抱負を発揮せむことを目的とする所の道徳的原理、即是なり」（「日本主義を賛す」『太陽』明治三〇年六月『明治思想集 II』近代日本思想大系31、三九二頁）。

しかしそこで強調された国家至上主義や忠君愛国の道徳主義も、「個人」の側からの何らかの抵抗や反論なしに受け入れられることはもはや期待できなかった。たとえば木村鷹太郎が天皇統治の至上絶対であることを説きながら、同時に天皇統治は「人民の幸福」を念願し目的とする「君徳」に基礎づけられているとしたのに対し、綱島梁川は、天皇の主権性と道徳性という、天皇制国家の国体論が本質的に内在する矛盾をまさに矛盾として指摘し、「君権」を「至上」とする主義と「人民の幸福」を「至上」とする主義とをともに立論の根拠とする木村の論理の撞着を衝いている。そして梁川は言う。「〔人民の〕幸福を図らざる君主は徳なき君主なり、徳なき君主は人民之を仰ぎて君主となさゞる也。徳即幸福にして幸福即人民の唯一『至上の目的』なればなり」（綱島梁川「国家主義に関して木村鷹太郎氏に質す」明治三一年七月『明治思想集 II』近代日本思想大系31、三七四頁）と。

　君主の権威を「徳」のカリスマに求めようとするならば、人民の幸福に背反する君主の統治は、「徳」に欠けるがゆえにそのカリスマ性を奪われなければならない。ここでは「人民の幸福」という私的でささやかな、しかし普遍への拡がりをもつ「個人」の視点が、国家の無条件性や天皇統治の至高性という従来の集団主義的イデオロギーや「公」的原理に対して、多かれ少なかれ距離をおいた、異質な方向性をもつものとして、ここに新しく登場しつつあることを知るのである。したがって同じく国家を語り国民を論じても、忠君・愛国・尚武・崇祖というような、粗大で陳腐な観念の羅列ではもはや済まされない状況が展開しはじめる。

　たとえば文学の世界で、新しく「国民文学」の名の下で「国民性情に基ける文学」（高山樗牛「我邦現今の文芸界に於ける批評家の本務」『太陽』明治三〇年六月）の提唱がなされたのも、先述のような日清戦争後の国家主義的風潮の高揚を示す事例であろうが、こうした動向に対しても梁川は、「国民性とは何ぞや」という問いを改めて提起しつぎのように述べている。「今日の社会は未だ一定せる国民的新特色を有せずといふを事実とすべきにはあらざるか。試みに思へ、所謂忠孝、所謂家系の継紹等の過去的理想は、到る処に新思潮と矛盾し衝突しつゝあるにあらずや」（綱島梁川「国民性と文学」明治三一年五月、同上書、三六八頁）と。すなわちここにも「過去的理想」と「新思潮」との矛盾・衝突という表現の下で既成の国家思想や道徳の問い直しの必要が語られているのである。また大町桂月も、国民文学論に対して、国民文学は同時に「世界の文学上に一地歩を占むるに足る」だけの「世界文学」としての拡がりと普遍性とをもたなければならないとし、あわせて「国民精神」の現状について彼はその不満の念いをつぎのように記している。

「征清の一挙、我国は物質界に於いて大国民の技倆あることを世界に吹聴せり、精神界に於いて未だ大国民の技倆を示すものなきは、偏へに国家の為に之を惜まざるを得ざるなり」（大町桂月「国民文学と国民精神」明治三二年『明治思想集 II』近代日本思想大系31、三八三頁）。

大町桂月のこの言葉は、国際社会における国家の地位を決定づけるものとして、軍事力に代表される国家の物質的力と同時に、あるいはそれ以上に、国民の普遍的精神や文明的能力が重要であることを示唆したものであろう。それは、従来の富国強兵的価値体系の一元的支配に対する一つの挑戦を意味した。そして内村鑑三の非戦論や幸徳秋水の帝国主義批判は、いずれもこの方向の延長線上に形づくられたということができる。内村の非戦論は、個人道徳の立場をあくまで徹底させることによって国家の戦争行為の非人間性をきびしく指弾した結果であり、幸徳秋水の『廿世紀之怪物帝国主義』（明治三四年刊）も、同じく人道主義の立場を純化させることをとおして愛国主義の非合理性と帝国主義の非人間性を明らかにしたものにほかならないからである。さらに付言するならば、こうした個人的視点の強調は、内村や幸徳のように帝国主義を批判した側のみならず、山路愛山のように帝国主義的立場にコミットした側においても、同じく見られたところであった。愛山は内村から投げかけられた批判に答えた文章でこう述べている。

「人は存在の権利あり、人は他人の貪慾に身を捧げて其血肉を彼等に供するの義務あるものに非ずとは、総ての聖人総ての経典が余に与へたる所なり。尊貴なる宗教の吾人に与へたる『ヒウマニチイ』は人は存在する権利ありてふ根本的基礎に立ちたるものなり。人若し存在する権利なくんば何ぞ所謂人道なるものあらんや。人間は存在する権利ありとの信念に立ちたる余は何故に帝国主義に赴きたる乎。他なし帝国主義に非れば人は地上に存在し得べからざればなり」（山路愛山「余は何故に帝国主義の信者たる乎」『独立評論』明治三六年一月『明治思想集Ⅲ』近代日本思想大系32、二一〇頁）。

ここでは帝国主義の立場を正当化するものとして個人の生存権の観念が援用され、その視点から帝国主義の必要が語られている。

こうした個の意識の擡頭は、明治三〇年代以降さまざまな思想的表現をとって噴出することとなる。ただその場合、前述の内村鑑三や幸徳秋水およびその他の社会主義者たちを除けば、多くは既成の国家観念や社会規範と直接対決する姿勢を避け、むしろそれらを受け入れるに際しての新しい主観的意味づけを試みるか、あるいは公的な国家社会の領域とは切り離された私的な個の世界に沈潜するという方向を選んだ。*宗教への関心が高まり、多くの人びとが精神的煩悶について語り、既成の道徳にかんして懐疑を口にする風潮がこの期に生まれたのもそのためである。

＊丸山眞男氏は、一九〇〇年ごろ（あるいはせいぜい日清戦争以後）から一〇年ごろまでの時期を、日本の近代化の過程で「個人析出が明確な型をとって出現する」最初の時期としている。そしてそこで析出してゆく「個人」は、「結社形成的、associative」な「自立化」・「民主化」型の個人とは区別された、「非結社形成的、dissociative」な「私化」・「原子化」型の個人が圧倒的であったとしている。丸山眞男「個人析出のさまざまなパターン――近代日本をケースとして――」（マリウス・B・ジャンセン編、細谷千博訳『日本における近代化の問題』岩波書店、一九六八年所収）参照。

清沢満之が雑誌『精神界』を発刊（明治三四年一月）し、それを発言の場として唱道した「精神主義」も、不安や矛盾や煩悶が人びとを捉えはじめた当時にあって、いかにして精神の安定を達成するかという精神界の課題を、きわめて内省主義的な形で追求しようとしたものであった。

清沢満之は、東京大学で哲学を学んだのち、宗教哲学の研究から宗教者の道を選び、かねてから属していた真宗大谷派の宗門に入って修道に勤しむ身となった人である。彼は、一八九四（明治二七）年、肺を病んで療養を余儀なくされたことも契機となって人生にかんする思想の変化を来し、さらに明治三一年のころ『四阿含経』やエピクテタスの語録を読んで回心を経験することとなる。彼はこれまでの修道生活が「自力の迷情」にとらわれたものであったことを反省し、自力の小なることを自覚して他力の大なるに托することの大切さを悟るのである。満之の弟子多田鼎の記するところによれば、「蓋し師は其まで、初めには学問の思索を以て、次には道徳の実行を以て、その生活を完うしたいと努められた。然るに啻にその思索と実行との純全が得られぬのみでなく、思ひがけなく又病のために之が果たされぬことゝとなつた。師は人間の自力の小やかさと共に、自分の上に自分ならぬ威力の加へられてあることを感ぜられた。随つてその自力をすてゝ、唯この他力に順はねばならぬことを感ぜられた」（多田鼎「清沢満之師の生涯及び地位」『現代仏教』昭和八年七月『清沢満之他集』明治文学全集46、四〇六頁）と。満之のいわゆる「精神主義」は、こうした彼の回心の一つの帰結として唱えられた。

すなわち彼の「精神主義」は、「自家の精神内に充足を求むる」ことをめざすものであり、個人の精神的な「満足と自由」とを目的とした点で、それはあくまでも「個」の思想であった。そこでは、「精神主義は、彼の社会の為め、国家の為めを先として、自己の為めを知らざる主義が、吾人に安住を与ふるものとする能はざるなり」（清沢満之「精神主義と三世」『精神界』明治三五年二月、同上書、二二九頁）という既存の思想への不満に根ざしていると述べているように、国家や社会の利益を個人のそれより優先する従来の視点に対して、むしろ自己の内面の世界を重視する個の立場が起点となっていた。そして親鸞に依拠した彼の他力主義は、まさしく個人の内面の世界の安住を確保するための方法にほかならなかったのである。しかもこの「無限大悲の他力」の実在は、「外観主義を後にして、内観主義を先にすべし」と彼が説いているように、「内観の自覚確立」すなわち徹底した自己省察による自己の「精神の開展」をとおしてはじめて感得できるとした。そのかぎりにおいて満之の「精神主義」は、やはり日清戦後における個人の自覚の一つの表現であったということができる。

しかしそこで課題とされた個人の「満足」や「自由」は、極端なまでの内省主義と受動主義によって特徴づけられていた。すなわち「自由」とは、実際には「自由に自家の主張を変更して他人の自由に調和すること」つまり「絶対的服従」の別名にすぎなかったし、個人の「煩悶憂苦」に対しても、「精神主義は総ての煩悶憂苦を以て、全く各人自己の妄念より生ずる幻影と信ずるにあり」と述べているように、あくまで自己自身の内面に向けての帰責が行なわれ、現状不満については「自家修養の道」を説くことによって「如何なる所にも無限の妙致を発見して、到る所に充分なる満足を獲得すべきなり」と教える結果となる。このように、そこで自覚された「自己」とは、自己の内なる不満や煩悶や苦悩をみずから抑制し規律し克服するための自己であり、煩悶することなしに現実を肯定し受容するための論理を進んでみずからに課する、そういう「自己」の形成にほかならなかった。それは、当時ようやく自覚されはじめた自己と外的環境との乖離を、外なる環境に働きかけることによって解決するのでなく、逆に内なる自己の精神のあり方を問題にすることによって解消しようとする。そこでは、自己は他者との対立をそもそも予想しないという意味で、いわば負としての個の形成とでもいうべきものであった。

このように清沢満之によって追求された「個」は、自己の外なる状況と対決し、その間の溝をみずからの意志で乗り越えようとする創造的な主体を形づくるにはあまりにも能動的な力に欠けた弱さをもつものであった。しかしこれまでの仏教者が、教理の解明や教義の普及あるいは教団の護持や拡張にもっぱら力を注いできたのに対して、満之は現実の煩悶苦悩の渦中にあって解脱を求めて苦闘する「精神の開展」こそが修道の第一歩であり、自覚にもとづく信仰という「事実」そのものが重視されなければならぬとした。「信仰は吾人の自覚なり。吾人が吾人の根本的成立を自覚するもの、之を是れ宗教の信仰と云ふ」（清沢満之「宗教は目前にあり」『精神界』明治三四年六月、同上書、二二二頁）と彼は述べている。したがって満之の「精神主義」は、従来の仏教が現に直面している現代的煩悶から人びとを解放しようとする問題関心そのものを欠き、宗教に関わる人びとが「科学的」な理論や教義の確立に熱心ではあっても、現実の人間の救済には目を注ごうともしない不毛な観念性（あるいは理論信仰）に対する一つのプロテストを意味していた。彼が、「精神主義は、人世の最大事実なる宗教的信仰の上に於て、最も須要なる実行主義たるもの。之を要するに、科学には科学の範囲あり、宗教には宗教の範囲あり。科学が宗教的たるべき必要なきと共に、宗教が科学的たるべき必要なきなり」（清沢満之「科学と宗教」『精神界』明治三四年四月、同上書、二二〇頁）とし、「精神主義」が問題としているのは、「哲学的説明」や「理論」でなく、現実の人間が直面している苦悩をいかに解消するかという「実際門内の主義」であり「実行主義」であることを繰り返し強調したのはそのためである。「仏教と云へば則ち本願寺を聯想し、本願寺と云へば則ち腐敗を聯想す」（高山樗牛「東本願寺と村上専精氏」『太陽』明治三三年五月、『改訂註釈樗牛全集』四巻、五〇七頁）とまで極論された真宗大谷派の宗門にあって、満之の信仰運動が仏教の改革と称せられた所以もその点にあった。

「個」の自覚から発する既成の思想への挑戦は、より鮮明な形で高山樗牛にも見られた。たしかに樗牛は、日清戦争直後の時点にあっては、一種の確信的な国家主義の鼓吹者として論壇に登場している。彼の論説「日本主義を賛す」（『太陽』明治三〇年六月）や「国家至上主義に対する吾人の見解」（同上、明治三一年一月）などにそれを見ることができる。そこでは、日本の「国民的特性」や建国の理想（具体的には「国民的団結」「君民一家」「忠孝無二」など）が、国民の「性情」を形づくるものとして強調され、それらを個人の道徳的基礎と考える立場として「日本主義」が主張されている。そして、国家は「人類発達の必然の形式」と規定され、「国家的道徳を外にして別に人類的情誼なるもの之れ有らざるなり」（「日本主義を賛す」『明治思想集 II』近代日本思想大系31、三九五頁）と樗牛が述べるように、人間はいわば「国家的動物」として国家生活を前提とすることとなしには、もはや生存しえないものとされる。したがって「国民的特性」や「国民的性情」に基礎づけられないかぎり、いかなる人間の営みも、現実の生活のなかで活きた力をもちえないとしたのである。前述のように樗牛が文学の新しい方向として「国民性情に基ける文学」すなわち彼のいわゆる「国民文学」を提唱したのもそのためであった。こうして彼は、同様の立場から既成の宗教についても、「国民的性情」に基礎をもたない宗教は、仏教であれキリスト教であれ、国家の利益に矛盾するばかりでなく、国民の生活や福祉の充実にとっても有効な役割を果たすことができないものとしてこれを退けた。「吾等の日本主義は一切の宗教を排す」（高山樗牛「日本主義と哲学」明治三〇年六月稿、前掲全集第四巻、三三七頁）と彼が述べるのはその意味であろう。したがって彼によれば、「大和民族の抱負及理想」の表現である「日本主義」の立場を自覚的にとることによってはじめて、国民の精神的な充足を果たすことも可能になるとしたのである。彼は述べている。「日本主義は大和民族の抱負及理想を表白せるものなり。日本主義は日本国民の安心立命地を指定せるものなり。日本主義は宗教にあらず、哲学にあらず、国民的実行道徳の原理なり」（「日本主義を賛す」前掲『明治思想集 II』三九六頁）と。

このような樗牛の「日本主義」の説き方を見てくると、「日本主義」は、たしかに彼自身が述べているように「国家至上主義」の立場をとるものであったが、彼が国家を「至上」としたのは、国家そのものが至上の目的と考えたからでは必ずしもなく、じつは「国民的性情」に根ざした「国家的道徳」のみが、実際に国民に「安心立命」の方向を示しうると考えたからにほかならない。「人生の幸福を実現する方法にして同時に二以上あり、而して是の二以上の方法にして効力に優劣なしとせば、吾人は其の何れを選択するも自由なり。是の際、特に其一を至上とすべき謂れなし。然れども若し是の方法にして、唯一無二ならむには、是れ当然至上なるべき方法なり。

何となれば、依りて以て人生の目的を達すべき方法にして唯一ならば、吾人は専念一向是の方法に依傍するの外、行為の規準とすべきもの無ければなり。是の場合に於ては、名は即ち方法なりと雖も、実行上目的と同等の価値を有す、ハルトマン氏の所謂る方法目的（Mittelzweck）と称すべきものなり。是の方法目的の観念は、国家至上主義の至上なる所以を了解する上に於て必要なる条件なり」（「国家至上主義に対する吾人の見解」前掲全集第四巻、三九一頁）と彼が述べているのは、それを示している。

　このように「日本主義」における国家至上主義も、じつは日清戦争後の個人意識の擡頭のなかで、新しい「個」の世界の充たされざる内面を支えるものとして国家を捉え、個人の精神的な渇きを充たすうえに国家という存在が果たすべき役割を強調する、という一面をもっていた。その点では先述の清沢満之の「精神主義」と、ある共通した時代精神への課題を担っていたということができる。満之の「精神主義」が、人びとの精神的苦悩に目を向けようとしない宗教界の不毛な理論の物神化に反抗して、現実の民衆の精神的救済を課題とする信仰運動（満之のいわゆる「実行主義」）をめざしたのと同様に、樗牛の「日本主義」や「国家至上主義」も、個人の精神的充足をどうすれば実現しうるかという、実際的な要求に応えることのできない既成の思想の非現実性を、何とか乗り越えようとする意図を内に秘めていたからである。樗牛が、「日本主義は実践道徳の教義なり」とし、あるいは「国家至上主義は実践道徳の主義なり」と説いているように、

「日本主義」のねらいとするところが、「実践的」な道徳性の開発にあることを繰り返し強調し、またその問題とするところが、道徳にかんする「一般理義の説明」という理論レベルのものとは範疇的に異なった実践レベルのそれであることを力説しているのも、その間の事情を物語るものであろう。

　日清戦争直後、国家主義の外形をとりながらその下で秘かに息づいていた樗牛における自我の鼓動は＊、一九〇一（明治三四）年に至るとにわかに露な形で脈打ち始める。この年の一月、彼は雑誌『太陽』に「文明批評家としての文学者」を発表するが、そこでは近代文明に対するもっとも根底的な批判を展開した「文明批評家」としてニーチェを挙げ、その「超人」の観念は現代の国家を超え、社会を超え、歴史を超え、科学を超えた、一つの「極端にして、而かも最も純粋なる個人主義の本色」を表出したものにほかならないとした。「唯々霊なるもののみ能く霊を動かす。そが十九世紀の重荷を自覚し初めたる当代青年の中に、無数の味方を贏ち得しもの、亦決して偶然に非ざるを見る也」（「文明批評家としての文学者」前掲全集第二巻、六九六頁）。樗牛はニーチェについてこのように述べ、ニーチェのなかに近代文明を超克する新しい霊的な理想の表現を見出そうとしている。

＊高山樗牛は、「日本主義を賛す」を公にした同じ明治三〇年六月、また「わがそでの記」と題する一文を記している。そこでは、詩人ハイネに深い憧憬を寄せつつ詩的な感傷に身を托して叙情の世界に遊ぶ

ロマン的自我の表白が見られる。この「わがそでの記」にも登場する樗牛の友人姉崎正治も、当時の樗牛の心情にかんし、『樗牛全集』第四巻の「序言」でつぎのように記している。「三十年春再び京に入るに及びては、著者は殆ど全く国家主義、日本主義の使徒として世に現はれ、その間、盛にこの主義の為に破顕の活動をなしたり。されど、この間にありても著者は、この倫理主義を以て人生の根本的説明とせず、その実行的主義に外ならざる事を明かに自覚し居たれば、形而上的要求又心情の声はその間にも時々に現はれ、終に三十三年の春には身を丁酉倫理会に投じ『人の本分』を論じ、宗教家の覚悟を説くに至れり。表面は国家主義の波濤洶湧の中にも、千尋の底静かに真珠の光りを蔵したりしなり」と。

こうして樗牛は、ニーチェのみならず、トルストイ、イプセン、ゾラ、ズーデルマンなど各国の文学者が、その立場や方向や態様を異にしながらも、それぞれ「時代の精神を代表し、若しくは批評し、若しくは是れに反抗し、文明の進路に率先して、億兆の師表たらむを期する」、その一点においては共通するものをもっていること、そしてそこにはいずれも「文明批評家」と呼ぶのにふさわしいような、人間的な感性と理想の輝きを読みとることができると、憧憬にも似た想いをこめて語っている。それでは諸国の文学者がそれぞれ己れの信ずるところを堅持しつつ時代の精神と格闘を続けている今日の状況のなかで、わが国の文学者たちは果たしてどうであろうか。樗牛はこう述べている。「彼等の多くは、耳あれども国民の声を聴く能はず、目あれども時勢の風潮を見る能はず、一代の民衆が空しく光明に憧れて、暗中に煩悶する所のものを捉へて、『見よ、爾等の理想茲に在り』と呼ぶ能はざる也。彼等の多くは社会を知らず、国家を解せず、況してや十九世紀の世界文明をや」（「文明批評家としての文学者」同上書、七〇〇頁）と。

樗牛によって提示された「文明批評家」という概念は、日本の哲学がいわゆる講壇の哲学に安住してしまって、実生活にまつわる生々しい精神の問題、人生の問題に真剣な考察の眼を向けようとしない傾向に対する抗議の意味をもっていた。明治後期から大正期にかけての思想界で、文明批評という視点のもつ意義を歴史的に論じた土田杏村は、文明批評家の期待されるようになった背景として、一つには既成の哲学が著しく専門化し個別分化したことによって人生の統一的な考察から離れていったこと、第二には外国の有力な哲学の継承・紹介に多くの力が注がれるようになった結果、哲学が現実の人生の問題から離れて形式化し生彩を失ったことなどを挙げ、つぎのように論じている。「彼等専門哲学者は一般に、社会的興味を持たず、且つ動的では無かつた。然るに現代の民衆を最も多く悩まして居るものは社会問題であるし、且つ此の重大な人生問題を解決するものは哲学者でなければならぬとすれば、哲学者は甚だ多く社会的興味を持ち、且つ動的でなければならない。其の特色を持たない哲学者が、民衆に満足を与へ得なかつたのは尤ものことである。……所謂文明批評家の思想は、丁度其等の諸欠陥を埋めるものとして、一般民衆には重要であつた」（土田杏村『日本支那現代思想研究』昭和三年普及版、一九三頁）と。このように文明批評家の歴史的役割を明らかにした杏村が、その文明批評家のもっとも早い例として挙げたのがほかならぬ高山樗牛その人であった。

「文明批評家としての文学者」につづいて樗牛が世に問うたのが「美的生活を論ず」（『太陽』明治三四年八月）であった。この評論は、「多感多情」といわれた樗牛の自我主義を大胆に前面に打ち出したものとして注目され、その文名をいっそう高からしめることとなった。樗牛によれば、「美的生活」とは人間にとってそれ自体として絶対的価値を有するような生活のあり方を意味し、具体的には「人性本然の要求」つまり自己の「本能」を満足せしめる生活を指した。彼は言う。「何の目的ありて是の世に産出せられたるかは吾人の知る所に非ず、然れども生れたる後の吾人の目的は言ふまでもなく幸福なるにあり。幸福とは何ぞや、吾人の信ずる所を以て見れば本能の満足即ち是のみ。本能とは何ぞや、人性本然の要求是也。人性本然の要求を満足せしむるもの、玆に是を美的生活と云ふ」（高山樗牛「美的生活を論ず」前掲『明治思想集 II』四〇〇頁）と。

　このように樗牛は、個人の内なる自我——それを彼は「人性本然の要求」または「本能」と称したが——の満足こそが最高の価値であり、すべての行為を価値づける究極の目的であるとした。そしてそうすることによって彼は、道徳も富貴もそれ自体として価値や権威をもつものでなく、それが意味をもつのはその人の内面的自我（「人性本然の要求」）に応えることができるかぎりにおいてであるとしたのである。したがって樗牛は、「美的生活を論ず」のなかでも述べているが、古の「忠臣義士」や「孝子烈婦」の「善行」を決して否定するものではなかった。ただ樗牛が言うには、彼らの「善行」が価値ありとされるのは、忠孝仁義という規範的原理のもつ価値ゆえではなく、それが彼らの「本能」に発していたがゆえである。また道徳や知識は、たしかに人間を下等動物から区別する特色である。しかしそれらは、それ自体独自の価値を有するものでなく、それらが意義をもつのは、せいぜい、本能の発動を調整し、本能の満足を持続させるうえに役立つ程度である。「道徳と知識とは其の物自らに於て多く独立の価値を有するものに非ず。其の用は吾人が本能の発動を調摂し、其の満足の持続を助成する所に存す。……畢竟知識と道徳とは盲目なる本能の指導者のみ。助言者のみ。本能は君主にして知徳は臣下のみ。本能は目的にして知徳は手段のみ。知徳其物は決して人生の幸福を成すものに非る也」（「美的生活を論ず」、同上書、四〇〇-四〇一頁）と述べているとおりである。そこでは既存の道徳や知識は、その絶対性が否定され、自我の側から相対化されることとなったが、その意味で樗牛のこの「美的生活論」をやがて登場する自然主義運動の先駆と意味づけたとしても決して理由のないことではない*。

*石川啄木は、高山樗牛の「個人主義」を自然主義運動の先駆をなすものと位置づけ、つぎのように述べている。「蓋し、我々明治の青年が、全く其父兄の手によつて造り出された明治新社会の完成の為に有用な人物となるべく教育されて来た間に、別に青年自体の権利を認識し、自発的に自己を主張し始めたのは、誰も知る如く、日清戦争の結果によつて国民全体が其国民的自覚の勃興を示してから間もなくの事であつた。既に自然主義運動の先蹤として一部の間に認められてゐる如く、樗牛の個人主義が即ち其第一声であつた」（石川啄木「時代閉塞の現状」明治四三年八月、前掲『明治思想集 III』三七二頁）。

樗牛の「美的生活を論ず」についてもう一つ気づく点は、前の日本主義との連続性である。彼の日本主義・国家至上主義が、じつは「個」の世界の内面的な渇きをいやすものとして国家の意味を重視し国民的性情の果たす役割を強調するという側面をもっていたことは先に述べたが、樗牛における国家主義から個人主義への転換といわれた彼の後年の「美的生活論」には、また逆に個人の自我や本能の強調と並行する形で、じつは国民的視点が依然として内包されていた。すなわち樗牛の主張する「美的生活」とは、個人の本能の満足に最高の価値を認める生活を意味したが、そこにいう「本能」とは必ずしも生物学的な本能に限定されたものでなく、心理的・精神的な満足感をも内に含んだ多義性をもっていた。長谷川天渓が「美的生活とは何ぞや」（『読売新聞』明治三四年八月）で、樗牛のいう本能には、精神的と肉体的、普遍的な人間の本性と個人的な本性、遺伝的なものと習慣的なものなどが何らの区別もなしに用いられ、そこに論旨の矛盾が生まれたとして、「誤謬の原因は、習慣的を、直に本能的と解釈された所に在る」（『現代文学論大系』第一巻、三二九頁）と結論づけたのもそのためである。

　事実、樗牛は、先にもふれたところだが、古の「忠臣義士」や「孝子烈婦」の「善行」も、道徳的意志や義務感に発するのではなく、「赤児の母を慕ふ」が如く「人性自然の本能」にもとづくのであるならば「美的生活」にかなうものと述べている。この場合の「人性自然の本能」には、明らかに生物的な本能と歴史的・社会的に確立された道徳的心性との混用が見られる。そして樗牛自身もこう述べている。

「吾人の本能なるものは謂はゞ種族的習慣也。幸ひにして後代に生れたる吾人は無念無為にして其の満足を享受すと雖も、試みに吾人の祖先が是の如き遺産を吾人に伝へ得るまでに幾何の星霜と苦痛とを経過したりしかを考へよ。……吾人は祖先の鴻恩を感謝すると同時に、是の貴重なる遺産を鄭重に持続し、是の遺産より生ずる幸福を空しくせざらむことを務めざるべからず。而して是を務むる所以のものは、吾人の所謂美的生活、是也」（「美的生活を論ず」前掲『明治思想集 II』四〇一―二頁）。

「種族的習慣」を本能と等置するこの樗牛の捉え方には、国民の心性に深く根づいた道徳性を歴史的に形づくられた現実の国民性であるがゆえに重視すべきだとする、彼の国民文学論や日本主義の段階に見られた国民的視点との明白な一貫性があることを読みとるのは容易であろう。ここには、「人性自然の本能」や「人性本然の要求」を問題としながら、眼の前の国民の現実の心性にとらわれて、種族を超え国境を超えて妥当する普遍的な――そのかぎりにおいて抽象的な――人間の本性に迫る合理性を欠いた「個人」主義のありようを見ることができる。思想家樗牛についてつねに理解と共感を惜しまなかった石川啄木が、同時に「彼には、人間の偉大に関する伝習的迷信が極めて多量に含まれてゐたと共に、一切の『既成』と青年との間の関係に対する理解が遥かに局限的であつた」（石川啄木「時代閉塞の現状」前掲『明治思想集 III』三七二頁）と、樗牛の個人主義の限界――「既成」との妥協性――を指摘したのもそのためである。

しかし、国民文学論・日本主義・美的生活論を通じて見られる樗牛の思想の一貫した特色として注目される点は、むしろ現実の人間の性情に目を向けようとしないたんなる理論や規範や知識に対する深い不信感であり、また、そうしたこれまでの思想のあり方に反省を加えて、民衆の活きた心性に根ざした新しい思想の形成をひたすら模索しつづけたことであろう。国民文学論における「国民性情」の重視、日本主義における「日本国民の性情」と「建国当初の理想」にもとづく実践道徳の主張、そして「美的生活」論における「本能の満足」の絶対化は、いずれも右に述べたような思想家樗牛の姿勢を物語るものであった。「現代思想界に対する吾人の要求」（『太陽』明治三五年一月）と題する一文で彼は当時の思想界に向けてつぎのような苦言を呈している。「あらゆる人生の問題を藐視せる今の学者の学究的態度は、吾人の毫も徳とする所に非ず。吾人は、今の思想界が吾人民衆の歎求に応じて改造せらるゝの時、一日も早からむことを希望する者也。畢竟今の時、要するものは学者に非ずして実行家也。……口耳三寸の学の如きは、今の学者先生をして関はらしめよ。人生は知識にあらずして事実也」（前掲『樗牛全集』第四巻、七九一頁）と。

樗牛は国家主義から個人主義へと一見その思想の振幅が大きかったために、「君子豹変」などと評する向きもあったようだが、思想を現実の民衆の生活実感との格闘のなかから築き上げることによって、思想に活力を与えようとした点で、まさに時代の先端をゆく思想家であった。樗牛のこの挑戦は、維新後三〇年を経過することによって、学問がいよいよ専門化・細分化・技術化され、それとともに現実の社会の動態から遊離する傾向を強めつつあったときに、学問と思想に新しい実践の息吹きを与えるものとして注目された。啄木が樗牛について、「過去三十歳を通観して、わが精神的文明の過渡期に於ける最大の指導者」（石川啄木「樗牛会に就いて」『岩手日報』明治三七年一月二四日、『石川啄木全集』第四巻、四〇九頁）と讃辞を惜しまなかった所以もそこにあった。

13　苦悩する個―藤村操の投身自殺

公的な国家社会の領域から切り離された私的な個の内面の世界への沈潜は、既成の学問や道徳についての懐疑を呼び起こし、人びとを精神的な苦悩や煩悶の境へと導くこととなった。岩波書店の創業者岩波茂雄が一高（旧制第一高等学校）に入学したのは一九〇一（明治三四）年九月のことだが、ちょうどその頃から一高の校風も従来の「日本の素朴な愛国的軍国主義に同調」的な傾向（「慷慨悲憤派」）から、「自己に沈潜しようとする個人主義的傾向」（「瞑想懐疑派」）へと転ずる動きが見られたという＊（安倍能成『岩波茂雄伝』岩波書店、四三-四頁、五八頁参照）。

＊なお、日清戦争から明治末年に至る間の一高生の思想気風の動向について詳しくは、菅井凰展「明治後期における第一高等学校学生の思潮――『校友会雑誌』を中心に」『資本主義と「自由主義」』日本近現代史2、岩波書店、一九九三年所収を参照されたい。

当時の青年の間に見られたこのような風潮を象徴し、またこの風潮を一挙に爆発的な流行現象へと向かわせた事件が、ほかならぬ一九〇三年五月の一高生藤村操の投身自殺事件であった。藤村は当時一八歳であったが、日光華厳滝に身を投ずるに際して「巌頭之感」と題する一文を遺した。

「悠々たる哉天壌、遼々たる哉古今、五尺の小軀を以て此れをはからむとす。ホレーショの哲学、竟に何等のオーソリチーに価するものぞ。万有の真相は唯一言にして悉す。曰く『不可解』。我この恨を懐いて煩悶終に死を決す。既に巌頭に立つに及んで胸中何等の不安あるなし。始めて知る大なる悲観は大なる楽観に一致するを」。

この文章は多くの青年の心を動かした。同じく人生問題に悩んでいた青年岩波茂雄もその一人であった。「事実藤村君は先駆者としてその華厳の最後は我々憧れの目標であつた。巌頭之感は今でも忘れないが当時これを読んで涕泣したこと幾度であつたか知れない」（岩波茂雄「思ひ出の野尻湖」安倍能成、前掲書、六二頁所引）と彼は記している。「人生、曰く不可解」はその後人びとの口にのぼる流行語になり、華厳滝に身を投ずる青年の自殺が続いた。そして藤村の遺した「巌頭之感」は、彼の死をたんなる青年の厭世自殺と見ることを許さない、ある社会的意味をもつ事件として思想界の論議の対象となった。この事件について黒岩涙香が、「是れ豈に世人に対して、真理を求むる上に、性命よりも重んず可き由々しき大事あることを告げて人心を警破するに足る者に非ずや」（黒岩涙香「藤村操の死に就て」『万朝報』明治三六年六月一六―一八日『明治思想集 III』近代日本思想大系32、一五六頁）と論じたのはその代表的な例であろう。涙香によれば、藤村の死は「思想の為の自殺」であり、万有の実相を究めたいという万人の抱く真理への欲求に応えようとしない当時の学問や思想や社会の風潮の犠牲となったものにほかならない。その意味で「藤村操は時代に殉じたる者なり」と彼は断じた。

また大町桂月は、「藤村氏の一死、以て人間の歴史を飾るに足る。われ其理想の郷への門出を祝せざるを得ず」（大町桂月「宇宙の解釈」『太陽』明治三六年七月一日、同上書所収）とこれを讃美することによって、理想なく悩みを知らぬ凡俗の堕落した現実に冷笑を投げかけ、姉崎正治は個人の人格の重んずべきを知らない当時の教育の徒らなる形式主義が自我に目覚めつつある青年を煩悶へと追いやっているとして、忠君愛国主義に対する反省の要を説いている。姉崎は言う。「小なる個人の『我れ』がまだ十分に知れておらぬ、其の『我れ』の問題の為に煩悶してをる青年に、大な国家の影を持て来て之を拝めといふのは、恰も大峯山行者に千尋の谿谷をのぞかせて神変大菩薩の御影が見えたかといふ類ではないか」（姉崎正治「現時青年の苦悶について」『太陽』明治三六年八月、同上書、一六四頁）と。

涙香にせよ桂月にせよ嘲風（姉崎正治）にせよ、いずれも藤村が現実に安住することに甘んぜず、現実を超えた理想や真理の世界を求めようとしたそのひたむきさに共感を示したのに対して、むしろ逆に冷たく突き放した見方をこの事件について示したのは長谷川天渓であった。彼は、やがて自然主義文学論の中心的論客となった人だが、彼によれば、人生問題のために自殺した者も、負債のため失恋のため試験落第のため等々の理由でみずからの命を絶った者も、個人の本性の満足を求めて敗れた者という点で何ら異なるところはないとし、「若し夫れ某の一人に向つて普通の讃辞を与ふるとすれば、物質上の不満足の為に自殺せる者にも、同一の敬語を払はざるべからず。人生問題と云ひ、煩悶と云ひ、其の響や美なり。然れども其の美に迷うて、直に讃美の歌を謡ふが如き、軽佻浅見の甚しきものなり」（長谷川天渓「人生問題の研究と自殺」『太陽』明治三六年八月、同上書、一七二頁）と手きびしくこれを批判している。

藤村操事件に対して示された天渓の批判的姿勢は、そのまま日露戦争後に論壇を賑わせた自然主義論における彼の立場に引き継がれている。自然主義をめぐる当時の論議には、ややニュアンスを異にする二つの捉え方が重なり合っていた。一つは、自然主義を写実主義・現実主義の延長として捉え、既成の習俗・道徳・価値・理想・形式などの外皮にとらわれることなく、あくまで世態現実を直写すべきものと考える立場である。そこでは、その行き着くところ、既成の観念や理想が人間の自然を蔽い隠す虚偽意識として否定されるばかりでなく、観念一般そして理想一般が「論理的遊戯」として排斥される。この立場を代表する者が長谷川天渓であった。天渓によれば、「理想といふ文字には、燦爛なる光彩がある。古今の宗教家哲学者、さては文学者が、様々に色取りし、色揚げして居るから、此れ程美しいものは無いと見ゆる。……併し其の歴史的威儀、即ち外部に附着したさび其の物を除いて見たならば、理想其の物は、極めて漠然たるもので、現人生とは没交渉である」（長谷川天渓「論理的遊戯を排す」『太陽』明治四〇年一〇月、同上書、三〇九-三一〇頁）と言う。

こうして天渓は理性を排斥し、宗教を否定し、哲学を排除する。つまり理性とは「想像の力と等しく、現実を距ること甚だ遠い世界のもの」であり、宗教とは「人間が勝手放第に造つたもの」、いうなれば彫刻家が自分の脳裏に描いた美人を石膏に表わしたようなもので、「美人像が台所に出でゝ働くことの出来ぬが如く、宗教的理想も亦此の現実世界に何等の用をもなさぬ」（同上）と酷評する。哲学的観念や倫理的理想は、本来、現実と距離を保つことによってはじめて現実を把握し整序し、そして現実を方向づけ変革する機能を果たすものであるにもかかわらず、ここでは、まさにその現実との距りのゆえに現実の世界とは交渉なきもの、非現実的なただの「論理的遊戯」として切って捨てられる。天渓について石川啄木が、「謂ふが如く、自然主義者は何の理想も解決も要求せず、在るが儘を在るが儘に見るが故に、秋毫も国家の存在と牴触する事がないのならば、其所謂旧道徳の虚偽に対して戦つた勇敢な戦も、遂に同じ理由から名の無い戦になりはしないか」（石川啄木「きれぎれに心に浮んだ感じと回想」『スバル』明治四二年一二月『石川啄木全集』第四巻、二三〇頁）と批判したのは、理想と現実が距離を置き合う緊張関係のもつ思想的意味を理解しようとしない天渓のこの姿勢のゆえであった。

自然主義についてのもう一つの捉え方は、「有りの儘を描き有りの儘を談ずる、是が即ち自然主義なるものの真髄」（生田長江「自然主義論」『趣味』明治四一年三月、『現代文学論大系』第二巻、一一二頁）としながら、現実への直視をとおしてやがて旧来の価値や道徳に代る新しい理想の形成をめざすもの、それが自然主義だとする立場である。自然主義とは本質的に「過渡期の文芸」であって、やがては「現実主義を土台とした理想主義」に到達すべきものとした金子筑水、（金子筑水「自然主義論」『新小説』明治四〇年一一月、同上書、六六頁参照）、また「凡そ物には理想と実際との両面がある。自然主義にもまた此両面あるを免れぬ。自然主義の主張するところのもの、要求するところのもの、並びに標準とするところのもの、即ち理想としての自然主義である」（生田長江、前掲論文、同上書、一一三頁）とした生田長江などはその例である。長谷川天渓による既成の観念、既成の理想への反逆が、すべての観念、すべての理想の否定という形をとった結果、その「破理顕実」「現実暴露」は、結局、「現実暴露の悲哀」「無解決の悲哀」に往き着かざるをえなかった（長谷川天渓「現実暴露の悲哀」『太陽』明治四一年一月）ことを思えば、自然主義を旧理想への反逆と同時に新理想への前提と捉えるべきだとする第二の立場には十分の理由があったというべきであろう。

ところで生田長江のいわゆる「理想としての自然主義」が考える「理想」とは何か。長江によれば、それは、「一切の旧道徳旧信仰に対する反抗」であると同時に、それを支えるものとして「現代文明の根本精神」をその内実とする考え方を意味した。それは、具体的には、第一に「経験的事実を尊び、真理真実を重んずるの傾向」＝「実理的精神」、第二に「仏蘭西大革命以来の自由の精神」＝「自由主義」、そして第三に「自己中心の精神」＝「個人主義」の三つの要素から成るものと考えられた。こうして自然主義は、日清戦争後に擡頭しつつあった個の自覚的世界の発展の線上にようやくみずからの位置を見出すことができたのである。魚住影雄「自己主張の思想としての自然主義」（『東京朝日新聞』明治四三年八月二二・二三日）も、その題名の示すとおり、まさに自然主義を個人の自覚という視点から論じた文章であった。魚住影雄（折蘆）はこの論説を発表した頃から健康を害し、その年の末、満二七歳の若さで世を去った。彼は東京帝国大学文科大学哲学科の卒業で藤村操とは中学のクラスメートの間柄であり、安倍能成とも親交を結んでいたが、安倍は魚住の死を惜しむ文章のなかで、「魚住の短い生涯は今の一部の日本の青年の真面目な煩悶や苦闘を代表した者といってもよい位である」とし、「魚住の問題は畢竟自己の問題であつた」（安倍能成「魚住を悼む」『東京朝日新聞』明治四四年一月二七日『魚住折蘆他集』明治文学全集50、三七二頁）と述べている。

　魚住の前記の論説によれば、自然主義は上述のような二面性、すなわち即物的なまでに冷たい突き放した現実主義と、他面、自己拡充への熱い願望に支えられた理想主義という、二つの相矛盾するものの結合体として捉えられた。「現実的科学的従つて平凡且フエータリスティツクな思想が、意志の力をもつて自己を拡充せんとする自意識の盛んな思想と結合して居る。此の奇なる結合の名が自然主義である」（魚住影雄「自己主張の思想としての自然主義」同上書、三〇五頁）と彼は言う。

そして魚住によれば、この「奇なる結合」としての自然主義を可能ならしめているのは、自然主義が、既存の秩序を支えている「オーソリテイ」――日本の場合それは国家と家族であったが――という共通の「怨敵」をかかえているからだとするのである。このように魚住は、自然主義を本質的には既成の権威に対決する自由な個人のための「自己主張の思想」と捉えた。この魚住の論説は啄木を刺激して彼に「時代閉塞の現状」（『東京朝日新聞』明治四三年八月）を執筆させる契機を与えた点でも注目される。啄木はこのなかで、魚住が自然主義に内在する思想的矛盾を的確に指摘した点に共感を示しながら、他面、その矛盾を説明するために自然主義の本質があたかも国家を「怨敵」とするものであるかのごとく過大に評価することの誤りを指摘している。自然主義思想の評価をめぐる是非はともかくとして、魚住のこうした自然主義論の前提には、当時の思想状況に対する一つの彼なりの認識があったと思われる。それは、維新以後の近代化のなかで形成されてきた日本の国家に対する疑念や批判が、日露戦争前後（一九〇〇年代最初の一〇年）の時点で、直接的であれ間接的であれ、また顕在的にせよ潜在的にせよ、さまざまな形で徐々に思想界に浸透しはじめ、相互に結び合う方向が生まれつつあったという認識である。彼は述べている。

「今日のオーソリテイは早くも十七世紀に於てレピアタンに比せられた国家である、社会である。廟堂に天下の枢機を握つて居る諸公は知らぬ。自己拡充の念に燃えて居る青年に取つて最大なる重荷は之等のオーソリテイである。殊に吾等日本人に取つてはも一つ家族と云ふオーソリテイが二千年来の国家の歴史の権威と結合して個人の独立と発展とを妨害して居る。こんな事情から個人主義の基督教が国家の抑圧に対して唯物論たる社会主義と結合したり、之れに類似の一見不可思議な同病相憐の結合が至る所に見出だされる」（魚住影雄、前掲論説、同上書、三〇五頁）。

魚住がここで、国家による抑圧という悩みを分ち合っていた者同志の「一見不可思議な結合」として例示したキリスト教と社会主義の結合とは、村井知至や安部磯雄・片山潜らによるキリスト教社会主義への開眼、ならびに『万朝報』に拠ってともに論陣を張り、同じく理想団に結集して社会改良の運動をめざした内村鑑三・堺利彦・幸徳秋水らの行動を念頭においてのことに違いない。ことに後者、内村・堺・幸徳の三名は、キリスト教と社会主義というようにその立場を異にしながら、国家の戦争政策を否定するという一点で相提携し、日露両国の軍事的緊張が高まるなかで、非戦論を貫くために、一九〇三年一〇月、万朝報社を連袂退社した。しかし翌一九〇四（明治三七）年二月、日露両国間に戦端が開かれると、このキリスト者と社会主義者は、それぞれ非戦の立場を保持しつづけはしたが、眼前の戦争に対する実際のかかわり方の面で異なる道を歩むこととなる。

　すなわち内村によれば、非戦主義とは戦争に突入することを食い止めて平和を維持することを課題とするものであり、その努力も空しく戦争に突入したならば戦争の一日も早く終息し、平和の回復の一日も早からんことを期待するのみであって、戦争を止めようと反対したり戦場に赴くことを拒むものではない。むしろ誠実な非戦主義者が戦場に赴いてその犠牲になるという崇高な行為をとおして、この悲惨な戦争を廃絶に導く道筋がはじめて開かれるとしたのである。そして内村は述べている。「総ての罪悪は善行を以てのみ消滅することの出来るものであれば、戦争も多くの非戦主義者の無残なる戦死を以てのみ終に廃止することの出来るものである」（内村鑑三「非戦主義者の戦死」『聖書之研究』明治三七年一〇月『内村鑑三集』近代日本思想大系6、二六三－四頁）と。つまり戦争論者の戦死は戦争廃止のために何の役にも立たないが、平和主義者が敵弾の的となり戦場に倒れてはじめて、人類の罪悪はその一部分なりとはいえ贖われ、終局の世界の平和をそれだけこの世に近づけることができると考えた。このように内村の非戦論は、宗教的な贖罪の観念と結びついて、まさに宗教者らしい戦争とのかかわり方を示した。

　これに対して幸徳秋水と堺利彦は、『万朝報』退社の翌月（明治三六年一一月）、新たに『平民新聞』を創刊し、自由・平等・博愛および平民主義・社会主義と並んで平和主義を掲げ、「世界を挙げて軍備を撤去し、戦争を禁絶せんことを期す」と訴えた（『平民新聞』創刊号、明治三六年一一月一五日所載「宣言」および「発刊の序」『幸徳秋水集』近代日本思想大系13、一七三頁）。そしてこの戦争否定の論調は、日露戦争へ突入（明治三七年二月）後も衰えることはなかった。ことに秋水は真向からこの戦争に対決した。彼の非戦の立場は、一つには「戦争は罪悪也、何人が之を行ふも罪悪也」（幸徳秋水「道徳の理想」『平民新聞』明治三七年一月二四日、前掲書、一八五頁）という道徳的な視点、もう一つは、そもそも今日の国際戦争は「単に少数階級を利するも、一般国民の平和を攪乱し、幸福を損傷し、進歩を阻礙するの、極めて悲惨の事実」（幸徳秋水「嗚呼増税！」『平民新聞』明治三七年三月二七日、前掲書、二〇一頁）にほかならないとする階級的ないし民衆的な視点によって支えられていた。この幸徳に代表される『平民新聞』の非戦論は、時の政府の烈しい弾圧の標的とされ、何回かの発禁処分の末、幸徳自身も新聞紙条例違反のかどで五カ月の獄中生活を余儀なくされた。この獄中での読書と思索が、やがて幸徳の思想を社会主義から無政府主義へと転換させ、さらに数年後には大逆事件に連座して処刑されるという悲劇に結びつくこととなる。

以上のように、内村および幸徳の非戦論は、それぞれの信ずるところの相違から、日露戦争そのものに対する具体的なかかわり方について確かに大きな隔たりがあった。しかし、それにもかかわらずそこにはまた一つの共通するものを見ることもできる。それは、国家の利益を掲げて国家の名において遂行された戦争という殺りくと破壊の行為を、ひとりの人間あるいはひとりの生活者の立場から道徳的に断罪する、私的な非政治的（あるいは反政治的）な視点の自立化であった。そのことは、日清戦争後に見られた、あの私的な内面の世界の自己主張が、多様な形をとって社会的に拡がりつつあることをわれわれに知らせるものであろう。たとえば、先述の魚住影雄自身もまた日露開戦にあたっては非戦論に投じている。彼の思想形成および非戦思想には内村の少なからぬ影響があったが、その「基督教的博愛観」および「個人主義」に発する非戦主義は、内村のそれとも異なって徴兵拒否や国外亡命の構想にまで行きつく一面をもっていた。*また有名な与謝野晶子の詩「君死にたまふこと勿れ」（『明星』明治三七年九月）もそうであった。これは、晶子が旅順攻略の戦闘に加わっていた弟に念いを馳せつつ書いた詩であった。「ああをとうとよ　君を泣く　君死にたまふことなかれ　末に生れし君なれば　親のなさけはまさりしも　親は刃《やいば》をにぎらせて　人を殺せとをしへしや　人を殺して死ねよとて　二十四までをそだてしや……」このように晶子は、家族の私的なそして自然的な情愛にひたすら身を寄せることによって、国家の戦争行為の残酷さ非情さを強く詠いあげたのであった。

*魚住の非戦論については、山崎時彦「折蘆・魚住影雄について（一）」（大阪市立大学『法学雑誌』第二二巻第二号、一九七五年一一月）を参照、また魚住およびその周辺の人びとの当時の思想については、前記の菅井論文（とくに一六八頁以下）を参照されたい。

さまざまな形の非戦という姿勢をとおして示された、私的な内面の世界の擡頭、国家が至上の価値であり揺るぎない権威の担い手であった世界の動揺は、日露戦争の「勝利」に沸く戦後の状況においても同様に見られた。たとえば徳冨蘆花である。彼は日露開戦の支持者であった。「日露戦争の開けましてからも自分は或社会主義とは異り、戦争是認論者でありまして、露国人民にこそ恨みはなけれ、露国政府とは飽まで戦うべしと考えました」(徳冨健次郎「眼を開け」明治三九年一二月、講演要旨、中野好夫編、徳冨健次郎『謀叛論他』岩波文庫、二五-六頁)と彼自身も語っている。しかしこの戦争の終結とともに、彼はこれまでのみずからの考えの浅はかなことに気づく。遼東還附いらいロシアを不倶戴天の敵と定めて死力を尽して戦った、その戦闘が終った後の充たされざる精神の空虚さが、何よりもそれを物語っていた。彼はそれを「勝利の悲哀」と呼んだ。「日露戦争の終局に当りて、一種の悲哀、煩悶、不満、失望を感ぜざりし者幾人かある」(徳冨健次郎「勝利の悲哀」明治三九年一二月『明治思想集 III』近代日本思想大系32、三四九頁)。

たしかに日露戦後の不満失望のなかには、対露講和の内容をめぐる一部国民の不満があったことは事実である。すなわち国民は開戦前よりひたすら戦意の高揚を求められ、開戦後は戦勝の報道が続くなかで多くの犠牲を強いられてきた。しかしポーツマスで結ばれた講和条約は、多くの国民の期待を裏切る内容であった。『万朝報』『大阪朝日新聞』をはじめとする各紙も条約破棄の論調を展開する有様であった。このような騒然たる雰囲気のなかで、うっ積した苦難や不満の念いに駆られた多数の民衆は、一九〇五(明治三八)年九月、対露同志会など対外強硬論の団体が東京の日比谷公園で講和条約反対の国民大会を計画すると、これに参加すべく大挙して詰めかけることとなった。そして参会者を解散させようとする警官と激しく衝突した民衆の怒りはついに爆発して、新聞社・警察署・交番などを焼き打ちする騒擾事件にまで発展するに至った。日比谷焼打ち事件といわれるものがそれである。

しかしこのような社会的事件の登場も、蘆花の眼には、これまでの富国強兵型の権威主義的価値秩序の弛緩が生み出した一種のアノミー状況の始まりと映じた。つまり蘆花によれば、民族間の愛憎、国家間の葛藤、勝者と敗者、講和をめぐる利害の対立、これらはすべて地上の有限な人間の世界の争いであり、人びとを駆り立てている愛憎も勝敗も利害も富貴も、無限と永遠の眼からすれば、いずれも人びとに魂の安らぎと精神の充足を与えるものには程遠いといわなければならない。蘆花が言うところの、日露戦争の終結とともに人びとを襲った「勝利の悲哀」とは、そうした精神的意味によって裏打ちされたものであった。「人は無限を恋う。無限を恋う人間の有限に撞見《とうけん》する時、ここに悲哀あり。敗北も悲哀なり。勝利もまた悲哀なり。全き勝利も悲哀なり。全からざる勝利もまた悲哀なり」（同上、同上書、三五〇頁）と彼が述べるのはそのことであろう。ここには、富国強兵的な政治的価値の優位から離脱した私的な個の内面の世界が、キリスト教の神の観念を媒介としながら「無限を恋う」という形で人類的な普遍主義と結びつく方向が示されている。

14 明治の終焉―乃木将軍の殉死

日露戦争後、日本は列強の一員に加えられるほどに国際的地位の向上を果たした。しかし振り返ってみれば日本の国際社会における地位上昇は、維新いらい富国強兵の路線をひた走りに進み、日清・日露の両戦争を乗り越えることによって手にしたものであった。したがって三宅雪嶺が、日本国家の成長発展を「主として我が陸海軍の致しゝ所にして、文明の要素に於て亦た能く然るやは猶ほ疑問たるを失はず」（三宅雪嶺「我が日本人の職分」『日本及日本人』明治四〇年一月）と述べているように、いざ日本が国際社会においてその存在を認められるような時点に達してみると、果たして日本は国際社会にとって何であったか、日本は国際社会に対して何を為しえたか、また為しうるのか、という疑問が一部の知識人たちの胸をよぎることとなる。[*]そのような問題関心の芽生えは、蘆花のいう「勝利の悲哀」の一つの形態であろうが、ここにも、自国の独立・発展というこれまでの個別主義《パティキュラリズム》の視点に代って、世界の「文明」への寄与という新しい人類的な普遍主義の視点の成長を見ることができる。

＊三宅雪嶺はまたその著書『明治思想小史』（大正二年）でつぎのように述べている。「三十七八年役まで左程注意を惹かず、書生の悪戯位に考へられたが、戦役の為に国威が揚り、強国の仲間入りし国家として大に誇るべき位置に上つたと同時に一国を標準とせず、世界を標準とし、世界に於ける人類として如何にするが最も幸福なるかを考ふる傾向を生じた」（『三宅雪嶺集』近代日本思想大系5、二二八頁）。

私的な個の内面的世界の自立化は、政治社会としての国家を至上の価値とする個別主義《パティキュラリズム》の弛緩を意味すると同時に、個の無限大的な拡がりとしての世界や文明を指向する普遍主義《ユニバーサリズム》的発想の擡頭と結びつくことは見易い道理というべきであろう。したがって、いま蘆花や雪嶺の場合に見たような普遍に向かって開かれた思考は、すでに日清戦争後の私的な個の世界の自覚とじつは並行する形で擡頭を始めていた。一八九六（明治二九）年七月、竹越与三郎（三叉）が陸奥宗光・西園寺公望らの後援を得て創刊した雑誌に、西園寺の発案で『世界之日本』の名がつけられたのは、そうした時代思潮の動きを象徴するものであった。その創刊号に掲げられた竹越の論説「世界の日本」は、つぎのような文章で始まっている。「過来八九年日本国民の間に最も高く聞たる叫は『日本人の日本』にてありしが、三四年来此声一変して『東洋の日本』となり、今や将さに再変して『世界の日本』とならんとす。勢固より然り、理また然らざる可らず」（竹越三叉「世界の日

本」民友社思想文学叢書 第四巻、『竹越三叉集』三三九頁）。

この「日本人の日本」から「世界の日本」へという発想は、日本を一つの閉じた世界として捉える頑なな思考からの解放と、日本を世界の一つの国家として相対化する開いた思考の出発を意味した。たしかにこの発想は、一面では、外向的な国家の発展＝帝国主義的対外策と結び付き、それを積極的に受け入れる方向性を内に含んでいた。竹越の「自由帝国主義」論はその好い例であろう。その点では後にふれる浮田和民や海老名弾正においても同様であった。しかしそれにもかかわらず、竹越が、みずから受け入れた「帝国主義」について、「決して国家に対する個人の自由、治者に対する人民権利を犠牲としたる国家万能主義にはあらず。内に於ては自由を唱へて、民衆の勢力を発揮し、外に向つては、此国民の栄誉と利益とを増進せんとするものにして、単一の国権論にあらず」*（竹越三叉「自由帝国主義」『世界之日本』明治三三年一月、同上書、三七九頁）と述べているように、これまで政府によって主導されてきた権威主義的な国権論の偏狭さから自覚的に袂を分かとうとする姿勢がそこには見られた。

*なお竹越の「自由帝国主義」については、西田毅「『平民主義』から『自由帝国主義』へ——竹越三叉の政治思想——」（日本政治学会年報『近代日本の国家像』岩波書店、一九八三年所収）を参照。

したがってまたこの「世界の日本」という発想は、既述のように、日本を世界の中の一つの国家として対象化する開いた思考をともなっていたから、日本自身を世界の視座から改めて捉え直すことによって、西欧型近代社会とは様相を異にした近代日本のセルフ・イメージの形成を可能にした。福本日南は、雑誌『日本人』（明治三四年一一月—一二月）に掲載した論説「過渡的日本人」および「続過渡的日本人」で、社会の形態を「共通形の社会」と「特殊形の社会」に大別し、前者は、私的な個人の生活に対して公的な集団の生活が重視され、個人よりも全体が優越する集団優位の社会、後者は逆に、私的生活を重視し自立的な個人を中心とした個人本位の社会とした。そして後者の「特殊形の社会」を代表するものとして英国を挙げ、前者「共通形の社会」の「純乎たる」例として日本を指摘している。それは個人の自立化を阻害してきた近代日本の、批判的自画像としての意味をもった。[*]

＊福本日南の日本近代についての批判的見解については、拙著『明治思想における伝統と近代』東京大学出版会、一九九六年、一九八頁以下でも取り上げたので参照されたい。

　また田中王堂は、社会を「演繹を主とする社会」と「帰納を主とする社会」とに分け、前者は「成るたけ過去に作つた生活の方針に依つて、新に起る慾望を支配して行かうとする」いわば「保守的」な社会を意味し、後者は「新しい慾望に従つて、其れに適当する生活の方針を創設しようとして居る」いわば「進歩的」な要素を主とする社会（西欧近代）とした。そうしたうえで王堂は、維新後の日本の歩みを総括し、「我が国は過去に於て、外国の文明の輸入と、自家の努力とに依つて、大なる進歩と発展とを実にしたことは争はれない事実ではあるが、併し、厳密なる意味に於て、帰納的であつた時代は殆ど無かつたので、万事は多く習慣と、命令と、独断との形式に依つて決せられたのである」（田中王堂「近世文壇に於ける評論の価値」『新小説』明治四二年五月、前掲『明治思想集 III』三三三-四頁）と記している。そしてそこでは、自由な社会批判をとおして新しい生活の方針を創り出す評論という知的活動の十分な展開を許さない日本社会の保守的体質が、彼によって鋭く指摘されている。また西欧の近代が「内発的」な「開化」を基本としたのに対して、日本の近代が「外発的」なものであったことを指摘した夏目漱石の「現代日本の開化」（明治四四年八月講演）も、同様の意味をもつものと受け取ってよかろう。

国家の存続それ自体に自足的価値と自己目的性とを認める個別主義《パテイキュラリズム》的思考に代って、時には個人の生存や自由や権利という、近代世界に共通な普遍原理の形をとり、時には神の観念と結ぶことによって超越性と普遍性とを与えられた社会正義や理念の形をとるなど、その形は多様であっても、個別国家の権威を超えて国家の行動を規律する普遍的な真理や原理に支えられた主張が、日清戦後、途絶えることのない一つの確かな流れとして拡がっていった。「真理は国家より大なり」（内村鑑三「時勢の観察」『国民之友』明治二九年八月『内村鑑三著作集』第二巻、一一〇頁）そして「真理は愛国心より大なり」（内村鑑三「世界の日本」『世界之日本』明治二九年九月、同上書、一一二頁）と言い切り、やがて非戦主義にまで行きついた内村鑑三は、こうした普遍主義的思考の、当時におけるもっとも突き詰めた明快な表現といえよう。また「従来の民族的島国的主義を棄てゝ、世界的人類的基礎に立つこと」を今後の日本の新しい「精神的国是」とすべきことを説いた海老名弾正の論説「新日本の精神的国是」（『新人』明治三六年一月、前掲『明治思想集 III』二〇二–四頁）なども日露戦争前のそうした空気を伝えるものといってよい。こうした普遍主義的発想の擡頭という文脈で捉えるならば、「思想のための自殺」と涙香により評された藤村操の投身自殺事件と当時の青年たちの煩悶も、従来の国家主義的個別主義と新たに擡頭したこの普遍主義との葛藤の表現と意味づけることができよう。

この普遍主義的志向が、国家論や政治思想としての形態をとったものとして、この期の立憲主義の主張を挙げることができる。それは、天皇の神聖不可侵性と「天皇親政」の理念を「機軸」とする従来の「立憲主義」に対して、近代国家に共通する普遍的政治原理としての立憲主義を対置するものであり、個人の自由と権利を基本とする立憲政治論である点に特色があった。当時におけるその代表的な唱道者として浮田和民を挙げることができる。浮田は熊本洋学校・同志社に学び、キリスト者であると同時にまた政治学者でもあった。一九〇二年から二年間アメリカのエール大学で史学・政治学を学んで、帰国後は早稲田大学教授として教鞭をとった。また一九〇九（明治四二）年からは雑誌『太陽』の主幹となり、清新な政治評論を展開して、当時の学生や知識人に大きな影響を与えた。彼の立場は、竹越と同じく、対外策としては日本国民の積極的な海外進出（「倫理的帝国主義」）を支持したが、その前提としては国内体制の立憲主義化が不可欠と考えた。彼の論説「憲法上の大義」（『太陽』明治四四年一〇月）は、「元来国家は人民の為めの国家である。而して政府は国家の機関に外ならぬなら固より人民の為めの政府である。これは東洋西洋古今の別なき根本真理」（前掲『明治思想集 III』二七九頁）であるという立場から立憲主義の「大義」を説いたものであった。そこでは、近代国家の政治原理としての立憲主義について、「政府は人民の為めに政治を行ふばかりでなく、実際人民の意志を自由に発表せしめ、内外政治の方針共に民意に基づくことを理想とするのである。即ち立憲政治は輿論政治である。固より人民の声は決して神の声ではない。多数の意志往々判断を誤まり人民の輿論時々真理に反することがある。即ち多数の意志を指導して判断を誤まらしめず、人民の輿論をして真理に適はしむるのが人民を指導す可き政治家の任務である」（同上）と述べられている。ここには、立憲政治の原理を形づくる二つの要素として、「人民の為め」の政治であることと並んで「民意に基づく」政治であることが指摘され、また人民の輿論を誤りなからしめるための「指導」が「政治家の任務」として同時に指摘されている。これは、大正デモクラシーの理論を提供した吉野作造の民本主義論（たとえば「憲政の本義を説いて其の有終の美を済すの途を論ず」『中央公論』大正五年一月）の基本的なワク組みをすでに示しているものといってよい。*

*吉野作造の民本主義論の思想的特質ならびに民衆と政治指導の関係については、拙著『近代日本の政治と人間』創文社、一九六六年所収「『民本主義』の構造と機能」とくに一四六頁以下を参照されたい。

日露戦争前後からの、このような世界に向けて開かれた普遍主義的志向の擡頭に対して、政府もまた新しい対応を迫られることとなる。とくに日本が世界の強国として新しく国際社会に登場することとなった今、いっそうきびしい国際社会の波風に今後はさらされるであろうことが予想されるだけに、政府にとっても軍備の増強にとどまらず、国家の基底を形づくる一般国民を組み入れた国家統合の強化と再構築が何らかの形で必要とされた。当時の内務官僚で日本の地方制度の整備に大きな役割を果たすこととなる井上友一は、日露戦後の現状認識をつぎのような言葉で語っている。「我邦今や曠古無前の戦捷を博せり。兵力の戦は既に一たび終止を告たり。然れとも将来民力の戦、富力の戦は、更に世界海陸の市場に起らん。之れに対するの準備や、亦一日の偸安を許るさゝるものあり」（井上友一『欧西自治の大観』四頁）と。

こうして政府は、これまで国家体制の物質的・精神的な基盤を提供してきた農村の動揺を防ぎ、その活力と秩序の強化を図るため、日露戦争直後よりいわゆる地方改良運動の推進に乗り出し、「勤倹貯蓄」の奨励や、「風俗改良」の名のもとに伝統的道徳の注入に努めるに至るが、それもその一つの表われであった。また思想界においても、家族国家観や国民道徳論の強調が見られるなど、新しい装いをまとった国家主義イデオロギーの登場がわれわれの目をひく。一九〇八（明治四一）年一〇月の戊申詔書の発布もそうであった。この詔書のなかで「戦後日尚浅ク庶世益々更張ヲ要ス。宜ク上下心ヲ一ニシ、忠実業ニ服シ勤倹産ヲ治メ、惟レ信惟レ義醇厚俗ヲ成シ華ヲ去り実ニ就キ荒怠相誡メ自彊息マサルヘシ」と述べているように、政府は詔書の形を借りて、今後の国運の発展を担う国民の一致協力と自助的努力とを訴えた。そこには国家的統合に向けての政府の強い期待と熱意のほどがうかがわれるのである。

ところで明治も漸く終りに近づいたころ、ひとつの論争が学界ならびに論壇を賑わせた。それは、明治憲法上の天皇の地位・性格をめぐって、上杉慎吉と美濃部達吉という、ともに東京帝国大学教授の地位にあった二人の憲法学者の間に戦わされたものであった。論争は、熱烈な国体論者をもって任じた上杉がその著書『国民教育帝国憲法講義』（明治四四年）で美濃部の説く君主機関説をはげしく攻撃したことから、その口火が切られた。すなわち上杉は前記の著書で、君主機関説――主権は法人格をもつ団体としての国家に属し、君主は国家の機関として、国家の利益のために、その憲法上の権限（たとえば統治権）を行使するとの説――について、「機関と申せば他人の使用人である、他人の手足であります、然らば天皇を以て統治権の総攬者であると云ふ事は出来ぬ、統治権の出づる源であると云ふ事は出来ぬのであって、統治権の出づる源は国家といふ人民の共同団体であると申さなければならぬ、さう云ふ説と云ふものは、欧羅巴の如き、如何なる国と雖も民主といふ事を建国の精神として居る所には通用いたしますけれども、我が国に於ては決して之れを用ゐる事が出来ない事は、前から繰返して述べて居るが如くであります」（同上書、一五三-四頁）と、真向からこれを否定した。

これに対して美濃部は、国家を法律上の人格を有するひとつの団体とみることは、今日の学者の間ではほとんど定説であり、君主国や民主国という国の政治組織（政体）の区別とはまったく関係のない問題であると反論する。そして君主が国という団体の機関であるということは、ちょうど人間の頭脳が人間の機関であるというのと同様に、全体のために果たす職分や活動の担い手を指しているものであって、上杉が「機関と申せば他人の使用人である、他人の手足であります」と短絡的に言うのは、故意に人を誤らせるものであるときびしくこれに批判を加えた。もちろん美濃部も、日本が古代いらい一貫して君主政体を保持し、それは将来にわたって変わることがない原理であると確信する点においては、けっして人後に落ちるものではなかった。しかし、一般に天皇統治ということがいわれ、また明治憲法の第一条に「大日本帝国ハ万世一系ノ天皇之ヲ統治ス」と記されていることの意味は、美濃部によれば、法律的には、天皇が統治権（あるいは主権）の主体であるということではなく、天皇が国家の機関として憲法の定める国家組織の原則にしたがって統治権を行使するものと理解すべきだとした。そしてそのような立場から美濃部は新たに著書『憲法講話』（明治四五年）を公刊し、自説を展開した。

　このように上杉と美濃部の両者が、国家の本質と天皇の法的地位とをめぐってはげしく対立したのは、政治的に見て重要な意味があった。なぜなら統治権の主体を天皇とするか、団体としての国家とするかは、たんに技術的な法解釈の問題以上に、じつは政治原理の根本にかかわる考え方の違いと密接に結びついていたからである。すなわち上杉が天皇を主権者であり統治権の主体であるとしたのは、天皇の意思は、古来、国家にあって最高・絶対のものであって、いかなるものによっても制限されるべき性格のものではない、としたからであった。したがって上杉は、明治の日本が憲法を制定し立憲制を採用したという事実も、この天皇の性格を変更するものではないと主張する。「我が日本帝国の憲法は明治二十二年に制定せられて、夫れに依って始めて帝国が出来上ったものではなくして、日本帝国なるものは固より存在し、天皇の権力は始めより存在して居る、其の権力に依って制定せられたものが憲法であるのであります、分かり切った話であるけれども、さう云ふ思想が行はれて居りますから、特に憲法あって国家在るにあらず、国権あって憲法を制定するのであると云ふ事を一言しなければならぬのであります」(同上書、二〇五-六頁)。

つまり上杉にとって立憲制とは、師の穂積八束の場合と同じく、少なくとも日本にあっては、たんに天皇の統治作用を立法・司法・行政という三つの機関に分けて行なう「統治の設備方法」を言うものであって、立憲制の採用ということも、ヨーロッパにおけるような専制君主政体の否定という「政治上の大変動」を指すものとは本質的に違うのである。それはただ天皇統治にとり「立憲政体を起す方が利益である、適当であると云ふやうな、冷淡な淡白な意味を以て憲法を制定せられた」(同上書、二八九頁)にすぎないとするのである。というのは、上杉の場合、天皇による専制政治は、ヨーロッパの専制君主政治のように「圧制悪虐」の同義語ではなく、国民にとってもつねに好ましい結果をもたらすものと考えたからである。上杉の言い方はこうである。「立憲政体は平凡政治である、危険の少い政治である、専制政体は最も善い場合もあれば、最も悪い場合もある、然るに我が国の如きは建国以来専制政治を行ったが、君臣の情誼が厚い為めに、其の弊に陥った事は決してなかった、夫れであるから、我が国に於て専制政体を改めて立憲政体としたのは、決して欧羅巴に於けるが如き政治上の一大変動とは見る事は出来ぬのであって、平凡な淡白なる変動であると申さなければならぬのであります」(同上書、二九一頁)。つまり立憲制とは、権力の制限とか国民の政治参加の権利の保障とかいう政治上特別に重い意味をもつものでなく、たんに三権分立という統治の「設備方法」の変更にすぎない、と上杉は立憲制採用の意味を極力軽く捉えた。

これに対して、統治権の主体は団体としての国家であるとした美濃部の理論は、つぎのような特徴ある考え方と結びついていた。そのひとつは、団体としての国家という場合の団体とは、共同の目的を前提とした多数人の結合を意味するということである。つまり団体としての国家の成立や存続にとって本質的なことは、共通の目的による結合という、人びとの目的意識の共有を前提として捉えられている点が、ここでは注目されなければならない。「団体とは、簡単に言へば、共同の目的を以てする多数人の結合なりといふことが出来ます。単に多数人の集りが常に団体であるといふのではなく、或る共同の目的があって多数の人が一致協力して其の合同的の力に依って其の目的を達しようとする場合にのみ、之を団体といふことが出来るのであります」（美濃部達吉『憲法講話』二頁）。つまり美濃部の場合、国家も、近代社会の一般の団体と同様に、一定の目的を前提とし、一人ひとりが自覚的にその目的を達成するために結合するという、横ならび的でしかも目的合理的な機能集団と考えられているのである。

　このような国家観から、国家の統治権は、当然のことながら、この団体としての国家の「共同の目的」を達成するために必要とされるものであるという考えが導き出される。したがって天皇による統治権の行使も、天皇個人のためにでなく、団体を構成する人びとの共通の目的のために行使されるべき公共的性格のものということになる。天皇統治についてのこうした考え方は、美濃部によれば、それこそ日本の伝統的な考え方であり、いわゆる「国体」観念とも合致するものとした。このように統治権が、天皇個人のために行使される権利ではなく、団体としての国家の前提にある「共同の目的」を達成するためのものであるということは、これを法的に理論構成すれば、統治権の主体は天皇でなく団体としての国家である、ということにほかならない。「統治権は国家の権利であって、君主の権利でもなく国民の権利でもない、統治権は国家といふ全団体の共同目的を達するが為めに存する所の権利で、其の団体自身が統治権の主体と認むべきことは、当然であります」（同上書、二二頁）。つまり法律上、権利能力の主体というのは、利益の主体であり、かつ意思能力の主体とされるものを指す、というのが法律学者としての美濃部の立場であったからである。

したがって、天皇主権と一般にいわれているものも、天皇による絶対で無制限的な統治を意味するのではなく、天皇の統治もまた国家という団体の全体の目的と意思——その意思を構成する重要な部分としては、当然のことながら国民の意思、具体的には国民の代表者によって構成された議会（衆議院）の意思が含まれる——とによって枠づけられなければならない。つまり天皇も、国家という法人格をもった団体の活動力をその他の機関とともに担うひとつの機関であり、もし天皇主権ということを言うのならば、それは天皇が国家の機関のなかで最高の機関であるというだけの意味にほかならない。美濃部の天皇機関説といわれるものは、このような理論によって支えられた明治憲法の解釈論であり国家学説を指すものであった。そしてこうした美濃部の立場は、すでに明らかなように、国民の意思と利益を重視する立憲主義的方向づけを明治憲法体制のなかに導入することによって、藩閥官僚支配のデモクラシー化をめざすという意味をもっていた。

こうして上杉・美濃部の論争は、明治憲法の解釈論という形を一応とったけれども、じつは同時に、これまで述べてきたような日露戦争前後から表面化してきた二つの思想的潮流、すなわちひとつは維新いらいの日本の富国強兵政策を支えてきた国家主義的個別主義と、もうひとつは日清戦争後より擡頭してきた、世界に向かって開かれた普遍主義ないし立憲主義という、二つの流れが、明治の末年に至ってついに真向から衝突したものであった。

明治が天皇の死によってその終焉の時を迎えたのは、こうした新旧両思潮の衝突と交錯の下においてであった。明治天皇大葬の日に自刃した将軍乃木希典の死をめぐる毀誉褒貶定まるところを知らぬ議論の数々は、何よりもよくそれを物語っていた。乃木の自決は、明治天皇に殉ずるための死すなわち「殉死」であると当時の人びとによって受け止められた。乃木はかつて西南戦争に従軍し、軍旗を奪われるという苦い体験をもった。また日露戦争においては第三軍司令官として旅順攻略の指揮を取ったが、要塞は容易に陥落せず、指揮官を更迭された後にようやく陥落は実現した。この旅順の戦いでは、乃木もまたみずから二児を失ったが、多くの兵士を死に追いやったことに対して、彼は深い自責の念を抱きつづけたという。こうした乃木の重い過去の体験がその殉死につながったと考えられた。彼の誠実で純粋な人柄と独特の精神主義は、殉死という世人の意表をつく古風な行動形態と結びついて、乃木を日本の伝統的道徳・武士道的忠誠の模範として賛美する風潮を生み出した。「我が国民の多数は過去二ケ月間殆ど狂せんばかりに大将夫妻の人柄と行為とに感激し未だ冷静に考ふるの余裕なき状態である。元禄十五年赤穂四十七士の復讐以来かくまで全国の人心を激動せしめた民間の出来事はなからう」（浮田和民「乃木大将の殉死を論ず」『太陽』大正元年一一月、前掲『明治思想集 III』五〇四頁）と評されるほどであった。

しかしこうした風潮のなかにあっても、他方では殉死というあまりにも旧時代的な行動のゆえに、「『天地の公道』に反して居る愚挙」（桐生悠々「陋習打破――乃木将軍の殉死」『信濃毎日新聞』大正元年九月一九日―二一日、前掲『明治思想集 III』四七三頁）と断ずる反対意見も表明された。そして桐生悠々は、乃木の自殺を時世に対する憤慨の余に出たものとする一部の人びとの批評についても、「将軍の心中もしかかる憤慨の種があるならば、何ぞ正々堂々として之を発表せざる。発表して而して之を世論に訴えざる」（同上、四七七頁）と反論を展開している。いわば諫死に類する旧時代的発想に対して、むしろ言論に訴え、「世論」の力に依頼する重要性を主張するところにも、確かな時代の推移を目の当たりに見る思いがする。また乃木自殺の動機について「其間多少現今の時勢や当局の方針に就て慷慨の意味があったかも知れぬ」とした浮田和民も、「大将夫妻の自刃に因て官僚政府及び政治社会の腐敗が矯正されるとは思はれぬ」とし、「要するに大将の死は軍国の民をして奮発興起せしむるけれども立憲国民又は実業国民としての日本人に対し世人が今日思ふ程の効果はあるまいと思ふ」（浮田和民、前掲論説、同上書、五〇六‐五一〇頁参照）と否定的な見方を述べている。乃木殉死という衝撃的な事件に対するこうした冷ややかな受け止め方のなかにも、大正デモクラシーと呼ばれる新しい歴史の舞台に向かって、確実にその歩みを進めている時代の鼓動をわれわれは感じ取ることができる。こうして明治という時代は、静かにその幕を閉じたのである。

補論　夏目漱石の個人主義——思想の構造と特質

はじめに　本書では、明治という時代のさまざまな課題に取り組んだ人たちの思考の意味や特色を思想として対象化し、その展開を時代思想の流れのなかで描くことを試みた。その思想の流れを国家と個人という視点で捉えてみると、国家の対外的独立とそのための国力の強化を最優先の国民的課題とする明治ナショナリズムは、たしかに国家と個人との幸福な調和という形で広く国民の共感を得ることに一応成功した。しかし日清戦争の勝利がもたらした国家的地位の国際的な上昇と国民的自信の高揚は、逆説的ながら、明治ナショナリズムの活力を成していた国家と国民の張り詰めた一体感を弛緩させ、両者の間に亀裂を生む契機ともなった。本書の第12章「自我の鼓動」以下の叙述が示すように、明治後期の二〇年間は、これまでの国家至上主義や忠君愛国の道徳主義も個人の視点からの捉えなおしが求められるなど、既成の秩序や権威に対する疑念がさまざまな形で表面化する状況が展開された。

しかしこの期における個の意識は、既述のように「多くは既成の国家観念や社会規範と直接対決する姿勢を避け、むしろそれらを受け入れるに際しての新しい主観的意味づけを試みるか、あるいは公的な国家社会の領域とは切り離された私的な個の世界に沈潜するという方向を選んだ」（本書、一九五頁）。ただ明治末期に登場した自然主義思想の場合には、その一部において既存の道徳や規範や国家的権威との対決へ向う動きが全く見られなかったわけではなかった。たしかに長谷川天渓の例に見られたように、理性や宗教や哲学の働きをすべて「論理的遊戯」として排除したため、結局は「現実暴露の悲哀」という不毛の思考に陥ってしまったが、こうした方向とは別に、現実への直視を通してやがては旧来の価値や道徳に代わる新しい理想の形成を目差すところに自然主義の思想的課題を見出そうとする方向が追求されていた。たとえば生田長江の「理想としての自然主義」あるいは金子筑水の「現実主義を土台とした理想主義」または魚住影雄の「自己主張の思想としての自然主義」などの立場は、いずれも新しい理想の追求という思想創造への志向を示すものと言ってよかろう（本書、二一七―一八頁）。そして自然主義が目指すべき理想として生田長江が「現代文明の根本精神」を挙げ、具体的には「実理的精神」、「自由主義」、「個人主義」の三つとしていることも注目に値しよう。

しかしこの自由で自立的な個人を主体とした思想の胎動が新しい個人主義思想の誕生と結びつ

くか否か、その可能性についてここではなお不透明のままに終わっている。とりわけ本書では、時代思想の推移を概説することに重点を置いた事情もあって、明治末期の新しい思想動向についてより深く検討することができなかった。そこで今回、みずから「個人主義」を標榜していわゆる文明批評家的な役割も果たしていた夏目漱石を取り上げ、彼の個人主義の形成とその思想的意味について考えて見ることとした。

英文学者夏目漱石の苦悩

漱石は個人主義との関係についてこう語っている。「自分の言説《げんぜい》には、兎角《とかく》個人主義の立場から物を観る傾向が多い。是は自由を愛する自分の天性から来るのでもあらうが、一つには又理論の承認を得た主義として、暗に己れの立脚地を此所《こゝ》に定めてゐるからでもあろう。自分は何時か此問題をもつと深く考へてさうしてもつと明らかに語りたいと思つてゐる」（夏目漱石「文展と芸術」大正元年一〇月一五―二八日、東京朝日新聞、漱石全集　第16巻、一九九五年刊、岩波書店、五一七頁。なおルビは原典に付されているもののなかから引用者が適宜選んだ。以下、同全集から引用のルビについても同じである。また同全集からの引用にあたっては「全集16、五一七頁」のように略記する）。この短いことばのなかに、漱石の個人主義という立場に対するたしかな自覚と関心の強さが示されているように思う。

漱石の個人主義の特徴を示すキー・ワードは、彼が個人主義を語る際に好んで用いる「自己本位」ということばであろう。このことばは、彼の個人主義という立場のもつ特質や微妙なニュアンスをよく伝えているように思う。このことばが彼の脳裏に浮び、彼の心をしかと捉えるようになるのは、英語研究のためイギリス留学を命じられてロンドンに滞在中の一九〇一（明治三四）年のことであった。それには、つぎのような事情が背景をなしていた。すなわち、漱石は帝国大学文科大学の英文科に在学中（一八九〇―九三）からイギリス人教師の講義内容に飽き足りないものを覚え、大学卒業後も学問としての英文学とはどのようなものであるべきかについて心を悩ませていた。明治維新いらい日本の学者は、西洋先進諸国から近代の学問を学習し、いち早くそれを日本に取り入れることに精魂を傾けてきたが、そうした学問のあり方は明治の後期においても、そのまま日本の人文社会科学界の支配的傾向として引き継がれていた。しかしそれは、西欧への追随と模倣に明け暮れる有様――漱石の言う「人真似」「鵜呑」「機械的の知識」――としか彼の目には映らなかった。若き日の漱石が迷い悩んだのは、そのような日本の学問を担う人たちのあまりにも自主性を欠くと思われる態度であり、また自分自身もそうと知りながら、そこから抜け出る途を見出せないでいるいら立ちにあった。彼は当時の自分の心境を、「恰《あたか》も嚢《ふくろ》の中に詰められて出る事の出来ない人の気持」（「私の個人主義」講演、大正三年一一月二五日、全集16、五九二頁）と語っている。そして彼は、結局そうした苦悩を解決できないままでイギリスに赴いたのであった。

　ロンドンで陰鬱な日々を送った漱石は、まもなく、ただ外国の書物を読むだけではなく「文学とは何《ど》んなものであるか、その概念を根本的に自力で作り上げるより外に、私を救ふ途はないのだ」（同上、前掲書、五九三頁）と、初めて悟ることになる。そうとはいえ、そこには乗り越えなければならないもう一つの不安があった。それは、彼の専攻する英文学について、日本人である自分の研究が、いわば本場の西洋人の研究に対抗できるだけの存在意義を持ち得るものなのかという疑問だった。この根本的な問題を考えるなかから彼はつぎのような思いに行き着くこととなる。彼によれば、こうした自分の疑問そのものがじつは文学という学問についての誤った認識の上に立っているのではないか、ということであった。西洋の文学論も日本のそれも、ともに唯一の普遍的な結論＝真実に到達するはずと考えること自体が誤りで、それは文学と科学との混同によるものと彼は考えるようになった。「普通の学者は単に文学と科学とを混同して、甲の国民に気に入るものは屹度《きっと》乙の国民の賞讃を得るに極つてゐる、さうした必然性が含まれてゐると誤認してかかる。其所《そこ》が間違つてゐると云はなければならない」（同上、前掲書、五九四－九五頁）と。

　こうして漱石は、長年の煩悶からようやく解放され、自分の見解や立場はみずから正しいと信ずるかぎりは、自己にとっての真実として尊重し貫き通すべきである、という確信にたどり着くこととなる。こうした自主自尊の立場は、文学に限らず社会生活のすべての分野にわたる人間個人の生き方として広く尊重さるべきものというのが漱石の結論であった。そしてこのような人間個人の生き方を、彼は「自己本位」ということばで表現することとしたのである。この語は、他者とくに西洋の学問をいち早く受け入れては「鵜呑」みにし、受け売りをする、先述のような当時の学問的態度や風潮を指して彼が呼んだ「他人本位」ということばと対をなしていた。そのことは、「自己本位」の語が当時の日本の時代状況に対する漱石の批判的姿勢と密接に結びついていたことを示すものでもあった。

　漱石の個人主義の観念は、以上のような「自己本位」をキー・ワードとして構成され、まさに自己こそが本位と考える個の自主自尊をあるべき人間の生き方とする立場を意味した。そして注目すべきは、彼の個人主義の原点となったこの「自己本位」に彼が行き着くにあたっては、人間という存在についての彼なりの一つの考え方が支えになっていたということである。それは、人間を普遍的な理論や観念の位相で捉えるのでなく、日常の経験の世界に事実として存在するものをそのまま取り込む視点を重視することであった。すなわち現実に存在する人間は、普遍的な理性を共有する等質で抽象的な個人ではなく、むしろ多様な社会のさまざまな風俗や習慣や人情のなかで生を営む生身の人間であり、また各国それぞれに異なった国民性を身につけて人格形成を行なった国民の一人として生活する者にほかならないと考えるような、きわめて具体的で経験論的な捉え方を特徴とするものであった。そもそも彼の学問的な煩悶も、前述のように「甲の国民」と「乙の国民」とのあいだの評価の違いという「矛盾」に根ざしていたことからも分かるように、そこでは国民という優れて歴史的で現実的な集団に属する人間が問題であった。漱石自身も「自己本位」という個の自覚に至る経緯を、「私が独立した一個の日本人であって、決して英国人の奴隷でない以上はこれ位の見識は国民の一員として具へてゐなければならない……」（同上、前掲書、五九四頁）と言っているように、国民としての自覚が個人としての自立の支えになる一面すらそこには見られた。

もちろん漱石のこうした自覚は、日清戦争に勝利して以後の日本における国家意識の高揚や国民的自負の高まりという時代状況と無関係ではないだろう。しかしここではそれとは別に、漱石における個の自立という内面の問題が、抽象的な観念の問題としてではなく、日本人の国民感情という具体的な形をとりながら、風俗習慣や国民性など外的環境との対応のなかで取り上げられている点にむしろ着目したい。実際に漱石自身も「自己本位」という考えに踏み切ってからは、文学とは何かを既成の概念にとらわれず自分の力で、心理学や進化論など実証的な学問の方法をも積極的に利用して、根本から掘り下げてみようと決意を固めている。たとえばロンドンからの友人宛のはがきでも、「近頃は文学書抔は読まない心理学の本やら進化論の本やらやたらに読む」（菅虎雄宛、明治三五年二月一六日、全集22、二四九頁）と書き送っている。また義父の中根重一宛の書簡では、著書執筆の構想を伝えるなかで「哲学にも歴史にも政治にも心理にも生物学にも進化論にも関係致候故自分ながら其大胆なるにあきれ候事も有之候へども」云々（明治三五年三月一五日、同上書、二五四頁）と述べている。これらの漱石のことばからも、彼の目差す文学がきわめて科学的・実証的な視点を重視した異色のものであろうことが推察できる。

思想としての『文学論』

イギリスから帰国した漱石は、東京帝国大学に招かれ、文科大学で英文学の講義を担当、その講義案を基にして懸案の著書『文学論』（明治四〇年五月）および『文学評論』（明治四二年三月）を上梓する。この両著は、上述のような漱石の「自己本位」の前提をなす人間存在についての考え方、および彼の個人主義の思想的特徴を探る上でも貴重な手がかりを与えるものとなっている。漱石の『文学論』を開くと、「凡そ文学的の内容の形式は（Ｆ＋ｆ）なることを要す」（全集14、二七頁）という破天荒な書き出しに、まず度肝を抜かれる。漱石によれば、Ｆとは人間が日常生活の経験を通して認識した印象または観念を意味し、ｆとは「これに附着する情緒」の意味だと言う。文学とは何かを論ずるにあたって、漱石があえてこのような記号による公式というスタイルを採ったのは、文学も学問的方法の面では、これからは科学的な手法で論ずることが求められるとする、従来の通念にとらわれない、「自己本位」という彼の意気込みを示すものと言えよう。

　そもそも漱石が文学をめぐる煩悶から解放されて、新しい自分なりの文学論を根本から築き上げようと思うに至ったきっかけは、ロンドンの漱石を訪ねてドイツからやってきた友人の池田菊苗との出会いにあった。化学を専門とする池田は漱石の下宿に泊まり込み、ひざ突き合わせて漱石と議論をかわした。「池田君は理学者だけれども話して見ると偉い哲学者であつたには驚いた」（「時機が来てゐたんだ——処女作追懐談」『文章世界』明治四一年九月一五日、全集25、二八二頁）と、漱石はそのときの感想を回顧しているが、それにつづけて「倫敦《ろんどん》で池田君に逢つたのは自分には大変な利益であつた。御蔭で幽霊の様な文学をやめて、もつと組織だつたどつしりした研究をやらうと思ひ始めた」（同上）と語っている。池田を通して、漱石は実証的な科学という学問のすばらしさと、科学的な方法の重要さに心を打たれたのであろう。前述のように、それ以後は文学の書を投げ捨て心理学や進化論の読書に没頭するようになったのは、そのことを物語っている。「文学的の内容の形式は（F＋f）なることを要す」という彼の『文学論』冒頭のことばには、そうした漱石の思いが込められていたのである。

漱石によれば、Fによって示された印象または観念（文学の場合それは情緒fをつねに伴うが）という人間の内的な認識の世界は、日常的な経験という外の世界からの刺激とそれへの対応という形で形成される。しかもその対応は、初めは漠然として形も定かでないものが、やがて焦点を結んで明確な形を取った印象（漱石のいわゆる「焦点印象」）または観念というFに成長する。上昇して頂点に達したこのFは、また時の推移とともに波形をなして下降衰退し、つぎに生成してくるF′に引きつがれる。人間の内面に作り出される意識（印象または観念）は、こうした波形の連鎖としてそれを取り巻く外的環境とともに推移する、と漱石は説く。

この漱石の捉え方は、当時の心理学で説かれた意識波動説に拠るもの*とされているが、思想的にはつぎの点がとくに注目される。それは第一に、人間の内的な意識のあり方を外的環境との対応として説明していること、つまり意識の形成や推移が外的刺激に起因すると考える因果論的な発想という意味で、まさに科学的な考え方の上に立っていることである。第二に、内的意識の世界は外的な環境の変化と対応してつねに変化する動態と考えられていることである。「Fは必ず推移を意味す」（『文学論』前掲書、四二四頁）。このことは、人間の内的世界を「吾人が日常経験する印象及び観念」と彼自身も述べるように、漱石の考え方がすぐれて経験主義的傾向を強くしていること**を示すものであるが、具体的には留学中に学んだ進化論の影響を感じさせる。

＊　漱石全集16に付された注解（同書、七二九頁）によれば、意識の波動説は、モーガン（Lloyd Morgan, 1852–1936）の『比較心理学』に拠るとされている。

＊＊　漱石は、ロック（John Locke）の経験主義に対し、「ロックが経験の二字に飽迄《あくまで》重きを置いて心は何でも経験から観念を得るのであるから、経験を棄てゝは丸で議論が出来ぬと迄論じたのは、空漠なる哲学を堅固なる基礎の上に建立した者で、此実際的な着実的な態度が大いに注意する価値のある事と思ふ」（『文学評論』全集15、六九頁、傍線、傍点ママ）と高い評価を与えている。

当時、社会的事象の説明に進化論を取り入れる社会進化論的な議論は、イギリスにおいても日本においても活発に行なわれていたから、新しい文学論の構築を志した漱石が進化論に着目したことは、決して意外なことではない。こうして「文学は社会的現象の一つ」とした漱石は、文学と社会との関係に注目し、「文学は当時の一般の気風が反射される者で当時の趣味の結晶した者であるから一般の社会とは密接の関係があって外の学問とは其関係の度が大いに深い」（『文学評論』全集15、五七頁）と、両者の密接不可分な関係を強調するのである。

漱石が文学論を展開するにあたって、その根本となる人間の意識の問題を変化の相において捉えること自体、進化論からの影響を思わせるが、さらにその変化のさまざまな場面で重要な意味をもつものとして、彼が競争を挙げていることも進化論との関係で注目される。たとえば意識Fの推移をもたらす外からの刺激Sにつき漱石は、「FのF′に推移する場合には普通Sの競争を経ざるべからず」（『文学論』全集14、四四〇頁）と、複数の刺激の間に優劣強弱の競争が存在することを指摘している。また、彼が人間の内的意識の推移を総括したところでも意識間における競争の重視を説き、「吾人意識の推移は普通の場合に於て数多のⒻの競争を経。（ある時はFとF′の両者間にも競争あるべし）」とし、また「此競争は自然なり。又必要なり」（同上、四四六頁）とも述べている。

周知のように進化論は、生物個体の生存欲求にもとづく生存競争を原点としていることからも分かるように、個人主義的な発想を基本とする理論である。したがって進化論を受け入れることは、大なり小なり個人を主体とした考え方を必然的に取り入れることとなる。漱石の場合も集団としての社会は、それ自体の意識や利害に基礎づけられた実体的な存在とは考えず、基本的には個人の集合したものとして捉えられていた。すなわちF＋fという漱石の公式は、言うまでもなく個体としての人間＝個人を単位とする内面の世界を指し示すものであるが、それは、社会という空間的に拡大された人間集団にもそのまま適用されたし、同時にまた時間的なスパンを軸とすることによって、ある時代を支配する人間（個人および社会）の意識にも同じく適用可能と考えられていた。

このように個人を単位とした意識Fが空間的あるいは時間的に集積した総体を、漱石は集合意識と呼んで主要な考察の対象とした。彼がFの形を三つに分類して、基本的単位である「（一）一刻の意識に於けるF」のほかに「（二）個人的一世の一時期に於けるF」と「（三）社会進化の一時期に於けるF」を挙げているのがそれである。そしてとくに（三）についてこう述べる。「一世一代のFは通語の所謂《いわゆる》時代思潮（Zeitgeist）と称するものにして更に東洋風の語を以てせば勢これなり。古来勢は何ぞやと問へば曰く天なりと答へ命なりと呼ぶ。……此一語は余が述べるところの広義のFをよく表言して遺憾なし。凡そ古今の歴史とはかゝる時代的Fの不断の変遷をたどるものに過ぎず」（『文学論』前掲書、三二-三三頁、傍点ママ）と。つまり歴史の一時期を支配する時代思潮と呼ばれるものは、個人的意識Fの空間的・時間的に集積され拡大された集合意識Fにほかならず、人間の歴史とは昔も今もこの集合意識Fの変遷を指すとする。彼は幕末にその例をあげて、「攘夷、佐幕、勤王の三観念は四十余年前維新のFにして即ち当代意識の焦点なりしなり」（同上）としている。

この集合意識という漱石の考え方は、時代の意識や社会の意識を個人意識の推移し集合した形態とみなす点で、すなわち個人のみが実在する主体であり理論構成にあたっての単位であるとする点で、個人主義的な発想の特色を示すということができる。この人間の意識についての分析と理論は、漱石の初期の文学論にのみ見られた見解でなく、のちの講演「現代日本の開化」（明治四四年八月）でも言及されている。そして、そこでも意識波動説を取り上げ、「此解剖は個人の一分間の意識のみならず、一般社会の集合意識にも、夫から又一日一月もしくは一年乃至《ないし》十年の間の意識にも応用の利く解剖で、其特色は多人数になつたつて、長時間に亘《わた》つて、一向変りはない事と私は信じてゐるのであります」（全集16、四三三頁）と述べている。このように、「自己本位」から出発した漱石の文学理論の底流を形づくった個人主義は、その後も彼の思想的支柱として機能しつづけることとなるのである。

個人主義の思想的特色　それでは漱石の言う個人主義とは、思想としてどのような特色を持つものであろうか。まずその個人主義は「自由を愛する自分の天性からくるもの」（前引）と彼が言うように、個人の自由という観念と不可分のものとして形成された。そしてその自由は、また「自己本位」の観念がそうであったように、いわば他人からの自由、つまり他者の意思や主張にいわれなく従わねばならないことからの自由を本質とした。この「自己が主で、他は賓《ひん》であるといふ信念」（「私の個人主義」全集16、五九七頁）に支えられた自己の個の自主性は、漱石の場合、個人のそれぞれの個性を尊重するという考え方として展開する。漱石は小説『吾輩は猫である』（雑誌『ホトトギス』明治三八―三九年）のなかで「今の世は個性中心の世である。……あらゆる生存者が悉《ことごと》く個性を主張し出して、だれを見ても君は君、僕は僕だよと云はぬ許《ばか》りの風をする様になる」（全集1、五四五－四六頁）と語らせている。漱石に言わせれば、個性中心はまさに今の時代の抗しがたい「集合意識」＝時代思潮だということであろう。漱石は講演でこう言っている。「個人の自由は……個性の発展上極めて必要なものであつて、其個性の発展がまた貴方《あなた》がたの幸福に非常な関係を及ぼすのだから、何《ど》うしても他に影響のない限り、僕は左を向く、君は右を向いても差支《さしつかえ》ない位の自由は、自分でも把持し、他人にも附与しなくてはなるまいかと考へられます。それが取りも直さず私のいふ個人主義なのです」（「私の個人主義」前掲書、六〇七－〇八頁）と。

漱石の個人主義は、このように人間の個性を尊重するという形をとった。すなわち彼の個人主義は「自己本位」から出発し、「自己が主で、他は賓」という信念に支えられていた。しかし同時に注意すべきは、彼にとって自己本位とは決して排他的で閉じた自己中心ではなかったという点である。つまり個性の尊重は、漱石にとって、自他の区別を超えた普遍的な人間性尊重の原理として受けとめられていたからであった。「自分がそれ丈《だけ》の個性を尊重し得るやうに、社会から許されるならば、他人に対しても其個性を認めて、彼等の傾向を尊重するのが理の当然になつて来るでせう。それが必要でかつ正しい事としか私には見えません」（同上、六〇二頁）と彼は、個性の尊重が自他対等な互恵（reciprocity）の関係にあるべきことを語っている。他者の個性も尊重すべきことを「理の当然」とし、自由についても他人の自由を尊敬する「義務心を持つてゐない自由は本当の自由ではない」（同上、六〇七頁）とするのは、誰しもが納得するところであろう。ただ彼が他者への配慮や自由に伴う義務の必要を主張するとき、その根拠を人道とか博愛というような理念や規範に求めるのではなく、むしろ日常的な経験、つまり「さうした我儘な自由は決して社会に存在し得ないから」とか、「よし存在してもすぐ他から排斥され踏み潰されるに極つてゐるから」（同上）という社会的な生活事実に求めていることを、ここでは漱石らしさとして指摘しておきたい。

　このように漱石の個人主義は、それが社会に受け入れられるためには他者への配慮と寛容とを欠くことができないと考える点で、たしかに社会的に開かれた側面を持っていたと言うことができる。しかし彼の「自己本位」が、本来、他者からの自由という意味を持っていたことから、自由の主体である個人は自立する個であると同時に、時には孤立する孤独な個となることに耐えなければならない。漱石は個人主義の持つ「淋しさ」をこう語っている。「個人主義は人を目標として向背を決する前に、まづ理非を明らめて、去就を定めるのだから、或場合にはたつた一人《ひとり》ぽつちになつて、淋しい心持がするのです」（同上、六一〇頁）と。つまり個人主義は「党派心がなくつて理非がある主義」である以上、「我は我の行くべき道を勝手に行く丈で、さうして是と同時に、他人の行くべき道を妨げないのだから、ある時ある場合には人間がばら〳〵にならなければなりません。其所《そこ》が淋しいのです」（同上、八〇八－〇九頁）ということである。

個人主義がある時ある場合には耐えることを求められたこの「淋しさ」は、個人が自己の個性を保持し、個の自立を享受するために支払わなければならない代償とも言うべきものであろう。それは、個人が自由であるためには、自ら状況を判断し、何をなすべきかを自ら選択する、多忙で緊張の絶えない精神的な強さを求められるのと同様である。その意味で、漱石が望ましいと考えた個人主義は、知識人のような限られた社会層を対象とする精神的エリートの貴族主義とも言うべき側面を持っていた。漱石は、『文学論』で一時代における社会の集合的意識Fの推移を論ずるなかで、集合意識を模擬的意識、能才的意識、天才的意識の三つの形態に分類しているが、その類別を借用すれば、彼の個人主義は能才的意識に相当すると言うことができよう。漱石によれば、模擬的意識とは「嗜好に於て、主義に於て、経験に於て他を模倣して起るもの」であり、社会の大部分を占める大衆（「天下大衆」）を担い手とする意識Fを指す。しかもこの模倣という大衆の意識形成の形態は、「社会を構成するに膠油の如く必要なるもの」であり、「模倣は社会の成立と維持とを満足ならしむる根本義」、あるいは大衆が生存のため「自然より命ぜられたる」もの、その意味で「生存競争の大理法に基づくもの」（全集14、四二〇－二一頁）と意味づけられた。

これに対して能才的意識は、このような意味を持つ大衆による模倣の対象となるものであり、来るべき新しい時代の集合意識Fを衆に先んじて提起し、大衆の向うべき新しい到達点として大衆を誘導する、そうした社会的役割を果たす意識形態とされる。漱石の説明を紹介すれば、「能才的Fは大衆に先だつ事十歩二十歩にして、大衆の到達すべき次回の焦点に達し、顧みて大衆を麾《さしまね》くを常とす。後れたる大衆は後れたるを忌んで、半途に踵《きびす》を回《めぐ》らして他の焦点に方向を転ずる能はず。b〈現状の大衆意識を指す〉の傾向として遅速を論ぜずc〈大衆の到達すべき次回の焦点意識を指す〉に推移せざる可からざる運命を有すればなり」（『文学論』前掲書、四二五頁）と。そしてこのような役割を担う能才は数においては大衆に遠くおよばないが、漸次大衆を吸収する力を持つ点で大衆に優る勢力と言うべきものとしている。

社会の変化と新しい時代思潮の台頭　以上のように漱石においては、社会という集合体の意識は、相対的には少数のエリート＝「能才」の先進的な意識が多数の大衆を先導しつつ新しい時代思潮の形成を実現する動態として理解されていた。その意味で彼の個人主義は、たしかに「我は我の行くべき道を勝手に行く丈《だけ》」という孤独の「淋しさ」を時には耐えなければならないかもしれないが、決して社会から切り離され、自らも社会に背を向けた性格のものではなかった。漱石にとって個人主義は、自己自身の存在理由を明らかにするためのものとして発見されたけれども、同時にそれはすべての人間が自由で独立の個人として、個性というアイデンティティを失うことなく社会のなかで生きていくための一つの基本的な原理としての意味を持つものであった。しかもこの普遍的な原理としての個人主義は、やがて彼の生きる二〇世紀初頭の日本の時代思潮（集合意識F）を形づくるものとして、現に日本の多くの人びとを捉え始めているという現状認識と結びついていた。「現今日本の社会状態と云ふものは何《ど》うかと考へて見ると目下非常な勢ひで変化しつつある、それに伴《つ》れて我々の内面生活と云ふものも亦《また》、刻々と非常な勢ひで変りつゝある」（「中味と形式」明治四四年八月、講演、全集16、四六〇頁）。これが漱石の実感であった。

こうした時代意識の急速な変化は、言うまでもなく個人的な自由の拡大を主とした個人主義の台頭を意味した。当時の日本の社会的な空気について彼はこう語っている。「日露戦争も無事に済んで日本も当分は先づ安泰の地位に置かれるやうな結果として天下国家を憂としないでも、其暇に自分の嗜欲を満足する計《はかりごと》をめぐらしても差支《さしつかえ》ない時代になつて居る、夫や是やの影響から吾々は日に月に個人主義の立場からして世の中を見渡すやうになつてゐる」（「文芸と道徳」明治四四年八月、講演、全集16、四八二頁）と。またその数年前、漱石によって記された断片的な記録のなかにも、つぎのような言葉がある。「〇昔は御上の御威光なら何でも出来た世の中なり〔抹消〕〇今は御上の御威光でも出来ぬ事は出来ぬ世の中なり〔抹消〕　〇次には御上の御威光だから出来ぬと云ふ時代が来るべし。威光を笠に着て無理を押し通す程個人を侮辱したる事なければなり。……是パーソナリチーの世なればなり。今日文明の大勢なればなり……〔抹消〕」（断片三二G、明治三八、九年、全集19、二一二頁）。そしてこの引用の前半と同趣旨の内容を、漱石は『吾輩は猫である』の登場人物にも語らせている（全集1、五四四－四五頁）。つまり個人主義の台頭は、文明に向って進む今日の世の「大勢」というのが漱石の時代認識であった。

前述のように漱石の個人主義は、自己本位＝他者からの自由という彼自身の自由で自立的な生き方を保持するための私的な原理として出立したが、それが社会生活のなかで現実に許容されるには、すべての他者たる個人に同様の自由と自立を認める配慮と寛容さが必要不可欠であるとする点で、それは社会的に閉ざされた自己本位ではなく、むしろ社会的に開かれた普遍性と合理性とに裏打ちされ方向を内包するものであった。そればかりでなく、彼の現実認識によれば個人的自由の拡大は、当時の日本における新しい時代思潮の焦点をなすものとして人びとの心を捉え始めており、そうした状況の変化は彼の考える個人主義がまさにつぎの社会的集合意識を形成する必然的な過程としての意味を持つものと彼の眼には映じていた。当時の日本の思想状況をこのような抗しがたい世の「大勢」という観念の下で受けとめた彼の現実認識は、個人主義の立場から彼が社会に向けて発言するにあたっても大きな心の支えとなったに違いない。

個人主義が新しい集合意識の焦点となることは、いまや時代の大勢であるとした漱石にとって、それを裏づける格好な事例として取り上げたのは儒教道徳の問題であった。漱石によれば、徳川時代という古い日本に君臨したこの儒教道徳の特色は、忠臣とか孝子とか貞女とかいう人間像が皆そうであるように、「完全な模範を前に置いて、我々如き至らぬものも意思の如何《いかん》、努力の如何に依《よ》つては、此模範通りのことが出来るんだと云つたやうな教え方、徳義の立て方」（「文芸と道徳」前掲書、四六五頁）を根本とする点にあったとしている。このようにただ頭のなかで考えた「完全な一種の理想的の型」を不動の前提に据えて、「それに達し得る念力を以て修養の功を積むべく余儀なくされたのが昔の徳育」（同上）だったと彼は言う。そしてこのような儒教の道徳論が力を振るうことができたのは、人間という存在を事実の視点から観察し捉える姿勢、つまり事実に即した科学的な見方が未発達の時代であったからにほかならないと彼は主張する。先に見た彼の『文学論』を支えていた「日常経験」を重視する現実的で科学的な視点が、この儒教批判においてもまた貫かれていたということができよう。

漱石は、明治維新から四十数年経った時点で、「此道徳の推移した径路を振返つて見ると、ちやんと一定の方向があつて、たゞ其方向にのみ遅疑なく流れて来たやうに見える」とし、このような道徳の変化は社会現象を研究する学者にとって非常に興味深いことがらだと語っている。そして儒教道徳がその後に辿った方向についてこう述べる。「維新後の道徳が維新前とどういふ風に違つて来たかと云ふと、かのピタリと理想通りに定つた完全の道徳と云ふものを人に強ふる勢力が漸々《だんだん》微弱になる許《ばかり》でなく、昔渇仰《かつごう》した理想其物が何時の間にか偶像視せられて、其代り事実と云ふものを土台にして夫から道徳を造り上げつゝ今日迄進んで来たやうに思はれる」（同上、四六八頁）と。

漱石が維新後の道徳の向った必然的な方向、すなわち観念的に作られた理想や模範に依拠した道徳という発想から、事実を土台にして道徳を造り上げる発想への転換は、まさに事実としての人間からの出立、換言すれば自由や自立や利己など生まれながらの人間自然の欲求から出立する彼の個人主義と、発想の点で重なるものがあった。彼が個人主義の立場から道徳を論じて、「吾々の道徳も自然個人を本位として組み立てられるやうになつてゐる、即ち自我からして道徳律を割り出さうと試みるやうになつてゐる、是が現代日本の大勢だとすればロマンチックの道徳換言すれば我が利益の凡てを犠牲に供して他の為に行動せねば不徳義であると主張するやうなアルトルイスチック一方の見解は何《ど》うしても空疎になつて来なければならない」（同上、四八二頁）と主張しているのも、そのことを示すものであろう。

漱石の小説『それから』（東京朝日新聞・大阪朝日新聞、明治四二年六―一〇月連載）のなかでも、代助の父が先代の旧藩主からの拝領と珍重する額に書かれた「誠者天之道也」という儒教の経典『中庸』の語句に対して、「誠は天の道なりの後へ、人の道にあらずと附け加へたい様な心持がする」（全集6、四一頁）と旧時代的な父親に対する代助の苦々しい思いを記している。超越的な天の道であるから天下万人はこれに従わなければならないとした儒教道徳の論理を、天の道であるがゆえに人の守るべき道とすることはできないと切り返した代助の発想は、まさに漱石のそれを代弁するものと言ってよかろう。*

＊　漱石の「断片」に記された前引の「御上の御威光なら何でも出来た世の中」から「御上の御威光だから出来ぬと云ふ時代」への進化に同様の論理を見ることができる。

ただ漱石は、自己本位の道徳とか自我から作り出された道徳律と言っても、もとより理想の大切さを否定するものではなかった。「どんな社会でも理想なしに生存する社会は想像し得ない」（全集16、四八三頁）と彼は言う。しかし社会が必要とする理想は、儒教が説くような人間についての「完全な一種の理想的な型」というようなものでなく、もっと身近でつましいものでなければならない。それというのも「人間の歴史は今日の不満足を次日物足りるやうに改造し次日の不平を又其翌日柔げて、今日迄つゞいて来た」と彼自身が述べているように、人間の進歩はきわめて緩やかな歩みを特徴とすると考えていたからである。こうした漸進主義は、彼が『文学論』において意識Fの推移を法則として一括するなかで「推移は順次にして急劇ならざるを便宜とす」（全集14、四四六頁）とした立場と対応している。急劇な変革を否とし、漸進を可とする思考態度――それは進化論を基礎とした保守思想の特徴的な思考様式である――は、漱石の一貫した特色でもあった。したがって道徳の理想と言っても、現実を重視し現状改革の限られた可能性を考慮するとき、それはどうしても人間自然の本性という事実に沿った「ナチユラリスチツクの傾向を帯びるべく余儀なくされる」（「文芸と道徳」前掲書、四八三頁）ということになる。こうして漱石は、利他的で自己犠牲的な儒教の「ロマンチックの道徳」に代え、「ナチュラリスチック」――すなわち人間自然の本性という事実重視の「自然主義の道徳」こそが、自己本位＝個人主義を基礎づける人間の道徳にふさわしいとするのである。

漱石の講演「文芸と道徳」は、以上のような儒教道徳批判を主要な論点の一つとして取り上げたものであった。そこでは、日常的な経験世界におけるありのままの人間生活の事実を重視する視点が明治維新以後台頭するに伴って、儒教の理想とした「完全な一種の理想的な型」としての人間像は、多くの人びとによってもはや空疎で非現実的と感じられるようになったことが指摘され、儒教批判はこうした時代思潮の変化を背景とする一つの必然的な方向と意味づけられた。「文芸と道徳」と題した講演と同じ時期に行なわれた講演「中味と形式」も同様に維新以降の急速な時代思潮の変化の下で、「我々の実際生活」という「中味」と、政治家や法律家や学者らによって造られた制度や理論という「形式」との乖離や矛盾を問題としたものであった。「形式は内容の為の形式であつて、形式の為に内容が出来るのではない」。したがって「内容が変れば外形といふものは自然の勢ひで変つて来なければならぬといふ理屈にもなる」（「中味と形式」前掲書、四五六－五七頁）というのが、ここでの漱石の基本的主張をなしていた。彼のこの主張は、先に取り上げた儒教批判の儒教道徳を「形式」に、日常的な人間自然の欲求や生活内容を「中味」に置きかえれば、「文芸と道徳」の場合の儒教道徳批判と思考の枠組みにおいて共通していることが容易に理解できよう。ただ「中味と形式」では、「形式」を道徳に限らずより広く法律制度や理論など社会を秩序づける枠組みにまで拡大し、人びとの日常生活における意識の変化や活きた実態という「中味」との関係を論ずることによって、興味深い時論の展開となっている点が注目される。

とくにこの講演で、漱石が形式のあり方をめぐって問題としたのは、内容のための形式が主客転倒し、「あらかじめ一種の形式を事実より前に備へて置いて、其形式から我々の生活を割出さうとする」（同上、四五七頁）発想であった。社会的騒動や革命は、しばしばこうした事実より優先された形式の無理押しが高じたところに起こる。「活きた人間、変化のある人間と云ふものは、さう一定不変の型で支配される筈がない」（同上、四六〇頁）と彼は言う。そして「維新の革命」についても、「一つの型を永久に持続する事を中味の方で拒むから」という言い方で、「内容に伴《っ》れ添《そ》はない形式は何時か爆発しなければならぬと見るのが穏当で合理的な見解であると思ふ」（同上、四五九頁）と、維新の変革を歴史の必然的結果とする見方を示していた。こうして彼は、明治の時代に適切な型というものは明治の社会的状況、より掘り下げた言い方をすれば明治の社会状況を形づくる人びとの意識＝「心理状態」に適合したものでなければならないとし、このごろ個人主義や自然派の小説が議論されるようになったのも、「皆我々の生活の内容が昔と自然に違つて来たと云ふ証拠」（同上、四六一頁）と捉える。その意味で、個人主義もまさに明治の新しい生活内容に適合した型としての意義をもつものという立場を、彼はここでも示したのであった。

社会進化の必然性と個人の自立――「趣味」について　これまで見てきたように、漱石の二つの講演「文芸と道徳」および「中味と形式」では、個人主義の台頭という現象を維新以後における人びとの生活実態の変化に伴う時代思潮の必然的な推移として意味づける視点が強調された。それは、人間の内的意識の形成・推移を、基本的には外的環境への対応という日常的な経験の世界の結果と捉えた彼の『文学論』の認識論哲学とも言うべき考え方と密接に関連するものであった。とくに個人は、実際には社会という集団のなかで生活し、特定の時代を蔽う集合意識という時代思潮の下で意識や思想の形成を行なう。しかもこの集合意識は、漱石が東洋風の言い方をすれば「勢」、「時勢」あるいは「天命」などに相当すると述べているように、個々人を超えた抗しがたい勢いをもって一定方向へ人びとを引きつけていく必然的な力を持つとされた。漱石が講演で強調した維新以降の時代の必然的方向という考えには、『文学論』で展開した彼のこうした理論が背景になっていたのであろう。

　社会進化のこの必然性の観念は、社会を動かし歴史を造る人間自身の主体的な働きを軽視または弱める傾向をもたらし、状況への依存や大勢順応的な態度へと人びとを誘う恐れを生むとしばしば指摘されている。しかし漱石の個人主義については、それはほぼ杞憂に近かった。彼にとって個人主義は、彼自身の長い学問的な苦悩の果てにようやく見出した「自己本位」という自主自尊の観念とともに生まれたものであった。そして理論的な視点からしても、彼のいう集合意識＝時代思潮とは、多様な個人意識の競争や集結の結果として形成されるものであり、その形成には「能才」――すなわち「機を見るに敏なるの士」あるいは「時勢を達観するの才」（『文学論』前掲書、四二六頁）――による大衆の先導という役割が重要と考えられていた。また社会や時代の動向にとらわれることのない特異な感性の持主である「天才」の存在も認めた。したがって「今の世は個性中心の世」と個性の尊重や個人の自由が新しい時代の方向として強調される場合でも、漱石においては、むしろ個人主義の主張に自信と正当性を与えることにそれは寄与したのであった。

　このように漱石の個人主義は、新しい時代の先端を行く必然性を追い風にしながら、あくまでも個人的な自由と自立を尊重する自主的な個の精神が説かれることとなる。しかしながら彼が想定した個の精神を担うべき自主的な個人は、必ずしも西欧近代の合理的な人間、あの輝かしい理性を身につけた近代啓蒙主義の申し子のような人間像ではなかった。もちろん彼は人間の理性の重要性についてはよく認識していた。『文学論』でも人間の意識のうち情緒ｆと区別された意識Ｆは、数学や物理学などの世界で形成される純粋に客観的な理性的思考や観念を意味していたし、科学的な思考と方法を取り入れることは、彼が目指した新しい文学理論にとって最重要課題の一つでもあった。このように漱石は学問の方法として科学のもつ意義を高く評価したが、自己本位という彼の問題関心ないし視点から人間を論ずるにあたって彼が重視したのは、善悪是非という人間の理知的側面よりはむしろ好尚とか好悪という情緒的側面にあったように思われる。その点で注目すべきは、彼が自己を自己たらしめるものとして彼独自の意味を内に含んだ「趣味」という観念を好んで用いていることであろう。

この趣味ということばは、漱石の個人主義を考える上でのキー・ワードと言っても決して過言であるまい。そこでこのことばの意味を理解する手がかりとして、まず文学評論を論ずるなかで彼が「趣味」をどのような意味で用いているか検証しておきたい。彼は、他人の文学作品に限らず、広く外物に接する際のわれわれの態度には「鑑賞的（appreciative）」と「批評的（critical）」と彼が呼ぶ二つの形態があるとしている。鑑賞的な態度とは、もっぱら「自己の好尚」にもとづいて面白いとか詰らないというように、自己の感じたところを表示する情緒的で主観的な態度を意味する。他方、批評的な態度とは、漱石のことばをそのまま借りれば、「自己の好尚があるないに拘《かかわ》らずして其物の構造、組織、形状等を知る為めの態度で、頗る冷静なる者」（『文学評論』全集15、一二五頁）としている。つまり物事を分析的に説明しようと努める理知的で客観的な態度を意味していた。

漱石はこの二つの態度について、文学作品の評論という観点から批判を加えている。まず鑑賞的態度については、作品がただ面白いとか詰らないとかいう感情批評に終わっていることに対して、おそらく大多数の人はそれだけでは満足せず、「必ず「どうして」といふ問題を提出するに極まつて居る」（同上、二六頁）と言う。そしてこれを解決するためには、科学という分析的な知的方法に待つほかはないとし、その意味で後者の批評的態度は文学評論の方法として必要なもの――また文学の比較や歴史を論ずる場合にはとくに不可欠なもの――と漱石は評価するのである。しかし同時に彼はこの批評的態度そのものについては、「是は趣味の上から出立するのではなくして、知識慾を満足する為め」のものであること（同上、三五頁）、すなわち趣味を根底にした批評という行為になっていないという理由で、こうした「純然たる批評的態度」――つまり作品の形式のみを対象とする方法的態度――からは文学は成り立たないとしたのであった。それは、「吾人が文学に待つ要素は理性にあらずして感情にあり」（『文学論』前掲書、一二九頁）とした彼の文学観からすれば当然であろう。このような観点から漱石は、鑑賞的と批評的という二つの態度の中間にあって両者の要素を合わせ持つ「批評的鑑賞（critico-appreciative）」と呼ぶ態度を文学批評のあるべき形態とした。

　この批評的鑑賞という態度について、漱石はまたつぎのように述べている。「此態度にあつては好悪が根本になつて夫れから出立して科学的手続をやつて、夫れで此根本的好悪の説明をする。換言すれば己れの標準なる趣味嗜好の証拠とする」（『文学評論』前掲書、三九頁）と。つまり批評的鑑賞とは、対象とした作品に対する好悪という感情的批評を重視し、好悪の感情が批評という行為の根底をなすものとするが、ただ感情のレベルにとどまるのではなく、その理由を対象とした作品に即して実証的に説明するという意味では、同時に科学的な態度でもあった。またさらに批評的鑑賞についてのこの漱石の説明で注目されることは、彼の趣味という観念が好悪という感情にあるということと同時に、それが批評という人間の営為の根源あるいは出立点をなすこと、そしてさらにこの趣味なるものは、主体である人間＝個人にとって、じつに「己れの標準」となるという重い意味を与えられているという点であろう。だから前引のことばにつづけて、「此出立点になる趣味とか嗜好とか云ふ者は自己にある。而《し》かも現在の自己にある」（同上）と彼が強調しているように、趣味という自分の身についた好悪の根本感情こそが自己を自己たらしめるものであり、自己という人格の個性、あるいはアイデンティティを形成すると考えたのであった。*

＊　漱石が個人の独自性・個体性を好悪の根本感情＝趣味に求めたのに対して、福沢諭吉は individuality「インヂヴヰデュアリチ」すなわち個性あるいは個人の独自性の訳語に「独一個人の気象」を充てている（『文明論之概略』第九章　福澤諭吉全集　第4巻　一六六頁）。福沢においては、人間の気質や意地が個人の自立性・独自性にとって重要な要素と考えた。

ところで、漱石における趣味という観念のもつ意味を、ここでは文学批評の問題として取り上げたが、もとよりそれは一つの事例にすぎないのであって、彼による趣味の重視は文学の領域を超えて広く日常の社会生活における人間の営みにかんしても強調された。それは、文学について彼が、「文学は社会現象の一つ」（前引、『文学評論』前掲書、五七頁）とし、また「文学ハ life 其者デアル。苦痛、悲酸、人生ノ行路ニアタル者ハ即チ文学デアル」（断片三六、明治三九年、全集19、二七一頁）と記しているように、文学をつねに人間の社会生活の一環と位置づけていたことを考えれば容易に理解できよう。そして事実、彼は趣味について、「趣味ハ人間ニ大事ナ者デアル。……趣味ノ蔽フ所ハ非常ニ大ナル者デ人間ノ交際区別ノ全体ニワタル者デアルカラシテ」云々（断片三五E、明治三九年、前掲書、二六九―七〇頁）と、趣味が社会生活での人間関係に広くかかわるものということを、早い時点で指摘していた。またこれと同趣旨の文を漱石は『野分』（雑誌『ホトトギス』明治四〇年一月）のなかで用いているが、そこでは「趣味は生活の全体に渉《わた》る社会の根本要素である」（全集3、三三六頁）と、趣味の社会的意味づけがより明確に示されている。

　漱石がこの趣味の観念を広く日常的な社会生活における人間の営みに関係する根本的な意味をもつと考えていたことは、この趣味ということばが、通常の意味よりもかなり広義の、彼特有のものとして使われたことからも知ることができる。それは、漱石が趣味を人間の個性と結びつく多様性において捉えるだけでなく、同時に趣味の普遍性ということを指摘している点とも関連しよう。たとえば彼は趣味の普遍性を示す例として、人が自分の子の死を悲しむことを挙げ、そうした感情は誰もが共有し共感するのであって、その点では欧州人も東洋人も同じであると言う。また親子の愛や夫婦間の睦まじさを見て、何とはなしに快さを感ずることも東西に共通しているとし、このように述べている。

「人間の趣味はどこかに普遍的な所がなくてはならぬ訳である。第一人間と云ふ点に於て古今東西皆一致して居るではないか。男女が一所になると云ふ点に於て皆一致して居るではないか。女が子を産むと云ふ点に於て一致して居るではないか。此位一致があれば、その趣味も亦全部の一致は望めぬにせよ、一部に於てはどつか一致していると予想しても、あながち臆断とは云はれまい」（『文学評論』前掲書、四二頁）。

ここで言われている普遍的な趣味とは、明らかに一般に用いられている趣味ということばの意味内容を超えて、いわば人間の生存欲求にかかわる自然の本性、ないしそれと結びついた感情や感覚を内包するものと言うことができよう。このように漱石によって広義に捉えられた趣味は、まさに人間の意識の根底的な部分をなすものであり、意識と同様に推移し進化し、また個人を担い手とするだけでなく、集合意識のように集合体をも担い手とすると考えられていた。たとえば、「日本は日本で昔から一個の趣味を有して、それが今日の趣味に自然に進化して来たものだから必ずしも我邦現代の趣味が英国現代の趣味と一致する訳に行かぬ」（同上、五四頁）と、国ごとに個別多様な趣味を国民性とか文化とかの形で持つことがここでは説かれている。

趣味と社会的正義の感情　漱石の個人主義は、こうした彼独自の趣味という観念に示された人間主体についての考え方によって支えられていた。したがって趣味の観念が集合意識や国民性とも結び合う広がりをもっていたように、彼の個人主義や自己本位も、個人は現実の社会に背を向けた自己中心という閉じた私的な世界に止まるべきものでなく、それぞれが趣味嗜好という「己れの標準」にもとづいて社会の矛盾や不条理に積極的に反応し、それを通して社会の改良に貢献するという公的な課題と関心の担い手となることが期待された。そして社会に対する公的な関心という点では、漱石自身誰にも負けないものがあった。彼は狩野亨吉宛の書簡*で、つぎのように心情を吐露している。「僕は世の中を一大修羅場と心得てゐる。さうして其内に立つて花々しく打死をするか敵を降参させるかどつちかにして見たいと思つてゐる。敵といふのは僕の主義僕の主張、僕の趣味から見て世の為めにならんものを云ふのである。世の中は僕一人の手でどうもなり様はない。ないからして僕は打死をする覚悟である」（明治三九年一〇月二三日、全集22、五九五－九六頁）と。いささか『坊っちゃん』的な気負いが感じられはするが、漱石の社会的正義に向けた思い入れの強さは十分に受け取ることができよう。

＊　この書簡については、十川信介『夏目漱石』（岩波新書、二〇一六年、一四三頁）から教示を受けた。

漱石の社会的な正義感を揺り動かした社会の矛盾には、たとえば需要供給の市場原理があった。彼によれば、よい作品を出した人がよい地位と高い報酬を受けるのが当然であり正当でもある。ところが大多数の読者は趣味が低いから趣味の低い作品がよく売れ、「高級ナ作品ヲ出ス者ハ餓死スル訳ニナル」（明治三九年、断片三五B、全集19、二三三頁）と概嘆する。同じような矛盾は労力と報酬とのあいだにもあるとしている。すなわち金は労力の報酬であるが、その労力の評価も、実際には眼の前の利害に影響されることが多いと彼は言う。だから学問や教育のように国家の遠い将来の利益に関わる仕事は、その労力の価値の高さに比して報酬はきわめて低いと言わざるを得ない。つまり「労力ノ高下デ金ノ分配ハ定マラナイ。……換言スレバ金ガアルカラ人間ガ好尚ダトハ云ヘナイ。金ヲ目安ニシテ人ノエライ、エラクナイヲキメル訳ニハ行カナイ。ソレヲ無茶苦茶ニ金ガアルカラエライ〳〵ト騒グノハ何ノ事ダ」（明治三九年、断片三五E、全集19、二六二－三頁）と、彼はやり場のない憤懣を洩らすのである。

社会的正義感にもとづく彼の公憤は、明治国家の元勲とか功臣とかと言われた高位の政治家たちにも向けられていた。維新の変革に指導的な役割を果たした政治家たちが、四〇年を経過した今日、元勲と称して栄誉と権勢をほしいままにする有様に、漱石はどうにも腹の虫がおさまらない模様であった。彼によれば、四〇年と言っても長い歴史の視点からすれば一瞬のような短い期間であり、明治の事業はこれから緒につくところである。もし明治の偉人とか英雄が生まれるとすれば、それはこれからのことと考えるべきではないかと。こうして彼はつぎのように記している。「之ヲ知ラズシテ四十年ヲ維新ノ業ヲ大成シタル時日ト考ヘテ吾コソ功臣ナリ模範ナリ抔云ハヾ馬鹿ト自惚ト狂気トヲカネタル病人ナリ。四十年ノ今日迄ニ模範トナルベキ者ハ一人モナシ。吾人ハ汝等ヲ模範トスル様ナケチナ人間ニアラズ」（明治三九年、断片三五B、全集19、二四〇頁）と。この断片記事と同じ年に書かれた小説『坊っちやん』については、さまざまな読み方が研究者のあいだでも指摘されているが、一つの読み方として当時の元勲山県有朋と西園寺公望・桂太郎ら政治家の「悪徳」を指弾することを狙って、それぞれを登場人物に仮託した風刺小説であるとする見解がある。[*] 前引の江戸っ子の啖呵《たんか》にも似た漱石の元勲批判の厳しさを思うと、そうした見解も十分肯けるところであろう。

＊　赤木昭夫『漱石のこころ——その哲学と文学』（岩波新書、二〇一六年、九－一六頁）参照。

このように見てくると趣味という根本感情を根底に据えた漱石の個人主義も、権威に屈することを好まぬ意地の強さとしたたかさとを持っていたことが分かる。そしてその趣味は、また一種の健康さを感じさせる側面もあった。それは社会の片隅で黙々と日々の労働に励む農民に注がれた漱石の人間的な感情である。われわれはそれを漱石が長塚節『土』に寄せた推薦の文章に見ることができる。長塚節（一八七九—一九一五）は茨城県の農村の出身で、歌人としてまた小説家として活躍し注目された人物である。とくに一九一〇（明治四三）年、東京朝日新聞に連載された小説「土」（一九一二年春陽堂刊）は、農村の四季折々の自然のたたずまいや風俗、そして貧農の悲惨な生活の実態などを克明に描き、日本最初の農民文学として高い評価を得たことで知られている。かねてから長塚のすぐれた写生文などに心を動かされていた漱石は、彼の小説を東京朝日新聞に掲載することにも力を貸したのだが、その後、単行本として出版するにあたり長塚の請いを受けて序文の執筆に応じたのである。

その序文のなかで漱石は、『土』について「苦しい百姓生活の、最も獣類に接近した部分を、精細に直叙したもの」（「「土」に就いて〔長塚節『土』序〕」全集16、四九三頁）と評し、読者は「屹度自分も泥の中を引き摺られるやうな気がするだらう」（同上、四九五頁）と感想を記している。そして漱石は、こんな読みづらいものをどうして書いたのかと疑う人がいるならば、このように問い返したいと言う。「斯様《かよう》な生活をして居る人間が、我々と同時代に、しかも帝都を去る程遠からぬ田舎に住んで居るといふ悲惨な事実を、ひしと一度は胸の底に抱き締めて見たら、公等《こうら》の是から先の人生観の上に、又公等の日常の行動の上に、何かの参考として利益を与へはしまいか」（同上）と。ここには、社会的弱者に注がれた漱石の眼差しの真摯さを感じ取ることができるが、それと同時に、都市と農村の落差や貧富の格差など社会的矛盾に対する無言の警告も漱石の心の奥に込められていたように思われてならない。

漱石の個人主義の根底をなした根本感情＝趣味は、このように社会や国家の歪みに感応し、その不当性を指摘する公的な関心と感受性とを備えていた。それは、人間存在にとって社会という集団組織は必要不可欠のものとする確信が、彼の個人主義の前提になっていたことと表裏の関係にあったと思われる。漱石は『文学論』のなかでも社会の必要を力説し、われわれがどれほど社会を必要としているかは、人類の長い歴史を通して社会が存在しつづけているというこの事実を考えれば、誰でも首肯するところであろうと主張する。また社会は強固な組織となることによってはじめて他の社会との生存競争にも勝ち、個人も生き残ることができる。したがって、「社会の鞏固は社会の為めに必要にして、社会は個人の為めに必要なり」（全集14、四六四頁）と、彼は説くのである。個人主義は今後もわれわれの想像以上に発達することだろうとしながら、彼はこう述べている。「然れども此個人主義と併行して一面に社会的意識の安固を維持するは吾人が他に対するの義務のみならず、又吾人に対するの義務なり」（同上、四六五頁）と。このように、強固な社会組織の存在ないし社会的意識の堅固さは、個人主義と決して矛盾するものでなく、むしろ互いに調和を保ちながら進行すべきもの、というのが漱石の立場であった。しかし、あえて付け加えるならば、社会の強固という点について、漱石は「社会を組織する個人意識の一致」（同上）を不可欠の前提と主張し、個人の意識を無視し個人を超えた社会そのものの強固であってはならないと、念を押していることである。すなわち漱石の個人主義が出発点とした個人の自立と自尊は、強固な社会の必要を説くなかでも、いささかも揺らぐことなく保たれていた。

社会の開化と個人主義　そこでつぎに、強固な社会を必要としながら、個人の自主自尊や自由な生活の保持をめざした漱石の個人主義は、思想として社会とどのように対峙したか、その点について若干の問題整理を行なうこととしたい。漱石は、社会の開化の進行が個人の生存や生活にさまざまの矛盾をもたらしている現実を、無視できない問題として取り上げている。しかし社会の開化そのものは、これを進化の視点から歴史の必然として受け入れる態度をとった。漱石の開化についての関心は、イギリス留学中からすでに彼の念頭を占めていた。たとえば前述の中根重一宛の書簡でも、帰国後に計画中の著書の構想を語るなかで、開化とはどういうものか、とくに「開化を構造する諸要素を解剖し其聯合して発展する方向」を明らかにしたいと言っている（全集22、二五四頁）。開化について漱石はとくにまとまった論策を残してはいないが、有名な彼の講演「現代日本の開化」では、彼の考える開化がどういうものかについて、あれこれと述べているので、この講演を手がかりに彼の考える開化の「構造」を探ってみたい。

　彼は開化について、「開化は人間活力の発現の径路である」（「現代日本の開化」全集16、四二〇頁）という定義を行なっている。そしてこの開化を形づくる人間の活力は、消極的と積極的という二つの相異なる形態をとるとするのである。すなわち一つは「活力節約の行動」と呼ぶもので、社会のなかで生きる人間が、できるだけ少ない労力の消費で、楽をして、しかも便利なかたちで社会生活の必要を充たすことができればという願望から、それは生まれる。近代文明の産物と一般に考えられている汽車・汽船、電信・電話、自動車等々は、漱石においてはこの「活力節約の行動」の結果であり、彼に言わせれば「面倒を避けたい横着心の発達した便法」（同上、四二三頁）にほかならないと言う。開化を形づくるもう一つの活力のかたちは、漱石が「活力消耗の趣向」と呼ぶものであった。これは、人生のなかで自分がやりたいと思う趣味嗜好にできるだけ多くの時間と労力を自由に注ぎたいという願望の表れとされる。漱石はこれを「自から進んで強ひられざるに自分の活力を消耗して嬉しがる」生活態度と説明し、「尚《なお》進んでは此精神が文学にもなり科学にもなり又は哲学にもなる」（同上）として、学問や芸術など文化的な領域で社会の開化を担うものと考えた。

開化についての漱石のこのような捉え方は、たとえば明治を代表する福沢諭吉の文明論と比べてみると、その特色が一層明らかになろう。周知のように福沢は、文明について「文明とは人の身を安楽にして心を好尚にするを云ふなり」（『文明論之概略』明治八年、福澤諭吉全集　第４巻、四一頁）と述べて、文明には物質的と精神的の両側面があること、すなわち文明の議論は「外の文明」と「内の文明」によって構成されると主張した。そして前者は、いわゆる文明の「利器」を通して社会機能の利便性・効率性を飛躍的に増大させる意味で人間生活の向上に不可欠のものではあるが、この物質文明・機械文明の成立は結局のところ科学技術の発達を可能にした人間の精神、すなわち知的思考の働きに関わる問題であるとして、文明の精神的側面＝「内の文明」のもつ重要性を強調した。福沢の文明論の核心もまたその点にあったと言えよう。彼が、「文明論とは人の精神発達の議論なり」（『文明論之概略』緒言、福澤諭吉全集　第４巻、三頁）と規定し、その精神とは、「智徳」なかでも近代科学の基礎をなす知能の働き――すなわち数学や物理学の思考方法を原型とする「智力」――にそれを求めたのはそのためであった。

これに対して漱石は、開化を推進する人間の思考形態にはほとんど関心を示していない。漱石の場合は、人間の智力という精神の働きに代わって、「人間活力の発現」という人間の生きる力に視点が向けられ、その生きる力のあり方を規定するものとして人間の好悪の感情が問題として論じられた。上述の「活力節約の行動」は、生活のため必要だが最小限に止めたい好ましからざる労力の消費を意味し、「活力消耗の趣向」は、自分の趣味嗜好という好ましい目的に向けられた労力の消費であった。つまり漱石にとって重要なのは、活力の節約か消耗かを選択する人間個々人の根底にある好悪という根本感情であり、それはこの根本感情が人間の思考や行動の方向、目的、形態などを規定すると考えたからであった。その意味で、既述のような彼独自の趣味の観念と、この趣味という好悪の根本感情こそが自己を自己たらしめる「己れの標準」であるとする彼の人間観は、ここにも反映されていたと言ってよい。

もっとも福沢の文明論においても、文明的な精神の働きを促すものとして人間の欲望を指摘している。たとえば、「蓋し人慾こそ文明開化の元素にして、其慾多ければ心の働も亦多く、其慾大なれば志も亦大なる可ければなり」（「後進生に望む」『時事新報』明治一七年一一月五日、福澤諭吉全集　第10巻、一〇五頁）と、人間の欲望こそが文明開化の根源的な要素としている。経験主義的で功利主義的な考えを重視した福沢としては当然であろう。しかし彼の文明論で主役を演じるのは人慾の求めに応ずることのできる精神の働きであり、智の力であった。これに対して漱石は、むしろ根本感情という人間の非合理的な基層の部分に積極的な意味を見出そうとしていたのである。

このように漱石が人間の思考や行動の根底にあるものとして感情を重視したのは、情の持つ働きを知の働きよりもすぐれたものと考えたからであった。彼は「文芸の哲学的基礎」（東京朝日新聞、明治四〇年五月四日―六月四日）で、人間の意識の作用を知情意に分けて論じているが、そこでの彼の情についての考え方が参考になろう。彼は、人間が主体となって外界の「物」、すなわち自然や人間を、客体として認識する主客の「関係」を想定した上で、その人が知情意のいずれを主として働かすかにより、それぞれ異なった認識の仕方が生まれるとする。彼によれば、「知を働かす人は、物の関係を明める人」で、哲学者や科学者がそれに相当する。「情を働かす人は、物の関係を味はふ人」であり、文学者もしくは芸術家と言われる人がそれである。「意を働かす人は、物の関係を改造する人」で、世間で軍人とか政治家と呼ばれる人、および物つくりに携わる人（彼は豆腐屋、大工を例に挙げる）がそのなかに入るとしている（全集16、八八頁）。言うまでもなく漱石自身は「情を働かす人」を選ぶ。「情を働かして生活したい、知意を働かせたくないと云ふのではないが、情を離れて活きて居たくないと云ふのが我々の理想であります」（同上書、八九頁）と、彼は述べている。

知の働きについて漱石は「物の関係を明める」としたが、例として科学者や哲学者を挙げたように、「明める」とは対象をいくつかの構成要素に分解することによって、その成り立ちや特質などを解明することを意味していた。言うまでもなくそれは、近代科学の分析的で抽象化の思考方法を特徴としていた。一方、漱石によれば、対象とする「物」との関係を「味はふ」という形をとる「情を働かす人」は、ただ情の世界に止まるのでなく、物そのものを「味はふ」という立場から、対象を「明める」ために智慧を働かし、また「改造」の必要から実行の人となることも当然あり得るとしている。しかし大事なことは、情を起点とした場合の智慧の働きにおいては、明める対象とした物をあくまでも「具体的」な物そのままの姿で捉える点である。それは、「知を働かす人」の行う物を明める仕方が分析的であるために「智慧の働きで具体的なものを打ち壊して仕舞ふ」のと本質的な相違がある、と漱石は主張する。すなわち彼のことばを借りれば、「(「情を働かせる人」の場合は) どこ迄も具体的のものに即して、情を働かせる、具体の性質を破壊せぬ範囲内に於て知、意を働かせる」(同上書、九〇頁) と言っている。

このように情を重視する漱石の立場には、通常の知的な認識に対する一種の不信感が背景にあった。彼によれば、知の働きを支える分析的な思考方法は、対象となる物を構成要素に分解することによって、じつは「破壊」しているのであり、まとまりを持った物をそのまま総体として捉えることを不可能にしていると考えた。そこには、近代科学が前提とした機能主義的な合理性と客観性とに対する疑念が示されていたと言うことができよう。つまり漱石による情の重視は、この知の働きを正すためには根本感情を起点とする情の働きに基礎づけられた知とすることが必要と考えたところから発していた。彼が開化を知ではなく情の視点から論じたのもそのためであった。

知の視点から論じた文明論では、福沢の例にも見られるように、人類の歴史は智力の発達とともに文明社会の完成に限りなく近づくという進歩の理念と結びついたのに対して、情を重視する漱石の開化論では、むしろ人類の歴史を人為を超えた自然の理に委ねる進化の観念に依拠する傾向を示すこととなる。彼が社会の開化を「人間活力」という一種の生命力の働きに求めたのも、進化論への傾斜を感じさせるが、こうした開化のあり方についても、彼は人間が「生まれながらこう云ふ傾向を有《も》つて居る」（「現代日本の開化」前掲書、四二六頁）と考えるほかないと、人間自然の本姓の働きによるとの立場をとった。したがって、進歩史観と結びついた文明論のように、文明の発達を人類の輝かしい未来についての約束とする文明の賛美や、人間の智力への限りない期待などの楽観的な論調は、およそ漱石の開化論には見出し難いものであった。開化について漱石の言い方は、「元の儘で懐手《ふところで》をしてゐては生存上どうしても遣り切れぬから、夫れから夫れへと順々に押され〳〵て斯く発展を遂げたと言はなければならない」（同上、四二六－二七頁）という具合で、その語り口はむしろ冷たく突き放したものが感じられる。たとえば、科学技術の進歩にともなう多種多様な文明の「利器」の発明と近代工業社会の登場は、人間智力の成果として誇らしく語られるのが通常の文明論における視点だが、漱石においては「人間活力の節約」という視点から、できるかぎり少ない労力の消費でできるだけ便利で楽な社会生活を送りたいとの願望の所産と捉えられ、問題はむしろ文明化によって便利になった社会の下で、いかに個性的で人間らしい生活を送ることができるかにあった。いわゆる物質文明の発達を「横着心の発達」によるという彼一流の表現で示したのもそのためであった。

ちなみに、この「活力節約の行動」の根源をなす「横着心」や「我儘な了簡」は、漱石の理論からすると個人の意識の集積にもとづく「集合意識」を意味するものと理解されるが、これを個人意識の問題として捉え直すと、「活力節約の行動」は個人が自家の生計を立てるために消費する労力はできることなら最小限に止めたいという意識につながる。言うまでもなく文明の発達は、社会的規模の拡大、分業の発達、工業社会の高度化にともなって多量なマンパワーを必要とする。その結果、社会を構成する大多数の人びとは、職業として自己の多くの労力と時間をそのために提供し、それによって生計を立てることを余儀なくされる。たしかに職業によって自分の生活は維持することはできる。しかし漱石の立場からすると、「職業といふものは要するに人の為にするものだといふ事に、どうしても根本義を置かなければなりません、人の為にする結果が己れの為になるのだから、元はどうしても他人本位である」（「道楽と職業」明治四四年八月、全集16、四〇八頁）ということになる。そこで、職業による社会との関わりにはできるだけ活力を節約し、その結果余った活力を自分らしい歓びと満足の感じられる「自己本位」の生活のために、できるだけ多く注ぎ込む、これが先の「活力節約の行動」に対して「活力消耗の趣向」が社会の開化を支える柱として説かれるゆえんであった。この意味で、「活力節約の行動」と「活力消耗の趣向」という二つの相異なる「人間活力の発現の径路」が、今日に至るまでの開化の歴史であるとする漱石の開化論の根底には、まぎれもなく彼の自己本位的個人主義が息づいていたと言うことができよう。

　漱石の講演「現代日本の開化」は、西洋に代表される一般の開化と維新後の日本の開化とを対比し、前者は内発的で後者は外発的であると断じて、内発性を欠いた日本の開化の歪んだ姿を明快に指摘したことで注目を集めた。明治日本の開化を「外発的」として一般の開化の「内発的」と対比させたこの発想には、外圧による開国という歴史的事実の持つ重みが根底にあった点は当然のことだが、それはさて置き、ここでは漱石の自己本位的個人主義を構成するいくつかの特徴的な思考方法がそこに反映されていた点に注目してみたい。

　まず内発的・外発的という発想の根底には、漱石が『文学論』で展開した人間の意識についての波動的推移説があった。このことは、彼が講演のなかで「外発的の開化が心理的にどんな影響を吾人に与ふるか」（「現代日本の開化」前掲書、四三一頁）について説明すると称して、意識波動説の解説を行なっていることからも分かるだろう。すなわち漱石は、開化という社会現象を彼の考える人間意識の推移についての一つのケースと考え、その枠組みで開化を捉えていた。たとえば

「人間活力の発展の径路たる開化といふものゝ動くラインも亦波動を描いて弧線をいくつも〳〵繋ぎ合せて進んで行くと云はなければなりません」（同上書、四三四頁）と彼は言っている。つまり開化とは、社会生活のあり方との対応で形成される人間の集合意識の一つであるから、社会生活の推移にともなって既存の開化は下降衰退し、新しい生活形態に即した新しい開化の上昇成長に引き継がれるという形で進行するものと、漱石は考えた。開化の進行の仕方について「弧線をいくつも繋ぎ合わせて進む」と彼が言うのは、そのことである。

　こうした開化の進行にあたっては、新しい開化の成長は既存の開化がどのような特質をもち、新しい生活のあり方への推移に伴ってどのような矛盾なり弊害なりに直面しているかについて十分わきまえた上で、新しい開化の形成に進むという手順をつねに踏むこととなる。漱石のことばを紹介すると、「元々開化が甲の波から乙の波へ移るのは既に甲は飽《あ》いて居たゝまれないから内部慾求の必要上ずるりと新らしい一波を開展するので甲の波の好所も悪所も酸いも甘いも嘗《な》め尽した上に漸く一生面を開いたと云つて宜しい」（同上書、四三五頁）というわけである。漱石が「内発的」と呼んだのは、まさにこのような開化の内在的な形成の仕方を指していたのであった。したがって「外発的」とは、こうした波形の連鎖を欠いた、すなわち既存の開化についての検討や総括をすることなしに、新しい開化を受け入れることを意味した。

　漱石は「外発的」について、「外発的とは外からおつかぶさつた他の力で已《や》むを得ず一種の形式を取るのを指した積《つもり》」（同上書、四三〇頁）と述べている。つまり「内発的」の場合のように、新しい生活様式の成長によって既存の開化が対応性を失いつつあるとの認識を社会が集合意識として自覚し、新しい開化の形式を自ら選択するのとは違って、外からの「他の力で已むを得ず」何らかの開化の形式を取ること、それが「外発的」の意味であった。明治日本の場合、「他の力」とは、言うまでもなく西洋先進諸国の開化である。それは「我々よりも数十倍労力節約の機関を有する開化で、又我々よりも数十倍娯楽道楽の方面に活力を使用し得る方法を具備した開化」（同上書、四三一頁）と漱石が言うように、まことに強力な存在と考えられた。漱石によれば、日本は古代いらい朝鮮半島や中国大陸を通して外国の文化の影響を受けてきた。しかし「大体の上から一瞥して見るとまあ比較的内発的の開化で進んで来た」（同上書、四三〇頁）という感覚を彼は抱いていた。幕末の開国による西洋文明の日本上陸は、その状況を一変させることとなった。「今迄内発的に展開して来たのが、急に自己本位の能力を失つて外から無理押しに押されて否応《いやおう》なしに其云ふ通りにしなければ立ち行かない」（同上）というじつに不本意な有様になってしまった、と彼は言っている。

　開化における「内発的」と「外発的」について、漱石が述べるところを以上のように整理してみると、改めて注目される点がいくつか浮かび上がる。まず第一に、彼によって「人間活力の発現の径路」と定義された開化の歴史とは、社会の日常的な生活形態の推移との対応をめぐって形成された集合意識の波動の連鎖として理解されている、ということである。それは、開化が社会的環境の変化にともなう集合意識の対応と競争の結果とする点で、基本的にはまさに進化論的であることを意味していた。彼が開化の形態の変動について漸進的で連続的であることを重視し、外の力によって断絶と飛躍とを余儀なくされることを「不自然な発展」（同上書、四三一頁）としたのもそのためであろう。したがって彼は、開化の発展を進歩としてではなく、もっぱら競争の激化と捉え、「開化が進めば進む程競争が益《ますます》劇しくなつて生活は愈《いよいよ》困難になるような気がする」（同上書、四二七頁）と、生活の問題という視点から慨嘆したのである。

第二は、開化における活力発現の積極的な形態とされた「活力消耗の趣向」と「自己本位」との関係についてである。先述のように漱石は、日本も幕末の開国までは「まあ比較的内発的で進んで来た」という認識を語っている。そしてその内発的の流れが開国による西洋文明の急激な導入によって断ち切られたことのもつ意味を、彼は自己本位の喪失としたのであった。つまり漱石は開化の進行を進歩の観念で捉えることはしなかったが、「活力節約の行動」によって産み出された剰余の時間と活力を、各個人の趣味嗜好のためにできるだけ多く使う「活力消耗の趣向」は、漱石にとってまさに自己本位の精神にかなうものと受けとめていたと考えられる。言うなれば内発的開化とは集団意識における自己本位の発現であった。その意味で内発的開化は、日本の社会にとっても個人にとっても自己本位の成長のために必要な前提であった。なぜなら彼が自己本位に行き着く過程で経験した多くの苦悩も、たしかに学問の世界における西洋の優位という外発的開化の「外からおつかぶさつた他の力」から、どうすれば解放されるかをめぐる精神の葛藤にほかならなかったからである。

　第三は、漱石にとって人間的価値とは何かという問題である。彼は開化を進めるものとして人間の「活力節約の行動」と「活力消耗の趣向」とを挙げたが、これは、人間が自ら進んで労力や努力を注ぎ込むに値する生活とは何かについて、漱石の考えるところを示しているという意味でも注目される点であろう。すなわち社会の組織や社会生活の諸機能が効率的に改善され整備されることは、人間の生活にとって必要なこととしながらも、彼はできることならばそのための活力消費は必要最小限に止めたいとの立場（「活力節約」）を取った。彼にとって、社会全体の組織や機能の合理化は、社会を構成する個々人が生存するために有益であるとしても、それ以上のものではなかった。これに対して「活力消耗の趣向」は、節約した労力と時間をできるだけ多く、自分が歓びを感じるような、真に自分の好みに合うことに使いたいという趣向を意味していた。開化を支えるこの二つの活力使用の態様は、社会全体の組織や機能という公共的な問題への献身よりは、私的な趣味嗜好——それは文字どおりの道楽から文学、芸術、学問などを含むものだが——という個性的なものへのコミットメントに、漱石がより一層の人間的な価値を感じていたことを示すものと言えよう。

以上のように漱石の講演「現代日本の開化」を通して注目される点は、彼の社会と個人との関係についての基本的なスタンスであろう。すなわち彼は社会の開化を人間の歴史の必然としながら、彼の問題関心は科学技術の進歩による社会の利便性の向上よりは、個人の生活のあり方に向けられていた。そしてそのことは、彼にとって人間らしい生活とは、社会の利便性を等しく享受できる社会的公正性のなかよりは、各人がそれぞれの好みにもとづいて個性的な生き方を享有するところにあると考える彼の価値意識と密接に結びついていた。彼の説く自己本位も、そのような価値意識を根底にしていたと思われるし、開化を人間自然の本姓の発現と捉えた彼が、内発的開化と重ねて自己本位の成長をイメージしたのもそのためであろう。

道楽と職業――「自己本位」と「他人本位」

ところで講演「道楽と職業」は、人間的価値を私的な趣味嗜好の追求に見出していた漱石が、自己本位こそ人間的にも価値ある生き方であることを改めて強調している点で注目される。すなわちこの講演で彼は、産業化に向って進行をつづける近代社会の職業の実態とその特質に注目し、そうした職業によって生計を立てなければならない近代人の、自己あるいは自我が直面する問題に強い関心を注いでいた。漱石によれば、そもそも職業というものは、先述のように社会の組織や機能を健全に維持し活動させるために人びとに活力の提供を求めるものであるから、「要するに人の為にするもの」であり、その意味で「他人本位」を根本義とすると見なした。したがって職業の世界では、何のためにどのように働くかは、基本的には他者によって定められ、すべてにわたって「自己を曲げるといふ事」が求められると考えた。こうして彼は、「此自己を曲げるといふ事は〈世間的な〉成功には大切であるが心理的には甚だ厭なもの」（「道楽と職業」全集16、四〇八頁）と言うのである。このように「自己を曲げる」ことが避けがたい職業というものに、彼はためらうことなく「自己本位」の立場から人間としての違和感を表したのであった。

　これに対して彼のいわゆる道楽とは、好きなことを好きなようにすることが根本であり、そうでなければ成り立たないような生活を意味した。社会の実用的な価値からは遠く離れた純理の探究に取り組む科学者や哲学者、俗界を捨てた宗教者、自分の美意識にこだわる芸術家などを、漱石は「道楽本位に生活する人間」（同上書、四一三頁）、あるいは「自己本位でなければ到底成功しない」（同上書、四一一頁）生活の例として挙げている。いうまでもなく漱石自身もまた「此種類に属する人間」であることを自認していた。そして、この「道楽本位に生活する人間」は世間の眼から見ればわがままと映るであろう、しかしそのわがままこそが彼等の存在を意義あるものとすることを理解すべきだとして、彼はつぎのような激しい言葉で訴えている。「さういふ人をして己れを捨てなければ立ち行かぬ様に強《し》ひたり又は否応《いやおう》なしに天然を枉《ま》げさせたりするのは、まづ其の人を殺すと同じ結果に陥るのです」（同上書、四一三頁）と。

　このように彼の言う道楽は、自己本位の根幹に関わるものであり、文学の道を選んだ彼の人間的なアイデンティティを左右するほどの重要な意味をもつものとされた。そして「自己を曲げる」ことが求められる「職業」と、「私を本位」とし「我儘」を根本義とする「道楽」とは、好悪の根本感情からしてもその評価を大きく分けることとなったのである。しかし漱石のように学問や芸術など専門的な分野で生計を立てることができる限られた人たちの場合はともかく、職業の求める「自己を曲げる」ことを免れて、自己を本位とする生活を維持することは、被雇用者の権利が徹底的に拡大される時代に行き着かないかぎり、一般の場合きわめて難しいことは容易に想像できる。それは彼も認めるところであった。彼の小説『それから』の代助の生活はその典型的な事例であろう。高等教育を受けながら職業に就かず、親の仕送りに頼って暮らす代助の心のうちを、漱石はこう説明している。

「代助は決してのらくらして居るとは思はない。たゞ職業の為に汚《けが》されない内容の多い時間を有する、上等人種と自分を考へてゐる丈である。……親爺《おやじ》の幼稚な頭脳には、かく有意義に月日を利用しつゝある結果が、自己の思想情操の上に、結晶して吹き出してゐるのが、全く映らないのである」（全集6、三九頁）。

しかしあくまで「趣味」に生きることにこだわりつづける代助のような一見現実離れした「上等人種」は、やがて当時の青年層のあいだにも見られるようになり、「高等遊民」と呼ばれて問題化されるまでに至っている。その意味では漱石の自己本位的個人主義も、新しい「時代思潮」

を先導する一つの思想形態として受け入れられる一面をもっていたと言うことができよう。

なお漱石は、近代社会の職業について、同じく人間存在という観点からもう一つの注目すべき問題を講演のなかで取り上げている。それは、産業化の進行に伴う分業の発達が、職業的性格や内容の多様な分化と、知識の専門的な細分化を進行させ、その結果、職業に従事する人たちのあいだに人間疎外的な問題状況をもたらすという指摘である。すなわち分業が進んだ結果、「自分の商売が次第に専門的に傾いてくる」こと、その上生存競争が激しくなるため自分の仕事に昔の何倍もの時間と根気を費やしがちとなるため、仕事以外の一般的な知識を持ち合わせない「不完全な」人間が産み出されるとしている。漱石はそれを「現代の文明は完全な人間を日に日に片輪者に打崩しつゝ進むのだ＊」（「道楽と職業」前掲書、四〇三頁）と批判するのである。そしてそこでは、「お隣りの事や一軒置いたお隣りの事が皆目分らなくなつて仕舞ふ」（同上、四〇二頁）と、このままでは地域生活の連帯性も失われるまでに至ることを彼は懸念している。その点について漱石は、「現今のやうに各自の職業が細く深くなつて、知識や興味の面積が日に〳〵狭められて行くならば吾人は表面上社会的共同生活を営んでゐるとは申しながら、其実めい〳〵孤立して山の中に立て籠つてゐると一般で、……是では相互を了解する知識も同情も起りやうがなく、折角かたまつて生きて居ても内部の生活は寧ろバラ〳〵で何の連鎖もない」（同上、四〇六頁）と説くのである。

＊　漱石は現代文明を批判するにあたって差別語を用いているが、ここでは歴史的資料としてそのまま引

用した。

このように産業社会の下では人間は「不完全」化され、社会的な共同生活を営みながら内面的には孤独感から抜け出すことができず、「どこか不足な訴《うつたえ》が内部から萌《きざ》して来て何となく充分に人間的な心持が味へない」（同上）とする漱石の指摘は、今日の高度産業社会における民衆の孤独という大衆社会的問題状況を思い起こさせ、興味深いものがある。

個人の自由と国家について

それでは漱石の個人主義は、個人の自由と国家についてどのような捉え方をしたのか、最後にこの問題を取り上げて終わることとしよう。先述のように、自己本位から出立した彼の個人主義は、他者からの自由を主張し、個性の尊重を説いたが、同時に他者の自由や個性についてもこれを尊重することを義務とし、「義務心を持つてゐない自由は本当の自由ではない」と、わがままな自由、秩序を心がけない自由を戒める態度は変わることがなかった。ただ、自由にはなぜ規律や責任が伴わねばならないのかについて、その理由を彼は理論的に説くことはせず、「我儘な自由は決して社会に存在し得ないから」とか、「よし存在してもすぐ他から排斥され踏み潰されるに極つてゐるから」（前引）というように経験的な事実を根拠に説得する仕方をとるところに特徴があった。また個人の生存には社会の存在が必要であると説く際も同様であった。彼がその理由として挙げたのは、前述のように、人類の長い歴史を通して社会が存在し続けているという事実だった。理論によってでなく、日常的な生活の経験にもとづいて論を進める漱石の方法的態度は、彼が国家を論ずるにあたってもまた一貫していた。

彼が個人主義の立場を明らかにする際、つねに懸念したのは国家主義との関係であった。とくに個人主義は国家主義に反対し、国家の存在を危うくする危険な思想とする、当時の世間に根強く流布した考えに対して、それを乗り越えることに漱石はかなり心を配っていた様子がうかがえる。たとえば「個人主義といふと一寸《ちょっと》国家主義の反対で、それを打ち壊すやうに取られますが、そんな理窟の立たない漫然としたものではないのです」（「私の個人主義」全集16、六一〇頁、ルビ引用者）と彼は弁明に努め、また「個人主義なるものを蹂躙しなければ国家が亡びるやうな事を唱道するもの」に対しては「そんな馬鹿気た筈は決してありようがない」（同上、六一一頁）と反論している。そのため彼は、個人主義の主張する個人の自由について、その主張が国家主義と対立し、国家の安全を損なうものではないことを強調する。「個人主義は個人の自由が其内容になつてゐるには相違ありませんが、各人の享有する其自由といふものは国家の安危に従つて、寒暖計のやうに上つたり下つたりするのです」（同上）と、両者の協調的な関係があるべき姿として説かれている。

たしかに近代の個人主義的自由主義は、権力機構としての国家を「必要なる悪」という矛盾したことばで捉えたように、国家を理論的には悪としたが、社会の秩序維持の観点から国家の役割を必要と認めた。そしてその点で、国家悪の観念を理論的に徹底することによって国家そのものの否定を主張した無政府主義と一線を画したことは周知のとおりである。このような近代個人主義における自由と国家についての捉え方と漱石のそれとを重ね合わせた場合、そこにズレが認められるか否かはきわめて微妙なところであろう。その微妙さは、彼が先のことばにつづけて「是は理論といふよりも寧ろ事実から出る理論と云つた方が好《い》いかも知れません」（同上）と述べていることに由来している。つまり彼の主張や言説が、整序された理論にもとづく思考でなく、経験的な事実に基礎づけられた思考に拠るという彼の一貫した方法的態度のためである。しかしその後の事実の世界を顧みるとき、日本では満州事変（一九三一・昭和六年）以降急速な戦時体制への傾斜が進むに伴って、個人の生きる自由が極限にまで圧縮されたということがあった。そしてその過程では、既成事実に弱い日本の思想風土も露呈された。これらの歴史を思い起こすと、事実の進行を阻む歯止めとしての何らかの理論の存在が求められるところであろう。だが漱石の「事実から出る理論」は、国家と個人の両立と協調的な関係についても、「自然の状態がさうなつて来る」（同上）と述べるように、最後まで「自然」の働きに委ねられて終わっている。すなわち微妙とされるゆえんも、またそこに生まれるのであった。

おそらく漱石においては、自由の極限状況を理論的に想定することは抽象的な思考として回避されたのであろう。その結果、国家の安危と個人の自由という二元的な方向性のあいだに、少なくとも何がしかの予定調和が存在する状態が「自然の状態」と想定されることとなる。すなわち漱石の「事実から出る理論」は、国家と個人についてのあるべき関係を不動の原理として理論的に提示するものではなく、基本的には双方に対して極限状況にまで向かうことを否とする理論としての意味を持つものであった。そこでは「国家が危くなれば個人の自由が狭《せば》められ、国家が泰平の時には個人の自由が膨張して来る、それが当然の話です」（同上）と、国家の側にも個人の側にも状況に応じた分別ある対応を求めることにとどまった。彼が、個人の自由や個性の伸長について、「国家の亡びるか亡びないかといふ場合に、疳違ひをして只無暗に個性の発展ばかり目懸けてゐる人はない筈です」（同上）と、個性の自由な主張も絶対的なものでなく状況によって規制されるとしたのはそのためである。

　しかし当時の日本の状況は、日露戦争に勝利し、遅ればせながらともかく強国の列に加わることができたときであった。したがって漱石が分別ある対応を求めたのは、言うまでもなく、事あるごとに「国家のため」と称して、個人主義の台頭に対してもこれを危険視するような過剰な国家主義のあり方であった。「国家は大切かも知れないが、さう朝から晩迄国家々々と云つて恰《あたか》も国家に取り付かれたやうな真似は到底我々に出来る話でない。常住坐臥国家の事以外を考へてならないといふ人はあるかも知れないが、さう間断なく一つ事《こと》を考へてゐる人は事実あり得ない。豆腐屋が豆腐を売つてあるくのは、決して国家の為に売つて歩くのではない」（同上、六一二頁）と彼は言い、「国家主義を奨励するのはいくらしても差支《さしつかえ》ないが、事実出来ない事を恰《あたか》も国家の為にする如くに装ふのは偽りである」（同上、六一三頁）と、国家主義を喧伝する者の無責任な言動を厳しく批判している。

　このように国家の安危と個人の自由について漱石が考える基準とした「事実から出る理論」は、非日常的な極限状況において歯止めとなりうるかどうかは不透明であるけれども、日常的な生活経験という事実の積み重ねから産まれた健全な常識が、そこでは一種のバランス感覚として働いていることは確かであろう。そのことは、彼が国家と個人とを同列にして比較しながら、「国家的道徳といふものは個人的道徳に比べると、ずつと段の低いものの様に見える」（同上、六一四頁）と国家の実態を直視する冷静さにも表れている。すなわち国家理性という特別な尺度で国家の行動を個人のそれとは区別すべきものとする見方が根強く支配するなかで、「元来国と国とは辞令はいくら八釜《やかま》しくつても、徳義心はそんなにありやしません。詐欺をやる、誤魔化しをやる、ペテンに掛ける、滅茶苦茶なものであります」と、すべての人の共有する健全な道徳観に依拠して主権国家の横暴を指弾し、「だから国家の平穏な時には、徳義心の高い個人主義に矢張《は》り重きを置く方が、私にはどうしても当然のやうに思はれます」（同上）と語る彼のことばは、そのよい例と言えよう。

　このように漱石の個人主義は、国家の行動に対しても個人の健全な常識と生活感覚を保持してこれと対峙することができた。彼の個人主義のこうしたしなやかな強さは、世間を騒がせた博士号辞退問題をめぐる彼の態度にも示されていた。この問題は、明治四四（一九一一）年二月に時の文部省が文学博士号を漱石に授与することを決定したのに対し、彼はこれを固辞したため両者のあいだに対立がつづいたことにあった。文部省は局長を漱石の許に訪問させるなど手を打つが不調に終わる。そこで局長は最後通牒のような形で、「已《すで》に発令済《ずみ》につき今更《いまさら》御辞退の途《みち》も無之《これなく》候《そうろう》間《あいだ》御了知相成度《あいなりたく》」（「博士問題の成行」『東京朝日新聞』明治四四年四月一五日、全集16、三六〇頁）という書簡に添えて学位記を送りつけて来るという始末となった。官僚的権威主義の手本のような文部省の高圧的な出方に対しても、漱石はたじろぐことはなかった。彼は文部省に向けて、「毫《がう》も小生の意志を眼中に置く事なく、一図に辞退し得《え》ずと定められたる文部大臣に対し小生は不快の念を抱くものなる事を茲《ここ》に言明致します」（同上、三六一頁）という抗議の意思を込めた返書とともに、ふたたび学位記を送り返したのであった。

漱石が博士号を最後まで固辞しつづけたのは、つぎのような理由によるものだった。その一つは自己本位の立場である。「余は文部省の如何《いかん》と、世間の如何とに拘《かゝは》らず、余自身を余の思ひ通《どほり》に認むるの自由を有して居る」（同上）と彼が述べているのがそれである。他者からの自由を意味した彼の自己本位は、国家の権威を背にした文部省もまた他者にほかならなかった。ここでは「今は御上の御威光でも出来ぬ事は出来ぬ世の中なり」（前引）という新しい時代の到来についての認識が、彼の自己本位を支えていた。

もう一つの理由は博士制度の弊害である。彼は「博士制度を破壊しなければならんと迄は考へない」と、制度そのものを否定することは一応避ける態度を示しながらも、その弊害をつぎのように指摘している。「博士でなければ学者でない様に、世間を思はせる程《ほど》博士に価値を賦与《ふよ》したならば、学問は少数の博士の専有物となつて、僅《わず》かな学者的貴族が、学権を掌握し尽すに至ると共に、選に漏《も》れたる他は全く一般から閑却されるの結果として、厭《いと》ふべき弊害の続出せん事を余は切に憂ふるものである」（同上、三六二頁）と。この博士制度についての漱石の懸念は、彼が講演「中味と形式」で示した規則や法則や制度などの形式に対する不信感と重なる面があることを感じさせる。形式はあくまでも「内容の為の形式」とした漱石は、「局外の観察から成る規則法則乃至《ないし》凡ての形式や型のために我々の生活の内容が構造されるとなると少しく筋が逆になる」（「中味と形式」、全集16、四五六－五七頁）と形式の独り歩きを警戒するのだが、こうした彼の問題関心が博士制度への懸念の根底にもあったと思われる。

この博士号辞退問題は、漱石が自己自身の個人的自由のために国家権力と直接向き合わざるを得なくなった事件であった。その意味で彼が国家の権威にも屈することなく最後まで自己の意思を貫き通したことは、彼の自己本位的個人主義の面目を示したものということができよう。彼が「私の個人主義」の講演で「上流社会の子弟ばかりが集まつてゐる」学習院の聴衆に、権力や金力はそれを所有する者にとっては「大変便宜な道具」と言わねばならないが、「其実非常に危険なのです」（全集16、六〇〇頁）と権力の危険性を訴えたのも、この問題から受けた彼の実感が一つの裏づけとなっていたのかもしれない。

漱石の個人主義は、理論として構成されたものでなく、また思想としても整序された体系を示すところまで成熟するには至らなかった。しかし、一人の文学者としての矜持と感性に基礎づけられた彼の思考は、人間存在を「趣味」という各人の身についた好悪の根本感情から立ちあげ、人間の個性の尊重を新しい時代思潮の方向性として取り込むことによって、彼の個人主義に状況に即したしなやかな力を付与することとなる。こうして漱石は、この個人主義に支えられながら、国家とはつねに一定の距離を保ちつつ個人の自主自尊という自己本位の自由を保持する姿勢を貫くことができたのであった。

あとがき

明治維新による近代国家の創設とその後の歩みのなかで、明治の思想はどのように時代との対応を繰り返しつつその成長を遂げていったのだろうか。本書はこうした国家と個人をめぐる思想の動態を、明治という時代の開幕から終焉に至るまでの期間にわたって跡づけ、明治の思想をひとつの通史として描き出すことを試みたものである。

明治思想については、資料の整理・刊行もかなり進み、特定の思想家をめぐる調査・研究や個別の主題にかんする研究に限れば、相応の蓄積をわれわれは手にしうるようになった。しかし、半世紀におよぶ明治という時代を織りなす多彩で個性的な思想の流れを、政治思想史的に俯瞰できるような、いわば通史的な仕事は、残念ながらまだほとんど手つかずの状態と言ってもよい。そのような意味では、本書はなお内容の面で不十分なところの多いものではあるが、明治思想の通史についてひとつの切り口を示したという点で、何ほどかの存在価値を主張することが許されるのではないかと考えている。

いま、ここで「通史についてのひとつの切り口」という言い方をしたのは、もちろん理由のないことではない。それは、ある時代の思想についての通史といっても、その時代のすべての主要な思想をひとつ残らず取り上げるような、文字どおり包括的で一般的な通史というものは実際には成り立ちえない、と考えるからである。歴史叙述というもの一般がそうであるように、思想の通史も、筆者の問題関心や価値観に即して、一定の視点から照射され選び出された歴史である。本書ももとよりその例外ではありえない。

本書がとくに重視した視点としては、つぎのような問題がある。そのひとつは、近代天皇制国家の主要な特徴と考えられる政治的価値の優位という価値志向と、その克服へ向けての可能性を探るということである。政治的価値の優位とは、政治的機能（ないしその担い手）が他の社会的機能（ないしその担い手）より価値的に高いものと考える価値態度であり、「官尊民卑」「富国強兵」「忠君愛国」「立身出世」等々の言葉が明治社会のキーワードとなったのは、その表われでもあった。そこでは、本来、他の社会的価値を実現するための手段であるはずの政治がそれ自体として価値あるものとされ、政治権力やその機関の強化拡大（あるいはそれへの接近）が自己目的化される。明治国家が整備され、支配体制が確立されていく過程は、同時にそのような価値態度が社会的に支配的となっていく過程でもあった。しかし、そのような状況のなかで、他方では、政治的価値の優位に挑戦し、経済・文学・宗教・道徳・伝統文化・自我など、その立場はさまざまに異なるが、いわば文明論的ないしは生活者的（そして政治の外側という意味で非政治的）な視点から、維新以後の日本の政治のあり方を考えなおそうという動きが擡頭する。本書では、明治二〇年前後以降の数々の新しい思想（社会主義思想をも含めて）の登場をそのような視点から位置づけることを試みた。

本書が心がけたもうひとつの視点は、私的な個の領域が析出され自立化する可能性を探るということである。もとよりこれは第一の視点と密接に関連する問題であり、社会において優位を占めていた政治的価値が人びとの生き方を方向づけるほどの求心力を弱めていく過程と表裏の関係にあると見るころができるだろう。この私的な個の領域は、「乱世的の革命」といわれた明治国家の創設期にあっては「人心」「輿論」「時勢」などという形で政治的リーダーたちの視圏のなかに取り込まれていたが、国民国家としての体制が整備されるにともなって、「国民」あるいは「臣民」という公的な国家構成員の枠組みへと集約統合される過程を歩むこととなる。その過程では、国家の期待する国民像と個人の求める人間像との対立や葛藤といったいくつかの「事件」をともなうこととなるが、私的な個の領域の問題が思想のレベルで本格的に登場するのは、そうした過程を経過した日清戦争後のことと言ってよい。これまでの思想史においては、日清戦争後の思想状況を描くにあたって、社会主義思想の形成に力点をおく傾向が一般に強かったが、本書では社会主義の問題（それも第一の視点からの接近を多くとり入れたが）とならんで、私的な個の内面の領域がかかえていた問題の解明に比較的多くの力を注いだ。この時期に思想界をにぎわした諸問題、たとえば人間本能の重視（「美的生活論」）、青年の煩悶（藤村操事件）、宗教の課題（清沢満之）、自然主義の思想その他を、新しい思想形成への可能性を探るという観点から検討の対象としたのはそのためである。

もうひとつ本書が取り入れた視点は、明治思想の展開のなかから大正デモクラシーの思想につらなる動向がどのように生まれていたか、いわば大正思想史への架橋を試みるということである。いうまでもなく、これもまた先の第一・第二の視点と重なり合うものだし、事実、先の二つの視点も来るべき新しい時代思想への遠く長い助走としての意味をもっていた。そこで本書では、第一・第二の視点からする叙述と関連させながら、つぎの大正期のデモクラシー思想に直接つらなる立憲思想の胎動を、明治三〇年から四〇年代の思想状況のなかに位置づけることを試みた。大正デモクラシーの代表的思想家吉野作造の民本主義論が、明治後期における小野塚喜平次の政治学、海老名弾正のキリスト教思想、浮田和民の立憲思想等の影響の下に形作られたことは知られているが、ここでは明治思想の展開のなかからやがて大正デモクラシーへと受け継がれて行く方向がどのようにして生まれてきたのかを、ひとつの時代思潮として描き出してみようとしたわけである。

本書は、先に刊行した『明治思想集Ⅰ・Ⅱ・Ⅲ』（近代日本思想大系30・31・32、一九七六・一九七七・一九九〇年、筑摩書房）の各巻に収録した「解説」を基としたものである。ただ、このたび一書にまとめるにあたっては、序章を新しく書き加えるなど前述の視点にそってかなりの加筆を行なった。とくに明治思想史の理解に必要な時代状況や歴史的事実についての記述を加えたため、分量の面ではかなり増加したが、全体を貫く基本的な論旨や構成の面での変更はない。また全体を序章のほか一四の章に分け、それぞれにタイトルを付するなど体裁を整えることによって読み易さをはかった。

ところで、本書の刊行にあたっては、多くの方々のお世話になった。まず、『明治思想集』収録の「解説」について、このような形で公刊することを了承して下さった筑摩書房に謝意を表さねばならない。また今回、本書のために刊行の機会を与えて下さった新曜社社長堀江洪氏のご好意にたいし心より感謝を申し上げる。それとともに、細かい編集上の仕事を能率よく、しかも行き届いた配慮のもとに進めていただいた同社の勝股光政氏に厚く御礼を申し上げたい。勝股氏には筑摩書房の『明治思想集Ⅲ』刊行のときお世話になっていらい引き続き私の仕事に理解を示され、本書の刊行も同氏のおすすめによるものであった。しかし私のいつもながらの非能率に加えて思わざる身辺の事情もかさなり、刊行までに長い歳月を費やしてしまった。その間、同氏は遅々として進まない私の仕事ぶりにたいしても限りない寛容さをもってこれを見守り、すこしでもよい仕事ができるようにと絶えず心を配ってくださった。すぐれた練達の編集者とめぐり合った幸せを、いま身にしみて感じている。最後に、校正の最終段階まで修正や加筆のために朱を入れた面倒な仕事をこなしてくださった新曜社の田中久紀子さん、および印刷所の方々にも感謝の気持ちを申し述べたい。

一九九六年　春　　　　松本三之介

増補版あとがき

二〇一八年は明治維新から一五〇年の節目にあたるので、旧著『明治思想史』（一九九六年、新曜社）を新装版として出版したいという相談を以文社の勝股光政氏から受けたのは、一年半余り前のことだったろうか。二〇年以上も前の旧著をふたたび世に出していただけるとは、著者にとって誠にありがたい話であったが、それだけに以前のかたちのままで刊行することには、いささかのためらいを感じた。そのような思いもあったので、この際、補論のかたちで何か加えることができればと考えたわけである。

じつは旧著を上梓したあとも、私の念頭を離れない問題があった。それは、旧著の「あとがき」でもふれたように、「私的な個の領域が析出され自立化する可能性を探る」という課題である。昨年六月に公刊した拙著『「利己」と他者のはざまで――近代日本における社会進化思想』を執筆の際も、その課題は私の念頭を離れることはなかった。同書が一つの仮説として、明治の初頭に受容された社会進化思想が、人間個体の生存への自然的欲求を基層に据えた、生存権という個人の自然的権利＝基本的人権の成立に向う道筋について、その思想的可能性を探る試みを行なったのもそのためである。そのような私なりの問題関心もあって、今回の増補版では「個の覚醒」の一つの行方を示すものとして「夏目漱石の個人主義」を取り上げ、補論のかたちで加えることとした。

最初の構想は、漱石の個人主義を中心にして田中王堂と与謝野晶子の思想を配するような構成ができればということであった。言うまでもなくこの三者は、それぞれ専門の分野も思想的課題への接近方法も異にしたが、個の自立を主張した点においては共通するものがあった。また、個の自立を観念的な理念や規範を基礎とするのでなく、生活という日常的な事実を起点として立ち上げようとした点でも、この三者は類似するものがあった。しかも自立と自由を主張した個は、内向きの自己中心主義ではなく、すべての個人の自立と自由を認める普遍性と社会に向って開かれた姿勢をともに保持していた。こうした共通点に配慮しながら、個の自立という問題への三者の取り組みを考察することによって「個の覚醒」の行方にもある方向性が見出せるかもしれない、という私なりの期待がそこにはあった。

しかし当然のことと言うべきだろうか、この構想は、資料などによって肉づけを重ねるなかで、種々の事情を考えた末、今回の実現は困難で断念するほかないとの結論に行き着いた。要するに補論という分量的にも時間的にも制約された条件の下で、これを一篇の論考として簡潔にしかも説得的に仕上げることは、私の能力の到底能くするところではないと考えたからである。そこで対象を漱石に限定し、その思想も彼の言う個人主義に焦点をしぼって検討を加えるという方針に改めることとした。ただその際、私にとっての気がかりは、優れた英文学者でありまた国民的作家でもある漱石の思想を、文学の門外漢である私がどこまで深く正確に捉えることができるかという点であった。それというのも、漱石の場合その個人主義という思想は、「道楽と職業」や「私の個人主義」のように講演のかたちで文学とは離れて独自に論じられたこともあったが、思想の根幹を形づくる部分は、彼の自己本位がそうであったように、『文学論』『文学評論』あるいは「文芸の哲学的基礎」など彼の文学理論を構築するなかで、文学の基礎を成すものとして論じられ展開されることが多かったからである。

しかし漱石の個人主義の思想が、明治末期の自然主義文学などと同様に、文学の枠を超えて日本思想史、とくに社会思想史または政治思想史の視点からしても注目すべき多くの問題を提示していることは言うまでもないところであろう。その意味で文学の視点とは別に、思想史の視点から検討を加える試みも、一つの挑戦として許されるのではないかと考えたわけである。彼が個人主義を主題に掲げて語ったのは「私の個人主義」という講演くらいで、それも講演の性格から当然のこととして、体系的なまとまりを持った内容のものではなかった。したがって漱石の個人主義という思想形態を探るためには、彼の壮大な文学論やさまざまな社会的言説および遺された記録などのなかにちりばめられた思想の断片を拾い集めて、体系的に組み立てるという作業が必要であった。それはたしかに困難でリスクの伴う仕事であったが、反面、ジグソーパズルに挑むような楽しさを味わうこともできた。

今回も、勝股氏には大変お世話になった。旧著を新しい装いのもとに出版する労をとって下さり、さらにまた増補の論考執筆の機会まで与えていただいたことに、まずお礼申し上げなければならない。しかしその増補の原稿も、何時もながらの遅筆に加えて加齢による能率の低下もあって脱稿に手間どり、紙数も大幅に予定を超過するなど、何かとご迷惑をかける結果となってしまった。勝股氏はたび重なる私のわがままにもかかわらず寛容にこれを受容れ、私が満足のゆくまで書き終えるのを見守って下さったのはありがたかった。これまで同氏から受けた数々のご厚意とご配慮に対し、ここに改めて心より感謝の意を表したい。

二〇一八年九月

松本三之介

明治思想史年表

年号	事項
一八六八（慶応四―明治元）	1（慶応3・12）王政復古の大号令、慶喜に辞官・納地の命。（慶応4・1）戊辰戦争起る。 2 天皇親征の詔発布。 4 **五箇条の誓文**。江戸城開城。 6 **政体書発布**。 9 江戸を東京と改む。 10 明治と改元、一世一元の制を定む。この年、フィセリング『万国公法』（西周訳）、同『泰西国法論』（津田真道訳）、加藤弘之『立憲政体略』。
一八六九（明治二）	2 横井小楠暗殺。天理教祖中山みき「おふでさき」を書き始める。新聞紙印行条例（発行許可制・政法批評禁止規定）。 4 公議所開院。『中外新聞』再刊。出版条例（出版許可制・政府誹謗・風俗壊乱禁止などを規定）。上下議院開設により議政官を廃す。**戊辰戦争終る**。 7 **版籍奉還**。 8 九段に招魂社創建、戊辰戦争戦死者を祀る。集議院その他を設置（二省六官の制）。 9 高率年貢の高崎藩で農民四千人蜂起。 11 凶作で富山に年貢減免の蜂起拡大。
一八七〇（明治三）	1 大垣藩で凶作により暴動。東京・横浜間電信開通。 2 大教宣布の詔。萩藩の奇兵隊など諸隊解散措置に不満の脱退藩士藩庁を包囲（諸隊脱退騒動）。 10 西周、兵部省に出仕（以後、陸軍軍制の整備・軍人勅諭の制定などに参画）。
一八七一（明治四）	1 **『横浜毎日新聞』創刊**。 7 スマイルズ『西国立志編』（中村正直訳）。 8 **廃藩置県の詔**。 9 太政官制を改め正院・左院・右院を置く。清国と修好条約調印。散髪・廃刀の自由を認める。 11 岩倉具視を特命全権大使、木戸孝允・大久保利通らを副使とし、欧米各国に派遣。この年、フィセリング『性法略』（神田孝平訳）。
一八七二（明治五）	3 日本人最初のプロテスタント教会「日本基督公会」を横浜居留区に設立。**『日新真事誌』創刊**。**『東京日日新聞』創刊**。**ミル『自由之理』**（中村正直訳）。**福沢諭吉『学問のすゝめ』**。 7 ブルンチュリー『国法汎論』（加藤弘之訳）。 8 **『郵便報知新聞』創刊**。 9 学制を頒布。 10 新橋・横浜間

	鉄道開業。11森有礼《Religious Freedom in Japan》をワシントンで発表。12太陽暦を採用。徴兵の詔。大分で物価騰貴により郡民蜂起。
一八七三（明治六）	2切支丹禁制をとき、キリスト教を黙認。4金光教の教義「天地書附」定められる。5植村正久バラより受洗。各地で徴兵反対の血税騒動。7地租改正条例布告。9遣欧大使岩倉具視帰国。馬場辰猪・小野梓らロンドンで日本学生会を組織（共存同衆の源流）。沼間守一、法律講習会を開く（嚶鳴社の起源）。10**征韓論をめぐり政府分裂**、西郷隆盛・副島種臣・後藤象二郎・板垣退助・江藤新平ら辞職。トクヴィル『上木自由論』（小幡篤次郎訳）。この年、農民騒擾約五六件、とくに徴兵令反対の騒擾激発。
一八七四（明治七）	1**副島・後藤・板垣ら、民選議院設立建白書を提出**。2加藤弘之、民選議院設立尚早論展開、この後新聞・雑誌上で論争盛んに行わる。江藤新平ら佐賀士族の暴動（佐賀の乱）。台湾征討を決定。**明六社発足**。3**『明六雑誌』創刊**。西周『百一新論』。
	4**板垣退助ら立志社創立**。9小野梓ら共存同衆を結成（75・1『共存雑誌』創刊）。**『朝野新聞』発刊**。11『読売新聞』創刊。福地桜痴主筆の『東京日日新聞』社説欄を常設。この年、徴兵令・地租改正・小学校維持費負担過重反対などで、諸県で農民騒擾起る。
一八七五（明治八）	2大阪会議。**愛国社結成**。4元老院・大審院を置き、地方官会議を設け、漸次立憲政体を立てるとの詔書。5**ミル『代議政体』**（永峰秀樹訳）。6**『東京曙新聞』発刊**。**讒謗律・新聞紙条例を定める**。**西周『人世三宝説』**。8『東京曙新聞』主筆末広鉄腸、新聞紙条例の記事・投書を掲載、同条例により処罰。11新島襄、同志社英学校を創立。『明六雑誌』廃刊。12『朝野新聞』論説で成島柳北・末広鉄腸起訴される。この年、**加藤弘之『国体新論』**、**福沢諭吉『文明論之概略』**。
一八七六（明治九）	1熊本洋学校生徒、徳富蘇峰・横井時雄・浮田和民ら花岡山で署名（熊本バンド）。**モンテスキュー『万法精理』**（何礼之訳）。3植木枝盛筆禍で投獄。廃刀令。4西村

	茂樹、東京修身学社を結成。8札幌学校開校（9札幌農学校と改称）。元老院「日本国憲法按」第一次草稿を作成。10熊本、神風連の乱。福岡、秋月の乱。山口、萩の乱。この年、諸府県で地租・地価改定反対の農民騒動約二六件起る。前年から士族民権派の急進的政治評論雑誌多数発刊される。
一八七七（明治一〇）	1地租を減ずる詔書。2西南戦争始まる。3『穎才新誌』創刊。4東京開成学校と東京医学校を合併し東京大学と改称、加藤弘之、三学部総理に任命。5ミル『利学』（西周訳）。6モース、東京大学生物学科教授となり動物学を講じ進化論を説く。ギゾー『欧羅巴文明史』（永峰秀樹訳）。9田口卯吉『日本開化小史』。12**ルソー『民約論』**（服部徳訳）、スペンサー『権理提綱』（尾崎行雄訳）。
一八七八（明治一一）	2新島襄の生地に、上州安中教会設立。5大久保利通暗殺。『朝野新聞』、大久保暗殺者の斬姦状を掲げ発行停止（最初の日刊新聞発行停止）。元老院国憲取調委員、日本国憲按（第二次草案）を提出。7三新法（郡区町村編制法・府県会規則・地方税規則）成る。8フェノロサ、東京大学文学部教授。大審院、林有造・大江卓・陸奥宗光ら西南戦争に呼応する挙兵陰謀の罪により有罪判決。山県有朋「軍人訓誡」を提示。9**愛国社再興大会大阪で開催。ベンサム『立法論綱』**（島田三郎訳）。10**スペンサー『代議政体論』**（鈴木義宗訳）。
一八七九（明治一二）	1『朝日新聞』創刊。4琉球藩を廃し沖縄県とする。**植木枝盛『民権自由論』福岡（6大阪）で刊。**6東京招魂社を靖国神社と改称。8天皇、侍講元田永孚を通じ「教学聖旨」を示す。9**伊藤博文「教育議」を提出、元田永孚「教育議附議」を草して反批判。**10沼間守一らの嚶鳴社『嚶鳴雑誌』創刊。11『東京横浜毎日新聞』発刊。12各参議に立憲政体に関する意見書提出を命ずる。
一八八〇（明治一三）	3愛国社第四回大会を大阪で開催。国会期成同盟結成。『愛国志林』創刊（8『愛国新誌』と改題）。『東京学士会院雑誌』創刊。4集会条例を定める。**片岡健吉・河野広中「国会を開設するの允可を上願する書」を太政官に提出**、太政官・元老院共に

	受理せず。 5 小崎弘道ら、東京基督教青年会を結成。『六合雑誌』創刊。 6 戸田欽堂『民権演義情海波瀾』（政治小説の初め）。 7 **植木枝盛『言論自由論』**。 12 集会条例改正。元老院国憲取調委員、日本国憲按（第三次確定案）を議長に提出。教育令を改正（教育の国家統制強化）。
一八八一（明治一四）	3 **『東洋自由新聞』創刊**（社長西園寺公望、主筆中江兆民、三四号で廃刊）。 5 **スペンサー『社会平権論』**（松島剛訳、この頃スペンサー流行）。 6 東京大学、総合大学となり、加藤弘之初代総理に就任。小学校教員心得を定める（国家主義的教化を推進）。 7 **岩倉具視、憲法の「大綱領」**（井上毅起草）を太政大臣に送る。開拓使払下げ事件につき世論の批判高まる。 10 杉浦重剛・井上哲次郎ら『東洋学芸雑誌』を創刊。明治一四年の政変。**明治二三年に国会開設する旨の詔書**。**自由党結成**、総理に板垣退助、機関誌『自由新聞』創刊。 11 井上毅、意見書に於て漢学・ドイツ学の勧奨などを説く。**加藤弘之『真政大意』『国体新論』絶版**。
一八八二（明治一五）	1 軍人勅諭。坂崎斌（紫瀾）高知で政治講談を演じる（政治講談の初め）。**主権論争起る**。 2 **中江兆民『政理叢談』創刊**。 3 **『時事新報』創刊**（主宰福沢諭吉）。伊藤博文、憲法調査のため渡欧。**立憲改進党結党**。**福地桜痴、立憲帝政党を組織**。 4 自由党総理板垣退助、遊説中岐阜で襲われ負傷。 7 京城で朝鮮兵反乱、日本公使館を襲撃（壬午事件）。ベンサム『政治真論』（藤田四郎訳）。デュマ『仏蘭西革命記自由の凱歌』（宮崎夢柳訳）。 10 **加藤弘之『人権新説』**。 12 矢野龍渓『人権新説駁論』、**天賦人権論争起る**。福島県自由党幹部河野広中ら逮捕さる（福島事件）。 この年、**ルソー『民約訳解』**（中江兆民漢訳）。**政治小説隆盛**。
一八八三（明治一六）	1 馬場辰猪『天賦人権論』、植木枝盛『天賦人権弁』。 3 矢野龍渓『経国美談』。 4 **改正新聞紙条例**（言論取締格段に強化）。モース『動物進化論』（石川千代松筆記）。 6 改正出版条例（罰則を強化）。 7 岩倉具視没。教科書採択の認可制。 8 小崎弘道編集『東京毎週新報』創刊。 11 鹿鳴館

開館、舞踏会夜半に及ぶ。ベンサム『利学正宗』（陸奥宗光訳）、ヴェロン『維氏美学』（中江兆民・野村泰亨訳）。板垣退助立案・植木枝盛記述『通俗無上政法論』。

一八八四（明治一七）

1 井上哲次郎・井上円了・有賀長雄・三宅雪嶺ら哲学会を結成。　3 植木枝盛『一局議院論』。　4 東京修身学社、日本講道会と改称（会長西村茂樹）。　5 群馬事件。シェイクスピア『自由太刀余波鋭鋒』（坪内逍遙訳）。　9 茨城・福島の自由党員ら一六人、加波山に集り「革命挙兵の檄」を配布（加波山事件）。藤田茂吉『文明東漸史』。　10 自由党解党。秩父事件。名古屋事件。　12 京城で親日派クーデタ（甲申事変）。飯田事件。立憲改進党総理大隈重信・副総理河野敏鎌、同党を脱党。　この年、松方デフレ政策による不景気と凶作で全国各地で農民騒擾。

一八八五（明治一八）

2 神田孝平「文章論を読む」で言文一致を説く。尾崎紅葉・山田美妙・石橋思案ら硯友社を結成。　3 福沢諭吉「脱亜論」。　4 天津条約に調印。　6 **坪内逍遙**『**当世書生気質**』。　7『女学雑誌』創刊。　9 **田口卯吉**『**日本開化之性質**』。坪内逍遙『小説神髄』。　10 東海散士『佳人之奇遇』。　11 朝鮮でのクーデタをめざす計画発覚し、大井憲太郎ら大阪で逮捕（大阪事件）。　12 太政官制を廃し内閣制度確立。森有礼、初代文部大臣となる。

一八八六（明治一九）

3 帝国大学令を公布（東京大学を帝国大学に改組）。天野為之『経済原論』。　4 師範学校令・小学校令・中学校令公布。**小崎弘道**『**政教新論**』。**二葉亭四迷**「**小説総論**」。　5 井上馨、各国公使と第一回条約改正会議を外務省で開催。文部省、教科書用図書検定条例を公布（小・中・師範各学校教科書の検定制始まる）。　6 自由党員、箱根離宮落成式襲撃の陰謀発覚して逮捕さる（静岡事件）。中江兆民『理学鉤玄』。　8 末広鉄腸『雪中梅』。　10 **徳富蘇峰**『**将来之日本**』。大井憲太郎『時事要論』。

一八八七（明治二〇）

2 **徳富蘇峰民友社を創立**、『**国民之友**』**創刊**。　4 首相官邸・鹿鳴館で大仮装舞踏会開催、欧化主義として非難される。徳富蘇峰『新日本之青年』、西村茂樹『日本道徳論』、志賀重昂『南洋時事』。　5 **中江兆民**

	『三酔人経綸問答』。6 **二葉亭四迷『浮雲』**。山田美妙「風琴調一節」（言文一致体小説）。徳富蘇峰「近来流行の政治小説を評す」。 8条約改正反対論強まる。 9日本講道会、日本弘道会と改称、国民道徳の普及にのりだす。 10後藤象二郎大同団結運動を起す。 12 **保安条例公布**。 この年、普通教育における徳育の方針・内容をめぐる徳育論争。
一八八八（明治二一）	1市村座新築落成。 4 **志賀重昂・三宅雪嶺・杉浦重剛ら政教社を結成、『日本人』創刊**（国粋保存主義を唱道）。**陸羯南『東京電報』を創刊**（国民主義を唱道）。市制・町村制公布。 6『日本人』、「高島炭坑の惨状」（松岡好一）を掲載、高島炭坑批判のキャンペーン開始、世論沸騰。 7『東京朝日新聞』発刊。 8有賀長雄『国家哲論』。 9福地桜痴「もしや草紙」。 10馬場辰猪《The Political Condition of Japan》フィラデルフィアで出版、翌月客死す。 11中江兆民『国会論』。大隈外相、条約改正交渉開始。陸軍中将枢密顧問官鳥尾小弥太「保守党中正派立党大意」を発表（89・1機関誌『保守新論』創刊）。
一八八九（明治二二）	1『朝日新聞』、『大阪朝日新聞』と改題。 2 **大日本帝国憲法発布**。文相森有礼、西野文太郎に刺され翌日死去。首相黒田清隆「超然主義」を訓示。**『日本』創刊**（社長陸羯南）。穂積八束「新憲法の法理及憲法解釈の心得」。 3 **大井憲太郎『自由略論』**。『ロンドン・タイムズ』大隈外相の条約改正案を論評、『日本』に訳載され反対運動激化のきっかけとなる。民法典論争起る。 6伊藤博文『帝国憲法・皇室典範義解』。
一八九〇（明治二三）	1板垣退助、愛国公党趣意書発表。自由党結党式挙行、大井憲太郎らを常議員に選出。富山で米騒動はじまり、以後各地で頻発。森鷗外「舞姫」。 2『国民新聞』（主宰、徳富蘇峰）創刊。閣議、青木外相提出の条約改正に関する方針を決定。**地方長官会議で「徳育涵養ノ義ニ付建議」**。 3植村正久『福音週報』（九一・三『福音新報』と改題）および『日本評論』創刊。 4政府、皇紀二五五〇年を記念し、橿原神宮を創建。ラフカディオ・ハーン来日。 5 **酒井雄三郎「社会問題」**を『国民之友』に掲載、米社

会運動の紹介が行なわれる。愛国公党・自由党・大同倶楽部の三派合同を決議。府県制・郡制各公布。天皇、芳川顕正を文相に任命し、徳教に関する箴言の編纂を命ずる。　7 第一回総選挙。集会および政社法公布。　8 立憲自由党結成のため、愛国公党、自由党解散。　9 『国民之友』、社説「労働者の声」。立憲自由党結党、主義・綱領・党則などを決定。　10 **教育ニ関スル勅語発布**。　11 帝国大学、教育勅語奉読式。**第一回通常議会召集**。

一八九一（明治二四）

1 第一高等中学校始業式において講師内村鑑三、教育勅語に対して拝礼せず（いわゆる「**教育と宗教の衝突**」**事件**起り、国家主義者・仏教徒らによるキリスト教排撃高まる）。　2 川上音二郎一座、書生芝居旗上げ、「板垣君遭難実記」など上演。　3 衆議院で、自由党土佐派などの協力を得て予算案通過。『自由平等経綸』（主筆、中江兆民）創刊。**三宅雪嶺『真善美日本人』**。　5 第一次松方内閣成立。大津事件。『史海』創刊。　6 **陸羯南『近時政論考』**。　7 竹越与三郎『新日本史』上、刊行。　8 **穂積八束「民法出テ、忠孝亡フ」**。　9 **井上哲次郎『勅語衍義』**。　10 『早稲田文学』創刊。**久米邦武「神道は祭天の古俗」**。　11 小学校教則大綱。　12 田中正造、衆議院へ初めて足尾鉱毒事件に関する質問書を提出。**森鷗外「早稲田文学の没理想」（没理想論争起る）**。

一八九二（明治二五）

1 大日本仏教青年会結成。久米邦武「神道は祭天の古俗」をめぐり神道家その他の非難がまき起る。　2 出口ナオ、大本教を開教。第二回総選挙、選挙干渉により各地で騒擾起る。総選挙に関連し、政府より発行停止処分を受けた新聞・雑誌三五種、三八回。　3 文部省、教科用図書検定規則を改正し、検定基準を強化。　5 中江兆民『四民の目ざまし』。　8 清沢満之『宗教哲学骸骨』。　10 斯波貞吉『国家的社会論』（国家社会主義を説いた最初の書物）。　11 **『万朝報』創刊**。大井憲太郎、東洋自由党結党。

一八九三（明治二六）

1 『文学界』創刊。**山路愛山「頼襄を論ず」**。　2 **北村透谷「人生に相渉るとは何の謂ぞ」**。内村鑑三『基督信徒の慰め』。　3 井上毅、文相に就任し、教育制度の改革に着手。**大**

一八九四（明治二七）	**西祝「私見一束」**。4 日本基督教婦人矯風会結成（会頭、矢島楫子）。5 北村透谷「内部生命論」。6 ケーベル、帝国大学哲学科教師に就任。8 陸羯南『原政及国際論』。民友社『現時之社会主義』。9 山路愛山『荻生徂徠』。10 安部井磐根・大井憲太郎ら、大日本協会を組織、内地雑居反対・現行条約励行を提唱、以後条約改正運動昂揚。11 伊東忠太「法隆寺建築論」（法隆寺の日本建築史・東洋美術史上の価値を論ずる）。加藤弘之『強者の権利の競争』。 3 朝鮮の全羅道で東学党蜂起。ショーペンハウエル『道徳大原論』（中江兆民訳）。4 福地桜痴『懐往事談、付新聞紙実歴』。高山樗牛「滝口入道」。大西祝「批評的精神」。5 北村透谷自殺。内村鑑三『地理学考』（のち『地人論』と改題）。衆議院で教科書の検定・採用をめぐる不正事件を追及。6 閣議、清国の出兵に対抗して、公使館保護の名目で出兵を決定。7 **日英通商航海条約調印**。日本基督教会、日本の家族制度を批判した田村直臣 "Japanese Bride" を問題とし、田村の教職を剥奪（日本の花嫁事件）。8 **清国に宣戦布告**（**日清戦争**）。イェーリング『権利競争論』（宇都宮五郎訳）。**内村鑑三** "Justification of the Corean War"（邦文「**日清戦争の義**」9月）。9 連合艦隊、清国北洋艦隊主力と遭遇、五艦を撃沈（黄海海戦）。10 **志賀重昂『日本風景論』**。11 日米通商航海条約調印。12 樋口一葉「大つごもり」。**徳富蘇峰『大日本膨脹論』**。
一八九五（明治二八）	1 **『太陽』『文芸倶楽部』『帝国文学』**（井上哲次郎・芳賀矢一らが発起人、高山樗牛・桑木厳翼・姉崎嘲風・上田敏ら参加）**創刊**。樋口一葉「たけくらべ」。2『青年文』創刊（主幹、田岡嶺雲）。3 李鴻章、講和会談の帰途、狙撃されて負傷。4 **日清講和条約調印**。独・仏・露三国、遼東半島の清国への返還を勧告（**三国干渉**）。5 閣議、遼東半島の全面放棄を決定。世論沸騰、「臥薪嘗胆」の語さかんに使われる。内村鑑三 "How I became a Christian"。7 清沢満之・南条文雄・村上専精ら、東本願寺に寺務改革の建白提出。9 樋口一葉

	「にごりえ」。　10京城で日本人壮士・軍隊、大院君を擁してクーデタ、閔妃を殺害。　11自由党、伊藤内閣と提携宣言。**『東洋経済新報』創刊**。　12陸奥宗光「蹇蹇録」。
一八九六（明治二九）	1山室軍平、救世軍中尉に任ぜられる（日本人救世軍士官の初め）。　4民法第一・二・三編公布（九八年七月施行）。桑田熊蔵・山崎覚次郎・高野岩三郎ら、社会政策の研究団体を設立（九七年、社会政策学会と命名）。　5竹越与三郎『二千五百年史』。　7『新小説』再刊。　8内村鑑三「時勢の観察」。　9第二次松方内閣成立、大隈重信外相（松隈内閣と通称）。　10ツルゲーネフ『片恋』（二葉亭四迷訳）。　11雑誌『二十六世紀』、「宮内大臣論」を掲載のため発行禁止、『日本』『万朝報』『国民新聞』など発売禁止（『二十六世紀』事件）。大西祝「社会主義の必要」。
一八九七（明治三〇）	1柳原極堂、正岡子規ら、俳句雑誌『ホトトギス』を創刊。尾崎紅葉「金色夜叉」。横井時雄・姉崎正治・大西祝・岸本能武太他、丁酉懇話会を結成。　3足尾銅山鉱毒被害地の人民二千余、徒歩で東京に出発、鉱業停止を請願。内閣、足尾鉱毒事件調査委員会をおく。　4樽井藤吉、中村太八郎ら、**社会問題研究会を結成**。高野房太郎らの**職工義友会**（七月、労働組合期成会に改称）。　5井上哲次郎・元良勇次郎・湯本武比古・木村鷹太郎・竹内楠三を発起人として大日本協会結成し、**『日本主義』創刊**。　6京都帝国大学設立（従来の帝国大学を東京帝国大学と改称）。**高山樗牛「日本主義を賛す」**（国粋主義を唱道）。　7中村太八郎・木下尚江ら、松本で**普通選挙同盟会を結成**。　8徳富蘇峰、内務省勅任参事官に就任し、これを機に「変節」の非難高まる。島崎藤村『若菜集』。　11田島錦治『日本現時之社会問題、附近世社会主義論』。　12**『労働世界』創刊**（主筆、片山潜）。
一八九八（明治三一）	1第三次伊藤内閣成立。　2幸徳秋水、中央新聞を去り万朝報に入社。金子筑水「所謂社会小説」。　3木村鷹太郎『日本主義国教論』。　5綱島梁川「国民性と文学」。　6自由・進歩両党合同し、憲政党結成。大隈内閣成立、内相板垣（いわゆる隈板内閣）。民法第四・五編公布（七月施行）。**内**

	村鑑三、**『東京独立雑誌』創刊**。保安条例廃止。　8文相尾崎行雄、帝国教育会で演説し、拝金主義を排撃して共和政治に言及（「共和演説」として非難起る）。　9内田魯庵「政治小説を作れよ」。　10岡倉天心・橋本雅邦・横山大観ら、日本美術院を創立。村井知至・安部磯雄・片山潜・幸徳秋水ら**社会主義研究会を結成**（一九〇〇年、社会主義協会に改組）。　11憲政党の旧進歩派、憲政本党を結成。第二次山県内閣成立。加藤弘之・元良勇次郎ら、社会学研究会を組織。徳冨蘆花「不如帰」連載開始。　12地租条例改正。
一八九九（明治三二）	1『中央公論』発刊（『反省雑誌』を改題）。　3北海道旧土人保護法公布。**田岡嶺雲『嶺雲揺曳』**。境野黄洋・高島米峰・杉村縦横・渡辺海旭・加藤玄智ら、仏教清徒同志会を結成。　4土井晩翠『天地有情』。**横山源之助『日本之下層社会』**。　6福沢諭吉『福翁自伝』。ハルトマン『審美綱領』（森鷗外・大村西崖訳）。　7堺利彦、万朝報に入社、幸徳秋水・内村鑑三らを知る。村井知至『社会主義』。　10黒沢正直・樽井藤吉・幸徳秋水ら、東京に**普通選挙期成同盟会を組織**。
一九〇〇（明治三三）	2**廃娼運動擡頭**。　3**治安警察法公布**。『明星』創刊（主宰、与謝野鉄幹）。　4加藤弘之『道徳法律進化之理』。　5陸軍省・海軍省官制改正（軍部大臣の現役大・中将制確立）。山川均・守田文治、『青年の福音』誌上で皇太子の結婚を非難（不敬罪で処罰）。　6義和団、北京各国公使館を包囲（**義和団事件**）。　7**『新人』創刊**（主筆、海老名弾正）。　8伊藤博文、**政友会創立の宣言**および趣意書を発表（九月、発会式）。徳冨蘆花『自然と人生』。**幸徳秋水「自由党を祭る文」**。　9憲政党解散、政友会に参加。清沢満之、暁烏敏らと精神主義運動を開始。**内村鑑三『聖書の研究』創刊**。　10井上哲次郎『日本陽明学派之哲学』。
一九〇一（明治三四）	1高山樗牛「文明批評家としての文学者」。　2官営八幡製鉄所第一高炉火入れ。　3内村鑑三『無教会』創刊。　4安部磯雄『社会問題解釈法』。幸徳秋水『廿世紀の怪物帝国主義』。　5片山潜・西川光二郎『日本之労働運動』。片山潜・幸徳秋水・安部

	磯雄ら**社会民主党**を結成、即日禁止。*6*第一次桂内閣成立。星亨、東京市役所で刺殺される。*7*黒岩涙香ら『万朝報』を中心に**理想団**結成、同誌に「平和なる檄文」発表。*8*高山樗牛「美的生活を論ず」。与謝野晶子『みだれ髪』。大阪の鉄工ら関西労働組合期成会を結成。*9*義和団事件に関する最終議定書調印。中江兆民『一年有半』。海老名弾正と植村正久との間でキリスト教論争。*10*田中正造、足尾鉱毒事件で衆議院議員を辞職。植村正久『霊性の危機』。*11*福本日南「過渡的日本人」。*12*田中正造、議会開院式より帰途の天皇に足尾鉱毒事件を直訴。
一九〇二（明治三五）	*1*日英同盟調印。*2*中村弥六・花井卓蔵・河野広中ら最初の普通選挙法案を衆議院に提出。*4*西川光二郎『人道の義士・社会主義の父カール＝マルクス』。煙山専太郎『近世無政府主義』。*5*正岡子規「病牀六尺」。幸徳秋水『兆民先生』。*6*内田魯庵『社会百面相』。清沢満之『精神主義』。『芸文』創刊。*7*矢野龍渓『新社会』。呉海軍工廠の職工、同盟罷業。*8*東京砲兵工廠の鍛工場職工、同盟罷業。宮崎滔天『三十三年の夢』。*10*ユーゴー・黒岩涙香訳「噫無情」（『万朝報』）。*11*矢野龍渓ら社会問題研究会を結成。
一九〇三（明治三六）	*1*山路愛山『独立評論』を創刊、「余は何故に帝国主義の信者たる乎」を発表。海老名弾正「新日本の精神的国是」。*2*ゾンバルト・神戸正雄訳『十九世紀における社会主義及社会運動』。*4*片山潜『都市社会主義』。*5*長崎三菱造船所立神工場の鉄工、同盟罷業。第一高等学校生徒**藤村操**「巌頭之感」を残し、日光華厳滝に投身自殺。*6*『馬酔木』創刊、のち『アララギ』に発展。内村鑑三『聖書の研究』と『万朝報』で日露戦争絶対反対を主張。*7*幸徳秋水『社会主義神髄』。片山潜『我社会主義』。*8*頭山満・神鞭知常・佐々友房ら対露同志会結成、ロシアの満州撤兵要求。*9*ゾラ・永井荷風訳『女優ナナ』。*10*浅草の電気館開場。堺利彦・木下尚江ら神田青年館で非戦演説会開催。内村鑑三・幸徳秋水・堺利彦開戦論に転じた朝報社を退社。*11*幸徳・堺ら**平民社**を結成し、週刊『平民

新聞』を創刊、非戦論と社会主義を唱道。

一九〇四（明治三七）

1丘浅次郎『進化論講話』。堺・木下ら社会主義協会の主催で第一回社会主義婦人講演会を神田教会で開催。　2**ロシアに宣戦布告（日露戦争）**。横井時雄・姉崎正治『時代思潮』創刊。田山花袋「露骨なる描写」を『太陽』に発表し自然主義運動の口火を切る。　3『平民新聞』社説「与露国社会党書」（手を携え共通の敵「軍国主義」と戦うことを提言）。　4井上円了、中野江古田に哲学堂落成式挙行（孔子・釈迦・ソクラテス・カントを祀る）。永岡鶴蔵、足尾銅山で大日本労働同志会を組織。　5『新潮』創刊（『新声』を改題）。　8片山潜第二インター・アムステルダム大会に出席、副議長に選出される。加藤直士訳『トルストイの日露戦争観』。　9与謝野晶子「君死に給ふこと勿れ」（『明星』）。　10福田英子『妾の半生』。内村鑑三「非戦主義者の戦死」。　11植村正久ら東京神学社設立。幸徳秋水・堺利彦訳「共産党宣言」（『平民新聞』、発売禁止）。社会主義協会に結社禁止命令。

一九〇五（明治三八）

2夕張炭坑の坑夫同盟罷業。　4田岡嶺雲『壺中観』発禁。　5平民社で五月一日茶話会を開く（最初のメーデー）。　7綱島梁川「予が見神の実験」（『新人』）。　8孫文ら東京で中国革命同盟会結成。　9日露講和条約調印。日比谷で講和反対国民大会開催、以後各地に波及。白柳秀湖・中里介山ら『火鞭』創刊。　10日本基督教女子青年会（ＹＷＣＡ）創立。ペテルブルクに最初の労働者代表ソビエト成立。　11安部磯雄・木下尚江・石川三四郎らキリスト教社会主義者『新紀元』を創刊。第二次日韓協約調印（日本政府代表として京城に統監を置く）、各地に反日暴動起る。　12初代統監に伊藤博文。

一九〇六（明治三九）

1第一次西園寺内閣成立。樋口伝・西川光二郎ら日本平民党結成。堺利彦・深尾韶ら**日本社会党結成**。　2普選同盟会、普通選挙全国同志大会を開催。日本平民党・日本社会党合同し日本社会党第一回大会。　3堺利彦『社会主義研究』を創刊。東京市電値上げ反対市民大会開催。鉄道国有法公布。　5井上哲次郎ら『東亜の光』創刊。

北一輝『国体論及び純正社会主義』。6 山路愛山『社会主義管見』（発禁）。日本エスペラント協会成立（大杉栄・黒板勝美出席）。幸徳秋水、神田錦輝館の日本社会党演説会で議会主義か直接行動かを提示。9 宮崎滔天『革命評論』創刊。10 美濃部達吉訳『エリネック人権宣言論』。12 徳冨健次郎「勝利の悲哀」。

一九〇七（明治四〇）

1 日刊『平民新聞』創刊。三宅雪嶺『日本及日本人』主宰。長谷川天渓「論理的遊戯を排す」。2 柳田国男・田山花袋・長谷川天渓・島崎藤村ら「イプセン会」組織。2 幸徳秋水「余が思想の変化」（『平民新聞』）で直接行動主張。田添鉄二「議会政策論」（『同上』）で幸徳批判。議会政策派と直接行動派の対立。4 夏目漱石、朝日新聞社に入社。河上肇『日本経済史』創刊。幸徳秋水『平民主義』（発禁）。6 夏目漱石「虞美人草」（『朝日』）。片山潜・田添鉄二ら日本社会平民党結成。栃木県、貯水池設置反対騒擾中の谷中村を強制取壊。森近軍平・宮武外骨ら『大阪平民新聞』創刊。片山潜・西川光二郎ら週刊『社会新聞』創刊。第一回日露協約調印。8 山川均「マルクスの『資本論』」（『大阪平民新聞』）。加藤弘之『吾国体と基督教』。片山潜・田添鉄二・西川光二郎ら社会主義同志会結成。9 田山花袋「蒲団」（『新小説』）。10 片山潜『万国社会党』。『新思潮』創刊。11 森近軍平・堺利彦『社会主義綱要』（発禁）。12 片山潜・鈴木楯夫ら平民協会結成。

一九〇八（明治四一）

1 長谷川天渓「現実暴露の悲哀」（『太陽』）。島村抱月「文芸上の自然主義」（『早稲田文学』）。金子筑水ら早稲田哲学会設立。3 生田長江「自然主義論」。4 田添鉄二『近世社会主義史』。島崎藤村「春」（『東京朝日』）。5 第十回総選挙（政友会初の絶対多数）。島村抱月「自然主義の価値」（『早稲田文学』）。山路愛山「現時の社会問題及び社会主義者」。6 荒畑寒村ら山口孤剣出獄歓迎会で「無政府共産」の赤旗を掲げ逮捕さる（赤旗事件）。7 第二次桂内閣成立。8 永井荷風『あめりか物語』。9 夏目漱石「三四郎」（『朝日』）。10 **戊申詔書の発布**。

一九〇九（明治四二）	*1* 山路愛山『足利尊氏』。三宅雪嶺『宇宙』。平野万里・吉井勇・石川啄木『スバル』創刊。 *3* 永井荷風『ふらんす物語』（発禁）。 *6* 夏目漱石「それから」（『朝日』）。幸徳秋水・管野スガ『自由思想』発刊（発禁）。 *7* 森鷗外「ヰタ・セクスアリス」（『スバル』発禁）。箕作元八『西洋史講話』。 *9* 小学国定教科書を印刷する東京書籍、日本書籍、大阪書籍設立。 *10* 浮田和民『倫理的帝国主義』。田岡嶺雲『明治叛臣伝』。田山花袋『田舎教師』。伊藤博文ハルピンで韓国人に射殺される。 *11* 石川啄木「弓町より――食ふべき詩」（『東京毎日』）。 *12* 徳冨蘆花『寄生木』。
一九一〇（明治四三）	*1* 島崎藤村「家」前編（『読売』）。 *3* 憲政本党など、合同して立憲国民党結成。 *4* 武者小路実篤・志賀直哉・有島武郎ら『白樺』創刊。近松秋江「別れたる妻に送る手紙」（『早稲田文学』）。 *5* ハレー彗星地球に大接近。宮下太吉、爆発物製造の嫌疑で松本署に逮捕（**大逆事件の大検挙始まる**）。永井荷風主宰『三田文学』創刊。 *6* 幸徳秋水、湯河原で逮捕。長塚節「土」（『東京朝日』）。柳田国男『遠野物語』。 *7* 姉崎正治『根本仏教』。 *8* **韓国併合に関する日韓条約調印**。魚住影雄「自己主張の思想としての自然主義」。石川啄木「時代閉塞の現状」。 *10* 韓国統監寺内正毅を初代朝鮮総督に任命。 *12* 大審院大逆事件第一回公判開廷（傍聴禁止）。山路愛山『国民雑誌』創刊。
一九一一（明治四四）	*1* 大審院、幸徳秋水ら大逆事件被告二十四人に死刑判決。十二人に死刑執行、十二人を無期に減刑。生田長江訳『ツアラトウストラ』。西田幾多郎『善の研究』。 *2* 徳冨蘆花「謀叛論」を第一高等学校で講演し、幸徳らの処刑を批判。校長新渡戸稲造らの譴責問題起る。国定歴史教科書の南北併立説を非難した質問書が衆議院に提出され、南北正閏問題起る。**日米新通商航海条約**および附属議定書調印（はじめて関税自主権を確立）。村岡典嗣『本居宣長』。 *3* 工場法公布（日本最初の労働立法）。 *4* 大隈重信主幹『新日本』創刊。 *5* 田中王堂『書斎より街頭に』。普通選挙同盟会、政府の圧力により自発的解散。 *6* 平塚らいて

うら青鞜社発起人会。8夏目漱石「現代日本の開化」を和歌山で講演。第二次西園寺内閣成立。9『青鞜』創刊、創刊号に平塚らいてう「元始女性は太陽であった」掲載。10武昌の新軍・同盟会蜂起（辛亥革命始まる）。片山潜・藤田四郎ら社会党結成、結社禁止。浮田和民「憲法上の大義」。11斎藤兼次郎・幸内久太郎ら独立労働党結成、結社禁止。12上杉慎吉『国民教育帝国憲法講義』。東京市電従業員、翌元日夕刻まで同盟罷業。

一九一二（明治四五＝大正一）

1保善社（安田財閥の持株会社）設立。森鷗外「かのやうに」（『中央公論』）。2清朝滅亡。3美濃部達吉『憲法講話』。

4日本郵船の機関部員、罷業、その後各社に拡大。6上杉慎吉「国体に関する『憲法講話』の所説」（『国家学会雑誌』）を発表、上杉・美濃部論争起る。7第五回オリンピック、日本初参加。7天皇没、皇太子嘉仁践祚、大正と改元。8鈴木文治ら友愛会結成（日本労働総同盟の前身）。9乃木大将夫妻殉死。10大杉栄・荒畑寒村ら『近代思想』創刊。加藤弘之・新渡戸稲造・東条英教・石川半山ら「乃木大将の殉死を評す」（『中央公論』特集）。11第二インターナショナル・バーゼル大会、戦争防止を呼びかける。

＊この年表の作製にあたっては、主として岩波書店刊『近代日本総合年表』に拠った。記して謝意を表する。

「利己」と他者のはざまで
近代日本における社会進化思想

松本三之介

四六判・456 頁・本体価格 3700 円

進化論の基礎をなす〈生存の欲求〉という観念を手掛かりに、〈自然権思想〉を形成する可能性を社会進化論の歴史から読み解く壮大な近代日本思想の試み。

——松本三之介の仕事（以文社既刊）

近代日本の中国認識

徳川期儒学から東亜協同体論まで

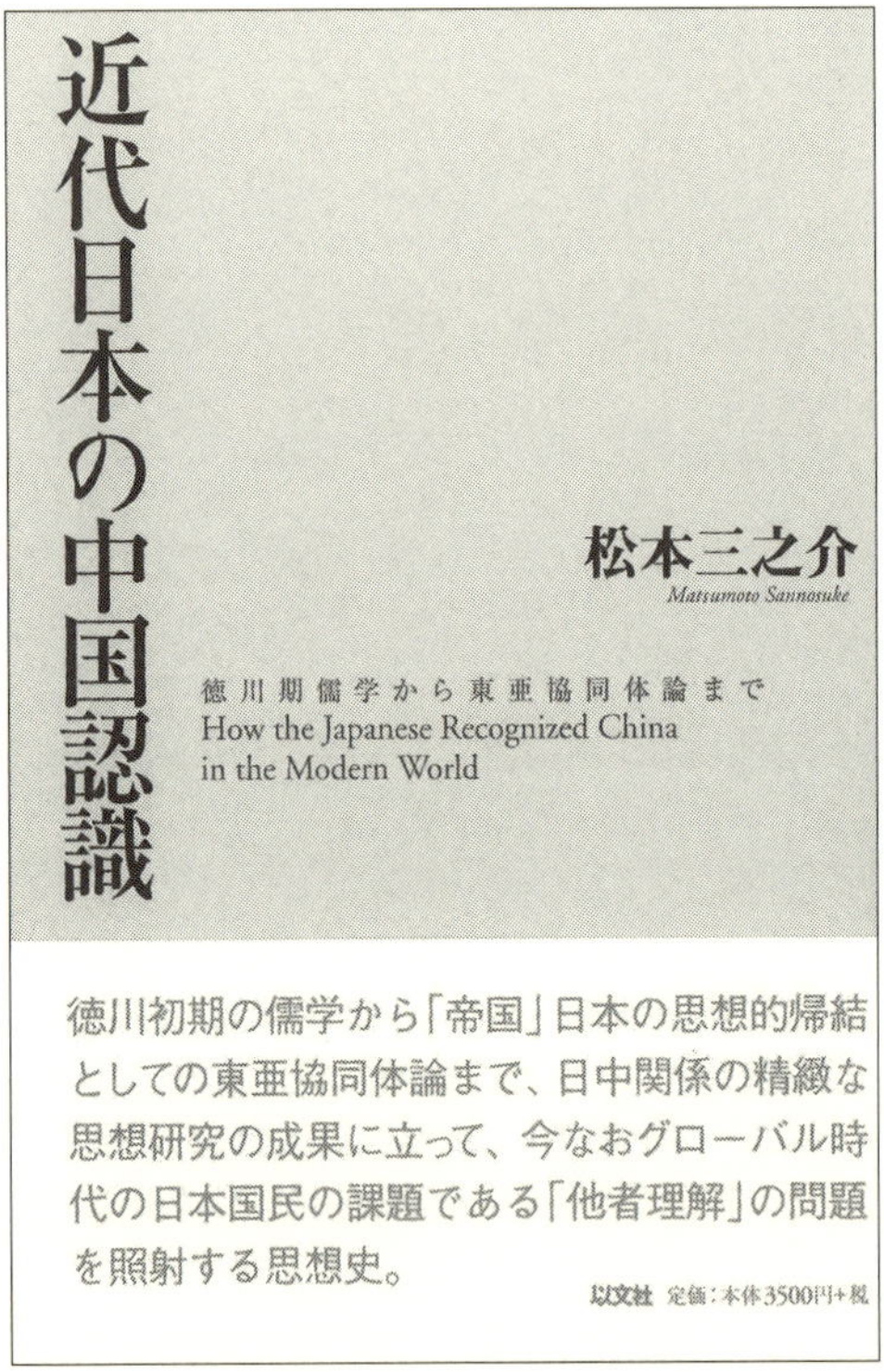
近代日本の中国認識
松本三之介
Matsumoto Sannosuke
徳川期儒学から東亜協同体論まで
How the Japanese Recognized China
in the Modern World
徳川初期の儒学から「帝国」日本の思想的帰結としての東亜協同体論まで、日中関係の精緻な思想研究の成果に立って、今なおグローバル時代の日本国民の課題である「他者理解」の問題を照射する思想史。
以文社　定価：本体3500円+税

四六判・340 頁・本体価格 3500 円

徳川初期の儒学から「帝国」日本の思想的帰結としての東亜協同体論まで、日中関係の精緻な研究成果に立って、グローバル時代の国民的課題である「他者理解」を照射する。

増補　明治思想史　近代国家の創設から個の覚醒まで

2018年10月15日　初版第1刷発行

著　者　松本三之介

発行者　勝股光政

発行所　以　文　社

〒101-0051 東京都千代田区神田神保町2-12

TEL 03-6272-6536　FAX 03-6272-6538

http://www.ibunsha.co.jp/

印刷・製本：中央精版印刷

ISBN978-4-7531-0348-5

著者紹介

松本三之介

（まつもと さんのすけ）

1926年茨城県に生まれる. 1948年東京大学法学部卒業. 現在, 東京大学名誉教授.

著書に，

『天皇制国家と政治思想』（1969年，未來社）
『国学政治思想の研究』（1972年，未來社）
『近代日本の知的状況』（1974年，中央公論社）
『近世日本の思想像　歴史的考察』（1984年，研文出版社）
『明治精神の構造』（1993年，岩波書店）
『明治思想における伝統と近代』（1966年，東京大学出版会）
『明治思想史　近代国家の創設から個の覚醒まで』（1996年，新曜社）
『吉野作造』（2008年，東京大学出版会）
『近代日本の中国認識　徳川期儒学から東亜協同体論まで』（2011年，以文社）
『「利己」と他者のはざまで　近代日本における社会進化思想』（2017年，以文社）

人名索引（略歴付）

あ行

姉崎嘲風(あねさき ちょうふう)　214

1873—1949. 本名は正治《まさはる》. ケーベルの指示でショーペンハウエルを読み, 宗教学研究を志す. 明治38年東京帝国大学に宗教学講座が創設され, 初代主任教授.『宗教学概論』などがあり, 国際学芸協力委員会の日本委員を務め, 東西文化の交流に尽した.

安部磯雄(あべ いそお)　179, 220

1865—1949. 日本の代表的キリスト教社会主義者. 明治5年新島襄により受洗. 海外留学から帰国後, 31年社会主義研究会を創設. 34年幸徳らとわが国最初の社会主義政党, 社会民主党の結成に当たる. 大正15年社会民衆党委員長, 昭和7年社会大衆党委員長となる.

安倍能成(あべ よししげ)　218

1883—1966. 昭和15年一高校長. 21年文部大臣, 学習院長. 東大在学中から夏目漱石を知り,『岩波茂雄伝』などがある.（『安倍能成選集』5巻, 小山書店）

有賀長雄(ありが ながお)　100, 101

1860—1921. 法学者. 日清・日露の両役に法律顧問として従軍. 大正2年袁世凱に招かれて大総統法律顧問.

生田長江(いくた ちょうこう)　217, 243

1882—1936. 本名は弘治. 評論, 小説, 翻訳などで活躍. ありのままの自然主義を唱える.

池田菊苗(いけだ きくなえ)　249, 250

1864—1936. 化学者. 東京帝国大学理学部教授.「味の素」の発明者として知られる.

石川啄木(いしかわ たくぼく)　207, 209, 216, 219

1886—1912. 本名は一《はじめ》. 盛岡中学在学中,『明星』を愛読して強い影響を受け, 短歌を志した. 明治38年『あこがれ』を刊行. 42年『スバル』創刊. 43年大逆事件に強い衝撃を受け「所謂今度の事」を執筆.「時代閉塞の現状」などすぐれた評論を残した.（『啄木全集』8巻, 筑摩書房）

板垣退助(いたがき たいすけ)　58, 62, 63, 72, 76, 79

1837—1919. 高知藩士. 征韓論争に敗れて下野. 明治7年愛国公党を起し, 副島, 後藤, 江藤らと「民選議院設立建白書」を提出し, 自由民権運動を展開, 自由党総理となる.

伊藤博文(いとう ひろぶみ)　71, 88, 90-94, 97, 99, 100, 107, 108

1841—1909. 松下村塾に学び尊王攘夷運動に参加. 明治4年岩倉全権大使の副使として欧米を視察, 15年憲法調査のため渡欧, 憲法立案の中心人物となる. 明治政府の要職を歴任. 38年初代朝鮮統監となったが, 42年満州視察の途次ハルビンで安重根に暗殺された.（『伊

2 人名索引

藤博文関係文書』9巻，塙書房）

井上 馨（いのうえ かおる）　130

1835—1915．萩藩士，新政府の参与．明治9年日朝修好条規締結に尽力．

井上 毅（いのうえ こわし）　88, 90, 109, 111

1843—95．明治期の官僚・政治家・伊藤博文のもとで明治憲法の起草に従事．また教育勅語の作成にも参画．（『井上毅伝史料篇』6巻，東京大学出版会）

井上哲次郎（いのうえ てつじろう）　111-116, 120, 121

1855—1944．明治15年東京大学助教授となり，のち哲学研究のためドイツに留学，23年帰国，文科大学教授となった．『勅語衍義』を著わして国民道徳を強調し，日本哲学の倫理的・国権主義的傾向の確立に尽す．

井上友一（いのうえ ともかず）　233

1871—1919．明治・大正期の官僚．

イプセン Henrik Ibsen　204

1828—1906．ノルウェーの劇作家・近代劇の創始者．個人的自由を主張する立場から演劇をとおして習俗打破のため戦った．「人形の家」（1879年）は世界の演劇史に新紀元を画した．

岩倉具視（いわくら ともみ）　29, 41, 43, 91, 92

1825—83．公卿．政治家．明治4年右大臣，米欧視察の特命全権大使．皇室保全と立憲制による明治国家の形成に尽した．（『岩倉公実記』3巻，原書房）

岩波茂雄（いわなみ しげお）　212, 213

1881—1946．大正2年古本業岩波書店を開き，かたわら漱石の『こゝろ』を刊行．大正4年「哲学叢書」を刊行し，本格的な出版業が始まる．

植木枝盛（うえき えもり）　65, 80-87

1857—92．板垣退助の影響を受け立志社の自由民権運動に参加，実践面・理論面で指導的役割を果たす．（『植木枝盛集』10巻，岩波書店）

上杉慎吉（うえすぎ しんきち）　234

1878—1929．明治・大正期の憲法学者，東京帝大教授．穂積八束のあと憲法講座を担当．美濃部達吉の天皇機関説を攻撃．のち七生社，建国会などを結成し，国家主義運動を展開．

植村正久（うえむら まさひさ）　116-120

1857—1925．明治6年受洗．13年浮田和民らと『六合雑誌』を創刊し，23年『日本評論』『福音週報』を創刊．44年米国の日本人教会に招かれて渡米．日本全国，朝鮮，台湾の伝道活動に尽す．（『植村正久と其の時代』復刻版，8巻，教文館）

魚住影雄（うおずみ かげお）　218-223, 243

1883—1910．折蘆と号す．明治36年京北中学で同級の藤村操の自殺事件に大きな衝撃を受ける．43年「自己主張の思想としての自然主義」を発表したが，若くして没した．

浮田和民（うきた かずたみ）　228, 231, 241

1859—1946．熊本洋学校在学中キリスト教入信．『六合雑誌』に携わり，明治19年同志社，30年東京専門学校で教え，42年から『太陽』主幹．自由主義の政治を説き，大山郁夫，吉野作造に影響を与える．

内田魯庵(うちだろあん) 149

1868―1929. 本名貢. 文芸評論を独立した文学ジャンルとし,『くれの廿八日』など社会性に富む小説を発表.『罪と罰』などロシア文学の紹介にも尽す. (『内田魯庵全集』17巻, ゆまに書房)

内村鑑三(うちむらかんぞう) 114-121, 159-162, 189, 194, 195, 220-223, 230

1861―1930. 札幌農学校第二期生として入学, 新渡戸稲造と同期. 在学中にキリスト教に入信. 渡米後22年, 第一高等中学校に奉職,「不敬事件」起る. 30年「万朝報(よろずちょうほう)」を経て33年『聖書之研究』刊行. (『内村鑑三全集』40巻, 岩波書店)

江木千之(えぎかずゆき) 112

1853―1932. 明治・大正期の官僚. 教育問題に取組む.

江藤新平(えとうしんぺい) 62

1834―74. 佐賀藩出身, 幕末維新の政治家. 明治4年民法典編纂にあたり, 5年司法卿として司法権独立に努めた. 7年佐賀の乱で処刑.

榎本武揚(えのもとたけあき) 107

1836―1908. 幕臣で慶応4年箱館にて共和政権を樹立. 明治2年征討軍に降伏, 5年釈放される. 8年ロシア派遣特命全権大使として樺太・千島交換条約締結. 18年天津条約締結に尽す.

エピクテタス Epiktetos 196

55頃―135頃. 後期ストア派のローマの哲学者.

海老名弾正(えびなだんじょう) 228, 231

1856―1937. 明治9年徳富猪一郎, 浮田和民らとともに熊本バンドに加盟, 30年, 本郷教会で日本組合教会牧師として活躍, 植村正久と神学論争. 33年『新人』を創刊し, 吉野作造, 鈴木文治らを輩出させた.

エマソン Ralph Waldo Emerson 155

1803―82. 米国のコンコードに住み, 思索と講演・著述の生活を送って「コンコードの哲人」といわれた. 神と自然・人間の究極的合一を説き, 思想と文学をとおして開花させたロマンチシズムは, 広く思想界に影響を与えた.

円城寺清(えんじょうじきよし) 189

1870―1908. 改進党, 憲政本党に属し, 明治32年朝報社に入って普通選挙同盟会などで活躍.

大井憲太郎(おおいけんたろう) 72, 73

1843―1922. 明治14年自由党に加わり, のち板垣退助の諮問となる. 18年小林樟雄らと朝鮮改革を企て資金調達をしたいわゆる大阪事件で逮捕された. 憲法発布後は普選運動にとりくみ東洋自由党, 日本労働協会, 小作条例調査会をつくって労働者農民運動に尽す.

大江 卓(おおえたく) 78

1847―1921. 明治4年「穢多非人廃止建白書」を提出. 大同団結運動, 立憲自由党結成に参加.

大久保利通(おおくぼとしみち) 10, 23-26, 30, 32, 35, 40-44, 46

1830―78. 薩摩藩出身. 倒幕運動に向

かい，維新後は中央にあって版籍奉還・廃藩置県・殖産興業・地租改正など新政府の基礎確立に努力した．征韓派が野に下ったのちは独裁的地位にたち，明治 11 年暗殺された．

大西 祝(おおにし はじめ) 116-118

1864—1900．同志社を経て東京帝国大学哲学科卒業．『六合雑誌』の編集に従い，毎号「思潮評論」を執筆．明治 30 年丁酉《ていゆう》懇和会を結成し当時の国家主義に反対した．

大町桂月(おおまち けいげつ) 194, 214

1869—1925．明治 33 年博文館に入り，『太陽』『中学世界』『文芸倶楽部』に紀行，評論の筆を執った．明治 43 年冨山房の雑誌『学生』の主筆．

荻生徂徠(おぎう そらい) 50

1666—1728．江戸中期の儒学者．(『荻生徂徠全集』20 巻，みすず書房)

尾崎行雄(おざき ゆきお) 75, 79

1858—1954．明治 15 年立憲改進党の結成に参加し，大正期には憲政擁護運動，普選運動の中心に立った．

小野 梓(おの あずさ) 77, 78

1852—86．欧米に赴いて明治 7 年帰朝，共存同衆を創立．『共存雑誌』を創刊し，啓蒙活動を行なう．大隈重信の信任と立憲改進党の指導的役割を担う．(『小野梓全集』5 巻，早稲田大学出版部)

か行

何 礼之(が のりゆき) 75

1840—1923．明治 4 年岩倉遣外使節団に随行して憲法を調査．訳書にモンテスキュー『万法精理』．

柏原孝章(かしわばら たかあき) 48

1835—1910．学而を号す．蘭学者．

片岡健吉(かたおか けんきち) 63, 65

1843—1903．明治 6 年征韓論争で板垣とともに下野．国会開設運動を指導し，自由党の中心人物となる．

片山 潜(かたやま せん) 167, 172-177, 179, 220

1859—1933．明治 17 年渡米，入信．29 年帰国，職工義友会を支援，労働組合期成同盟の結成に参加，『労働世界』を創刊．34 年安部磯雄，幸徳秋水，木下尚江らと社会民主党を結成．37 年第二インターナショナル六回大会副議長，39 年堺利彦，田添鉄二らと日本社会党結成．大正 8 年アメリカ共産党の結成に参加，13 年コミンテルン第五回世界大会で執行委員会幹部会に選出された．(『片山潜著作集』3 巻，河出書房新社)

勝 海舟(かつ かいしゆう) 10, 34

1823—99．万延元年咸臨丸を指揮して太平洋を横断．慶応 4 年江戸城無血引渡しなど幕臣として尽し，のち新政府に登用され参議兼海軍卿に任ぜられた．(『勝海舟全集』23 巻，勁草書房)

桂 太郎(かつら たろう) 275

1848—1913．山県有朋のもとで軍制改革を推進．三度首相となり，日英同盟締結・日露戦争開戦・日韓併合条約締結などに当る．

加藤弘之(かとう ひろゆき) 16, 46, 48, 58-61, 72, 73, 83-86, 111

1836—1916. 17歳で江戸に出，佐久間象山の門に入って西洋兵学を学び，のちドイツ学に転じ『鄰草』『真政大意』『国体新論』などを著わす．進化論に接してのちは，旧著を絶版にして『人権新説』を出版，天賦人権論批判の先頭に立った．(『加藤弘之文書』3巻，同明社)

金子筑水(かねこちくすい) 217, 242

1870—1937. 本名は馬治．早大教授として西洋哲学を講ずるかたわら，『早稲田文学』などに評論を発表．

狩野亨吉(かのうこうきち) 273

1829—1906. 哲学者，一高校長・京都帝国大学文科大学の初代学長を歴任．のち民間思想家として安藤昌益ら江戸時代の独創的思想家を発掘紹介した．夏目漱石の尊敬した友人．

河上 清(かわかみきよし) 179

1873—1949. 明治31年『万朝報』記者．34年社会民主党に参加．

神田孝平(かんだたかひら) 46, 58

1830—98. 明治6年明六社に参加．『経済小学』ではじめて経済学を紹介．

北村透谷(きたむらとうこく) 153-155

1868—94. 明治14年上京し，自由民権運動に刺激され，三多摩地方の運動に参加したが，18年大井憲太郎の大阪事件に際し軍資金獲取を求められ．政治運動から離脱．20年入信，『女学雑誌』などに文学・社会評論を寄稿し，26年『文学界』を創刊，山路愛山との論争でロマン主義を主張したが，27年自殺．(『透谷全集』3巻，岩波書店)

木戸孝允(きどたかよし) 11, 23, 24, 37-45

1833—77. 萩藩出身．16歳の年吉田松陰の門に入り，討幕にあたって中心的役割を果たし，明治政府成立後参議．この間五箇条の誓文起草に関与し，版籍奉還の推進など大久保利通とともに新政府の中心的人物．

木下尚江(きのしたなおえ) 177, 179

1869—1937. 若くして自由民権に関心を示す．明治30年普通選挙運動にかかわり入獄．32年『毎日新聞』記者として足尾鉱毒問題，廃娼運動に取り組む．34年社会民主党結成に参画．36年日露非戦論を展開．38年『新紀元』発行．(『木下尚江全集』20巻，教文館)

木村鷹太郎(きむらたかたろう) 192

1870—1931. 倫理学者，バイロンの紹介に尽力．日清戦争後，日本主義を唱道する．

清沢満之(きよざわまんし) 196-199, 202

1863—1903. 明治11年東本願寺にて得度，法名賢了．東京大学文学部に進みフェノロサから哲学を学ぶ．29年今川覚神，稲葉昌丸らと宗門改革運動を起こす．明治35年『精神界』を創刊．

桐生悠々(きりうゆうゆう) 241

1873—1941. 本名は政次．明治35年『新紀元』編集主幹．翌年『大阪毎日新聞』に入り記者生活に入る．昭和3年『信濃毎日新聞』主筆，8年「関東防空大演習を嗤う」によって軍部の圧迫を受け同社を退社．以後個人雑誌『他山の石』で反戦運動を展開した．

6　人名索引

陸羯南（くがかつなん）　76, 80, 123, 130, 134-140, 146, 157, 166, 167, 185-187

1857—1907. 津軽藩出身，本名は実. 条約改正をめぐる政府の欧化主義政策に反対し，明治21年『東京電報』，翌22年に『日本』を創刊. ナショナリズムの立場から内政・外交問題を論じ，言論界で活躍. (『陸羯南全集』10巻，みすず書房）

グナイスト Heinrich Rudolf Herman von Gneist　91

1816—95. ドイツ公法学者・政治家.《現代イギリス憲法および行政法》(1857)《イギリス憲法史》(1882) がある.

久米邦武（くめくにたけ）　121

1839—1931. 明治維新とともに新政府に仕え，明治4年岩倉具視に従行し欧米を視察. 重野安繹らとともに近代史学の方法の導入に尽す. 24年「神道は祭天の古俗」を発表し，神道家の攻撃を受け，教授の職を辞した. (『久米邦武著作集』6巻，吉川弘文館）

栗本鋤雲（くりもとじょううん）　72

1822—97. 昌平黌頭取・軍鑑奉行など幕府に仕える. 慶応3年外国奉行として渡仏. 日仏親和をはかった.

黒岩涙香（くろいわるいこう）　177, 189, 213

1862—1920. 本名は周六. 明治25年朝報社を設立，『万朝報』を創刊. 35年に内村鑑三，堺利彦，幸徳秋水らと理想団を設立. 明治36年「戦は避く可からざるか」で『万朝報』は対露開戦論をとった.

肥塚竜（こいづかりょう）　72

1848—1920. 横浜毎日新聞社に入り，沼間守一とともに立憲改進党に入党.

幸徳秋水（こうとくしゅうすい）　167, 177, 179, 183, 189, 190, 194, 195, 220-222

1871—1911. 名は伝次郎. 明治21年中江兆民の学僕として住み込み，その影響をうける. 26年自由新聞社に入社. 31年『万朝報』に入る. 34年社会民主党の結成に参画. 36年堺利彦らと『平民新聞』創刊，日露戦争に反対し，のち無政府主義に転じ. 43年大逆事件で投獄，翌年処刑された. (『幸徳秋水全集』9巻，明治文献）

河野広中（こうのひろなか）　63, 65, 177

1849—1923. 自由民権運動，国会開設運動で活躍. 明治14年自由党結成に参加，31年憲政本党に入党. 38年日比谷焼打事件に連座.

後藤象二郎（ごとうしょうじろう）　62

1838—97. 高知藩出身. 慶応3年藩主を説き，幕府に大政奉還を建白. 新政府の参議になるが明治6年征韓論で下野. 14年板垣らと自由党結成. 大同団結運動のリーダーとなる. のち入閣し，逓信，農商務相などを歴任.

コブデン Richard Cobden　126

1804—65. イギリスの政治家. 穀物法廃止運動の先頭に立ち，〈自由貿易の使徒〉とよばれた.

ゴンパーズ Samuel Gompers　167

1850—1924. アメリカの労働運動指導者. AFL（アメリカ労働総同盟）会長.

さ行

西園寺公望(さいおんじきんもち) 80, 227, 275

1849—1940. 明治・昭和期の政治家. 九清華家の一つ徳大寺家の生まれ. 明治4年フランスに渡り中江兆民を知る. 立憲政友会の創立に尽し, 枢密院議長, 元老として活動.

西郷隆盛(さいごうたかもり) 24

1827—77. 鹿児島藩出身, 名は吉之助. 慶応2年薩長同盟締結, 新政府の参議となるが明治6年征韓論で下野. 10年西南戦争に敗れ自決.

堺利彦(さかいとしひこ) 189, 190, 220, 221

1870—1933. 明治32年万朝報社に入社, 36年『家庭雑誌』を創刊, 日露開戦反対で内村, 幸徳らと万朝報社を退社, 幸徳と平民社を起こし, 週刊『平民新聞』創刊. 39年日本社会党を組織し『社会主義研究』を創刊, 赤旗事件に連座, 43年売文社を起こした. 大正9年社会主義同盟を結成, 11年『前衛』創刊, 日本共産党の創立に参加し委員長となる.(『堺利彦全集』6巻, 法律文化社)

酒井雄三郎(さかいゆうざぶろう) 167

1860—1900. 中江兆民塾に学ぶ. 明治24年第2インターナショナル第2回大会に日本人として初めて出席.

阪谷素(さかたにしろし) 48, 52, 58

1822—81. 朗廬を号す. 儒学者, 明六社同人.

佐久間象山(さくましょうざん) 5-8, 12, 50

1811—64. 松代藩出身. 兵学者. 『海防八策』で鎖国政策の打破を上書. 勝海舟, 吉田松陰, 橋本左内らを門下に集めた.(『象山全集』5巻, 信濃毎日新聞社)

佐久間貞一(さくまていいち) 167, 172

1848—98. 彰義隊に加わり官軍に抗した. 明治23年教科書出版の大日本図書を創立. 労働組合期成同盟会評議員.

志賀重昂(しがしげたか) 123, 130-133, 140, 142, 147, 157, 182

1863—1927. 明治12年札幌農学校入学, 北海道の秘境探検に熱中. 明治19年南洋諸島を巡航し『南洋時事』を著わす. 明治21年, 三宅雪嶺らと政教社を起し, 『日本人』を創刊, 27年『日本風景論』を著わし, 日本の自然及び民族性の美を説く.(『志賀重昂全集』8巻, 日本図書センター)

品川弥二郎(しながわやじろう) 167

1843—1900. 萩藩出身. 松下村塾に学び, 尊王攘夷運動に加わる. 明治19年ドイツ駐在特命全権公使, 枢密顧問官, 24年国民協会を組織.

斯波貞吉(しばていきち) 189

1869—1939. 明治30年『万朝報』に入り, 英文記者として活躍. 普通選挙期成同盟会, 憲政擁護会などに参加.

島田三郎(しまださぶろう) 75, 172

1852—1923. 明治7年『横浜毎日新聞』を創刊. 立憲改進党に属し, 20年前後の条約改正論の論陣を張った.(『島田三郎全集』7巻, 龍渓書舎)

シュタイン Lorenz von Stein　91
1815—90. ドイツの社会学者. 国家学者. ドイツ行政学の伝統を完成. 明治15年訪欧した伊藤博文が影響を受けた. 《行政学》8巻（1865—84）.

城泉太郎(じょうせんたろう)　167
1856—1936. ルソー, ロックに共鳴し共和主義を主張. ヘンリー・ジョージ『済世危言』を翻訳.

城常太郎(じょうつねたろう)　172
1863—1905. 明治30年, 高野房太郎らとともに職工義友会を設立.

末広鉄腸(すえひろてっちょう)　68, 72
1849—96. 本名は重恭《しげやす》. 明治8年曙新聞社に入り,「新聞紙条例」「讒謗《きんぼう》律」を批判. 14年板垣らと自由党結成. 政治小説を書き, 人気を得た.

菅 虎雄(すがとらお)　249
1864—1943. ドイツ文学者. 一高・五高教授を歴任. 夏目漱石の学生時代からの親友.

杉田玄白(すぎたげんぱく)　50
1733—1817. 江戸蘭学者.『解体新書』『蘭学事始』がある.

ズーデルマン Hermann Sudermann　204
1857—1928. ドイツの作家. 自然主義運動を背景に社会劇「故郷」などで高い評価をえた.

スペンサー Herbert Spercer　77-80, 126
1820—1903. イギリスの哲学者. 進化の原理を説いた〈総合哲学体系〉（全10巻, 1862—93）がある.

スマイルズ Samuel Smiles　53
1812—1904. イギリスの評論家.〈自助論〉（1859）は日本でも『西国立志編』として出版された.

副島種臣(そえじまたねおみ)　62
1828—1905. 佐賀藩出身, 政治家. 明治7年民選議院設立建白書を提出.

ゾラ Emile Zola　204
1840—1902. フランスの自然主義文学の中心的作家.『居酒屋』『ナナ』『ジェルミナール』など多数の著作がある.

た行

ダーウィン Charles Robert Darwin　83
1809—82. イギリスの博物学者. ビーグル号に乗船して南半球を周航.〈種の起源〉（1859）を刊行して生物進化の事実を提示し, 自然淘汰説を樹立した.

田岡嶺雲(たおかれいうん)　166
1870—1912. 文芸・社会評論家. 高知県出身. 明治28年雑誌『青年文』を創刊, 文芸批評における社会主義的評論の先駆者となった.（『田岡嶺雲全集』9巻, 法政大学出版局）

高島秋帆(たかしましゅうはん)　4
1798—1866. 西洋砲術を研究し高島流を確立. 講武所砲術師範役をつとめる.

高杉晋作(たかすぎしんさく)　50
1839—67. 萩藩出身. アヘン戦争で

危機感を抱き，尊攘運動の先頭に立つ．慶応2年第2次征長戦を勝利に導く．

高野長英(たかの ちょうえい) 50

1804―50．杉田伯元，シーボルトに師事して蘭学を修める．渡辺華山らと尚歯会を結成．天保10年蛮社の獄で投獄される．

高野房太郎(たかの ふさたろう) 167-174

1868―1904．明治19年アメリカに渡り，サミュエル・ゴンパースと交わり社会運動に関心を持つ．明治29年帰国，翌年城常太郎，沢田半之助らと職工義友会に参加．職工義友会を母体とする労働組合期成会，鉄工組合を結成，明治32年労働組合の消費組合共営社を設立．

高山樗牛(たかやま ちょぎゅう) 192, 200-210

1871―1902．明治27年東大在学中小説『滝口入道』が読売新聞社の懸賞に当選し一躍有名になった．『帝国文学』発刊 に参加，さらに雑誌『太陽』の主幹となる．日本主義を鼓吹し，のちニーチェの影響を受け，晩年は日蓮に傾倒した．その「美的生活を論ず」は，当時の論壇を賑わした。(『改訂注釈樗牛全集』7巻，日本図書センター)

田口卯吉(たぐち うきち) 23

1855―1905．明治5年大蔵省翻訳局に出仕，経済評論で活躍する一方『日本開化小史』や雑誌『史海』の刊行，『国史大系』の出版などを通じて歴史学にも多大の寄与をなした．また自由貿易と民権思想の普及にも努めた．

竹越三叉(たけこし さんさ)

19-22, 27, 77, 227, 228

1865―1950．本名は与三郎．明治23年『国民新聞』社説・論説担当記者として民友社に入社．29年『世界之日本』創刊，立憲政友会に属す．『新日本史』などがある．

田中王堂(たなか おうどう) 229

1867―1932．明治22年渡米，デューイのプラグマティズムの影響を受ける．『徹底個人主義』など多くの文明・文化批評がある．

樽井藤吉(たるい とうきち) 167

1850―1922．明治15年島原で東洋社会党を結成．自由民権運動に参加．朝鮮独立党の金玉均と親交を結び大阪事件に連座．25年大井憲太郎らと東洋自由党を結成．大アジア主義を唱える．

津田左右吉(つだ そうきち) 163

1873―1961．本名は親文《ちかふみ》．明治41年満鉄調査部研究員，大正7年早大教授．日本および中国思想史，記紀を中心とする古代史研究で知られる．(『津田左右吉全集』33巻，岩波書店)

津田真道(つだ まみち) 46, 48, 54, 55, 58

1829―1903．箕作阮甫に蘭学を，佐久間象山に兵学を学んだ．文久2年西周とともにオランダに留学，『泰西国法論』を出版，明六社同人として政治・法律・経済関係の諸論説を発表．

土田杏村(つちだ きょうそん) 205

1891―1934．本名は茂《つとむ》．田中王堂に共鳴し，新カント派の文化哲学に傾倒，文化論とマルキシズム批判の論陣を張った．(『土田杏村全集』復刻版，15巻，日本図書センター)

人名索引

綱島梁川(つなしまりょうせん)　192, 193

1873―1907. 本名は栄一郎. 明治20年受洗, 坪内逍遙家に寄寓して『早稲田文学』の編集を手伝いながら, 同誌, 『日本教育』などに評論を発表. 明治38年の「予が見神の実験」は, 宗教・思想界の注目を集めた.

坪内逍遙(つぼうちしょうよう)　149-153

1859―1935. 本名は雄蔵. 明治18年『当世書生気質』と『小説神髄』をあいついで発表し, 日本文壇史上に異彩を放った. 明治24年『早稲田文学』を創刊, 演劇論を手がけ, 文芸協会の会長として演劇研究所を建て, 新劇発展の基礎を置くとともに以後精力的にシェイクスピアの翻訳を行なった. (『逍遙選集』17巻, 第一書房)

徳川慶喜(とくがわよしのぶ)　30

1837―1913. 江戸幕府15代将軍. 慶応3年大政奉還, 江戸開城後水戸に移る.

徳富蘇峰(とくとみそほう)　68, 123-129, 140-148, 157-162, 182, 184, 185

1863―1957. 本名は猪一郎. 明治19年『将来之日本』刊行. 20年民友社を設立し, 『国民之友』創刊. 平民主義を唱え『国民新聞』を創刊. 昭和17年日本言論報国会会長, 戦後戦犯に指名された.

徳冨蘆花(とくとみろか)　224, 225

1868―1927. 本名は健次郎. 民友社に入り, 『国民新聞』や『国民之友』に翻訳や評論などを発表. 明治39年トルストイをロシアに訪ねる. 44年幸徳らの志を壮とした「謀叛論」を第一高等学校で講演, 校長新渡戸稲造の譴責問題が起こり反響を呼ぶ. (『蘆花全集』20巻, 『蘆花日記』7巻, 筑摩書房)

トルストイ Lev Nikolaevich Tolstoi　204

1828―1910. ロシアの作家・思想家. 文明の悪に対抗して素朴な農民生活を理想とするピュリタン的・アナーキズム的教義を説く. いわゆるトルストイ主義は, 内外に多くの信奉者を獲得. 〈戦争と平和〉〈アンナ・カレーニナ〉は, ロシア貴族社会の精神的模索と苦悩を描いた代表作.

な行

中江兆民(なかえちょうみん)　75, 80, 87, 110, 187, 188

1847―1901. 明治4年フランスに留学, ルソー『民約訳解』などにより自由主義思想の深化に尽す. (『中江兆民全集』18巻, 岩波書店)

長塚 節(ながつかたかし)　275, 276

1879―1915. 歌人・小説家. 正岡子規に短歌を学び, 伊藤左千夫とともに根岸派の中心と称された.

中根重一(なかねしげかず)　167, 177

1851―1906. 夏目漱石の義父. 福山藩士の子として生まれる. 大学東校(のちの東京大学医学部)に学び, 明治27年から31年まで貴族院書記官長を勤めた.

中村太八郎(なかむらたはちろう)　248, 278

1868―1935. 明治30年社会問題研究会を組織, 木下尚江らと普通選挙期成同盟会を創立.

中村正直(なかむら まさなお) 230, 242-301

1832—91. 慶応2年渡英,『西国立志編』を翻訳し当時の青年に大きな影響を与えた。明治6年には明六社に加わる.

夏目漱石(なつめ そうせき) 46, 53, 58, 75, 111

1867—1916. 本名は金之助. 東京帝大英文科に進み, 卒業後, 東京高師・松山中学, 第五高等学校で教鞭をとる. 明治33年渡欧, 東大講師, 40年朝日新聞社に入社し, 本格的な作家生活に入る.『虞美人草』以後の作品はすべて『朝日新聞』に連載された.(『漱石全集』18巻, 岩波書店)

成島柳北(なるしま りゅうほく) 72

1837—84. 将軍家定・家茂の侍講として仕えるかたわら『柳橋新誌』を執筆. 明治5年渡欧し, 帰朝後は『朝野新聞』社長として雑録欄に健筆をふるい世相諷刺・政府批判を行なった.

新島 襄(にいじま じょう) 116

1843—90. 元治元年箱館から国外脱出, アメリカに渡り, アマースト大, アンドーバー神学校に学ぶ. 明治8年同志社英学校創設, 神学校卒業生として海老名弾正, 小崎弘道, 横井時雄らを世に送る.(『新島襄全集』10巻, 同朋社)

西周(にし あまね) 46-59

1829—97. 嘉永6年江戸に出て中浜万次郎に蘭学・英語を学んだ. 文久2年オランダに留学, 政治・法律の学を修めた. 私塾育英社での「百学連環」の講義をはじめ, 明六社・東京学士会院の活動を通じて実証主義的な啓蒙期の学風を形成した.(『西周全集』4巻, 宗高書房)

西川光二郎(にしかわ みつじろう) 179

1876—1940. 明治34年社会民主党の結成に参画, 37年平民社に入社. 片山と共著の『日本の労働運動』がある.

西村茂樹(にしむら しげき) 46, 48, 52, 56

1828—1902. 明治2年新政府に登用され, 明六社に参加. 明治20年の日本弘道会の発足以後は, 日本固有の国民道徳を説く実践運動を展開した.

ニーチェ Friedrich Wilhelm Nietzsche 204

1844—1900. ドイツの哲学者. ヨーロッパ近代文化に対する根本的懐疑から出発し, キリスト教をヨーロッパ的人間の堕落の原因として, 古い価値に代わる生の肯定の新価値を創造することをめざした.

沼間守一(ぬま もりかず) 75

1843—90. 明治12年政府の言論弾圧に抗議して退官.『東京横浜毎日新聞』社長として活躍. 立憲改進党に参加.

乃木希典(のぎ まれすけ) 240, 241

1849—1912. 日露戦争に第3軍指令官として旅順を攻撃. 明治天皇大葬の日に妻静子とともに殉死.

は行

長谷川天渓(はせがわ てんけい) 208, 215-217, 243

1876—1940. 本名は誠也. 明治27年東京専門学校に入学, 坪内逍遙, 大西祝

などの指導を受けた.『太陽』の記者となり,文学をはじめ広く文明批評の筆をとった.

バックル Henry Thomas Buckle　　57

1821—62. イギリスの歴史家.〈イギリス文明史〉(1857-61)は日本にも影響を及ぼした.

花井卓蔵(はないたくぞう)　　177

1868—1931. 弁護士をつとめ,明治31年衆議院議員,普通選挙の実現に尽す.

馬場辰猪(ばばたつい)　　79, 85-87

1850—88. 土佐藩出身. 明治3年イギリスに留学,英国法・ローマ法を学んだ. 不平等条約批判をはじめ,『朝野新聞』で自由民権思想の普及につとめた.(『馬場辰猪全集』4巻,岩波書店)

ハーバーマス Jürgen Habermas　　37

1929—. ドイツの社会学者・思想家. フランクフルト大学名誉教授.

林 有造(はやしゆうぞう)　　78

1842—1921. 新政府に出仕したが,板垣とともに下野して立志社に参加. のち愛国公党をおこす.

福沢諭吉(ふくざわゆきち)　　6, 16, 22, 46, 49, 52-54, 68, 184, 185, 270, 279, 280, 283

1834—1901. 幕府使節に随行し3度渡航,慶応4年慶応義塾設立. 明六社に参加. 明治15年『時事新報』を創刊,独立自尊と実学を説く.(『福沢諭吉全集』22巻,岩波書店)

福地桜痴(ふくちおうち)　　72, 73, 76

1841—1906. 本名は源一郎. 幕末幕府使節に従って渡欧,『江湖新聞』を発行して新政府を批判し投獄さる. のち『東京日日新聞』の主筆となり,政府擁護の立場から民権派と対抗. 立憲帝政党を組織し,漸進主義をとった.

福本日南(ふくもとにちなん)　　229

1857—1921. 本名は誠. 明治9年司法省法学校に入学,明治22年『日本』社員として論説,編集に従事.『九州日報』『新潟新聞』など記者として活躍. また憲政本党から立候補し,衆議院議員に当選.『元禄快挙録』は義士伝中の白眉として絶賛を浴び歴史論も多い.

藤田茂吉(ふじたもきち)　　72

1852—92. 明治8年郵便報知新聞社に入り記者として活躍. 15年改進党結成に参加.『文明東漸史』などがある.

藤村 操(ふじむらみさお)　　212-215, 231

1886—1903. 明治35年一高入学.「巌頭の感」を遺して華厳の滝に身を投じた.

二葉亭四迷(　　)　　126, 150, 151, 155

1864—1909. 坪内逍遙を知り『あひゞき』などツルゲーネフの小説を口語文体で訳出し,小説『浮雲』を発表した.(『二葉亭四迷全集』9巻,岩波書店)

ブライト John Bright　　126

1811—89. イギリスの政治家. コブデンとともに穀物法廃止運動に活躍.

古沢 滋(ふるさわうるお)　　72

1847—1911. 明治7年板垣らと愛国公党をつくり,「民選議院設立建白書」を提出. 民権運動の先駆けとなった.

ブルンチュリ Johann Caspar Bluntschli
94

1808—81. スイスの法学者・政治家. ドイツに移ってミュンヘン, ハイデルベルグの各大学教授となる. 〈一般国家法〉は国家有機体を説いたもの.

ベンサム Jeremy Bentham 77-79, 94

1748—1832. イギリスの法学者・哲学者. 彼の功利主義は陸奥宗光の翻訳で紹介された.

穂積八束(はづみやつか) 94-105

1860—1912. 明治13年東京大学卒業後ドイツへ留学, ラバントの影響を受けた. 明治22年帰国し, 帝国大学法科大学の憲法講座を担当. 民法典論争に際しては論説「民法出デ、忠孝亡ブ」を発表し反対論の先頭に立った.

本多庸一(ほんだよういつ) 116

1848—1912. 明治期のキリスト教指導者. バラー塾に学び, 明治5年受洗. 日清・日露戦争に積極的に協力した. 日本メソジスト教会初代監督.

ま行

松方正義(まつかたまさよし) 32

1835—1924. 明治14年大蔵卿となり西南戦争後の財政整理, 29年第2次内閣を組織して金本位制を導入.

水野忠邦(みずのただくに) 4

1794—1851. 天保12年「天保の改革」を進める.

箕作秋坪(みつくりしゅうへい) 46

1825—86. 養父阮甫と緒方洪庵に蘭学を学ぶ. のち幕臣. 明六社に加わる.

箕作麟祥(みつくりりんしょう) 46, 48, 57

1846—97. 祖父箕作阮甫に蘭学を学ぶ. 慶応3年渡仏, フランス法を紹介し, 明治民法, 商法の編纂に尽した.

嶺田楓江(みねだふうこう) 14

1817—83. 丹後田辺藩士, 詩人. 佐藤一齋に経学を, また梁川星巌に詩を学ぶ. 嘉永2年『海外新話』を著わし幕府の忌諱にふれる.

美濃部達吉(みのべたつきち) 234-239

1873—1948. 明治45年『憲法講話』を刊行し, 天皇機関説を主張して上杉慎吉と論争. 昭和10年機関説を攻撃され貴族院議員辞職.

三宅雪嶺(みやけせつれい) 68, 69, 123, 130-134, 140, 146, 147, 167, 182, 226

1860—1945. 本名は雄二郎. 明治21年志賀重昂らと政教社を結成. 『日本人』を創刊, 在野の思想家として活躍. 『真善美日本人』などがある.

ミル John Stuart Mill 77, 79, 94, 95

1806—73. イギリスの哲学者・経済学者. 〈自由論〉(1859)は明治初期の日本の知識人に大きな影響を与えた.

陸奥宗光(むつむねみつ) 77, 78, 227

1844—97. 和歌山藩出身. 勤王運動に投じ坂本竜馬の海援隊に加入. 維新後新政府に仕え, 辞職後, 西南の役に際し挙兵を企て投獄. 欧米留学ののち外

務省に入る．第2次伊藤内閣の外務大臣となり，条約改正問題や日清戦争などでその外交的手腕をふるった．

村井知至(むらい ともよし)　107, 108

1861—1944．明治期のキリスト教社会主義者．明治17年米国留学，31年安部磯雄らと社会主義研究会を組織．

モーガン Lloyd Morgan　220

1852—1936．イギリスの科学者・哲学者．進化論の影響を受け，動物学・心理学などの研究を試み，比較心理学の先駆者とされる．

元田永孚(もとだ ながざね)　251

1818—91．熊本藩出身．明治天皇の侍講となり宮中顧問官・枢密顧問官を歴任，その間修身書『幼学綱要』の編集にあたる．また教育勅語の草案作成に加わり，宮中における保守思想の代表として天皇中心主義教育の基礎確立に尽した．(『元田永孚文書』3巻，東京大学出版会)

森 有礼(もり ありのり)　46-48, 58, 59

1847—89．慶応元年イギリスに留学．維新後新政府に出仕．のち明六社の結成に尽力．信教の自由など新思想を『明六雑誌』に寄稿．明治18年第1次伊藤内閣の文相となり，学制の改革を行なう．

森 鷗外(もり おうがい)　151-153

1862—1922．明治17年ドイツへ留学，22年雑誌『しがらみ草紙』を創刊し，評論の筆をふるい，24年には逍遥と「没理想」論争を行なった．27年日清戦争に軍医部長として従軍，帰朝後，『めざまし草』を創刊した．大正5年退役し，帝室博物館長を歴任．(『鷗外全集』38巻，岩波書店)

や行

矢野龍渓(やの りゆうけい)　85

1850—1931．本名は文雄．明治10年『郵便報知新聞』で西南戦争の取材．15年改進党の結成に参加．政治小説『経国美談』などがある．

山県有朋(やまがた ありとも)　111, 275

1838—1922．軍人・政治家．明治初年欧米を視察し，徴兵令を制定．日露戦争では参謀総長．枢密院議長．元老として政界に絶大の権力をふるう．

山路愛山(やまじ あいざん)　22, 46, 153-155, 195

1864—1917．『国民新聞』や『国民之友』誌上で文学論，史論を発表．明治32年信濃毎日新聞社主筆，36年『独立評論』を創刊．38年斯波貞吉らと国家社会党を組織．

由利公正(ゆり きみまさ)　37

1829—1909．本名は三岡八郎．新政府の参与として財政を担った．岩倉使節団に随行．

横井小楠(よこい しようなん)　50

1809—69．熊本藩出身．安政5年藩主の顧問として福井藩に招かれる．万延元年開国論に立った『国是三論』を著わす．

横井時雄(よこい ときお)　116

1857—1928．小楠の長男．同志社教員．本郷教会牧師を経て立憲政友会から衆議院議員に当選．『時代思潮』発刊．

与謝野晶子(よさの あきこ) 223

1878—1942. 鉄幹とともに歌人として活躍. 日露戦争に出征した弟を想う「君死にたまふこと勿れ」は反戦詩として有名.

芳川顕正(よしかわ あきまさ) 110, 111

1841—1920. 早くから伊藤博文の知己をえ, 東京府知事・文部大臣などをつとめ, 教育勅語の制定を推進. のち司法・内務・逓信の各大臣を歴任.

吉田松陰(よしだ しょういん) 8, 12

1830—59. 佐久間象山らに学ぶ. 安政元年下田の米艦で密航を図るが失敗. 4年松下村塾を開く. 5年安政の大獄で刑死. (『吉田松陰全集』11巻, 大和書房)

吉野作造(よしの さくぞう) 14, 232

1878—1933. おもに『中央公論』誌上で大正デモクラシーの理論的基礎をなす民本主義を唱えた. (『吉野作造博士民主主義論集』8巻・復刻版, 新紀元社)

ら行

ラサール Ferdinand Johann Gottlieb Lassalle 179

1825—64. ドイツの社会主義者・労働運動指導者. 1863年全ドイツ労働者同盟を創設.

ルソー Jean-Jacques Rousseau 80, 87, 187

1712—78. フランスの思想家・作家. その『社会契約論』は明治の思想界に大きな影響を与えた.

ロック John Locke 251

1632—1704. イギリスの哲学者・政治思想家. 主著『人間知性論』(1689) で, すべての知識は感覚的経験に由来すると説き, 近世の経験主義的認識論の端緒を開く. 政治論では家父長主義と専制主義に反対し, 個人の自然権にもとづく社会契約説を主張した.

わ行

渡辺崋山(わたなべ かざん) 50

1793—1841. 三河田原藩出身. 画家・蘭学者. 高野長英らと蘭学を学び, 天保10年蛮社の獄で捕えられ, 自刃.